北京文化书系
京味文化丛书

北京方言中的历史文化

中共北京市委宣传部
北京市社会科学界联合会　　组织编写

汪大昌　著

北京出版集团
北京出版社

图书在版编目（CIP）数据

北京方言中的历史文化 / 中共北京市委宣传部，北京市社会科学界联合会组织编写 ；汪大昌著. 一 北京：北京出版社，2024.4
（北京文化书系. 京味文化丛书）
ISBN 978-7-200-18157-9

Ⅰ. ①北… Ⅱ. ①中… ②北… ③汪… Ⅲ. ①北京话—介绍②文化史—北京 Ⅳ. ①H172.1②K291

中国国家版本馆CIP数据核字（2023）第150802号

北京文化书系　京味文化丛书
北京方言中的历史文化
BEIJING FANGYAN ZHONG DE LISHI WENHUA

中共北京市委宣传部
北京市社会科学界联合会　组织编写

汪大昌　著

*

北 京 出 版 集 团
北 京 出 版 社　出版

（北京北三环中路6号）
邮政编码：100120

网　　址：www.bph.com.cn
北 京 出 版 集 团 总 发 行
新 华 书 店 经 销
北京建宏印刷有限公司印刷

*

787毫米×1092毫米　16开本　23.25印张　324千字
2024年4月第1版　2024年4月第1次印刷
ISBN 978-7-200-18157-9
定价：99.00元
如有印装质量问题，由本社负责调换
质量监督电话：010-58572393；发行部电话：010-58572371

"北京文化书系"编委会

"京味文化丛书"编委会

主　　　编　刘铁梁

副 主 编　刘　勇　万建中　张　淼

执 行 主 编　李翠玲

执行副主编　陈　玲　刘亦文

编　　　委　王一川　萧　放　谭烈飞　李建平　马建农
　　　　　　张宝秀　石振怀

统　　　筹　王　玮　孔　莉　李海荣　李晓华

"北京文化书系"
序言

　　文化是一个国家、一个民族的灵魂。中华民族生生不息绵延发展、饱受挫折又不断浴火重生，都离不开中华文化的有力支撑。北京有着三千多年建城史、八百多年建都史，历史悠久、底蕴深厚，是中华文明源远流长的伟大见证。数千年风雨的洗礼，北京城市依旧辉煌；数千年历史的沉淀，北京文化历久弥新。研究北京文化、挖掘北京文化、传承北京文化、弘扬北京文化，让全市人民对博大精深的中华文化有高度的文化自信，从中华文化宝库中萃取精华、汲取能量，保持对文化理想、文化价值的高度信心，保持对文化生命力、创造力的高度信心，是历史交给我们的光荣职责，是新时代赋予我们的崇高使命。

　　党的十八大以来，以习近平同志为核心的党中央十分关心北京文化建设。习近平总书记作出重要指示，明确把全国文化中心建设作为首都城市战略定位之一，强调要抓实抓好文化中心建设，精心保护好历史文化金名片，提升文化软实力和国际影响力，凸显北京历史文化的整体价值，强化"首都风范、古都风韵、时代风貌"的城市特色。习近平总书记的重要论述和重要指示精神，深刻阐明了文化在首都的重要地位和作用，为建设全国文化中心、弘扬中华文化指明了方向。

　　2017年9月，党中央、国务院正式批复了《北京城市总体规划（2016年—2035年）》。新版北京城市总体规划明确了全国文化中心建设的时间表、路线图。这就是：到2035年成为彰显文化自信与多元包容魅力的世界文化名城；到2050年成为弘扬中华文明和引领时代潮流的世界文脉标志。这既需要修缮保护好故宫、长城、颐和园等享誉中外的名胜古迹，也需要传承利用好四合院、胡同、京腔京韵等具有老北京地域特色的文化遗产，还需要深入挖掘文物、遗迹、设施、景点、语言等背后蕴含的文化价值。

组织编撰"北京文化书系"，是贯彻落实中央关于全国文化中心建设决策部署的重要体现，是对北京文化进行深层次整理和内涵式挖掘的必然要求，恰逢其时、意义重大。在形式上，"北京文化书系"表现为"一个书系、四套丛书"，分别从古都、红色、京味和创新四个不同的角度全方位诠释北京文化这个内核。丛书共计47部。其中，"古都文化丛书"由20部书组成，着重系统梳理北京悠久灿烂的古都文脉，阐释古都文化的深刻内涵，整理皇城坛庙、历史街区等众多物质文化遗产，传承丰富的非物质文化遗产，彰显北京历史文化名城的独特韵味。"红色文化丛书"由12部书组成，主要以标志性的地理、人物、建筑、事件等为载体，提炼红色文化内涵，梳理北京波澜壮阔的革命历史，讲述京华大地的革命故事，阐释本地红色文化的历史内涵和政治意义，发扬无产阶级革命精神。"京味文化丛书"由10部书组成，内容涉及语言、戏剧、礼俗、工艺、节庆、服饰、饮食等百姓生活各个方面，以百姓生活为载体，从百姓日常生活习俗和衣食住行中提炼老北京文化的独特内涵，整理老北京文化的历史记忆，着重系统梳理具有地域特色的风土习俗文化。"创新文化丛书"由5部书组成，内容涉及科技、文化、教育、城市规划建设等领域，着重记述新中国成立以来特别是改革开放以来北京日新月异的社会变化，描写北京新时期科技创新和文化创新成就，展现北京人民勇于创新、开拓进取的时代风貌。

为加强对"北京文化书系"编撰工作的统筹协调，成立了以"北京文化书系"编委会为领导、四个子丛书编委会具体负责的运行架构。"北京文化书系"编委会由中共北京市委常委、宣传部部长莫高义同志和市人大常委会党组副书记、副主任杜飞进同志担任主任，市委宣传部分管日常工作的副部长赵卫东同志担任副主任，由相关文化领域权威专家担任顾问，相关单位主要领导担任编委会委员。原中共中央党史研究室副主任李忠杰、北京市社会科学院研究员阎崇年、北京师范大学教授刘铁梁、北京市社会科学院原副院长赵弘分别担任"红色文化""古都文化""京味文化""创新文化"丛书编委会主编。

在组织编撰出版过程中，我们始终坚持最高要求、最严标准，突出精品意识，把"非精品不出版"的理念贯穿在作者邀请、书稿创作、编辑出版各个方面各个环节，确保编撰成涵盖全面、内容权威的书系，体现首善标准、首都水准和首都贡献。

我们希望，"北京文化书系"能够为读者展示北京文化的根和魂，温润读者心灵，展现城市魅力，也希望能吸引更多北京文化的研究者、参与者、支持者，为共同推动全国文化中心建设贡献力量。

"北京文化书系"编委会

2021年12月

"京味文化丛书"
序言

京味文化，一般是指与北京城市的地域和历史相联系，由世世代代的北京居民大众所创造、传承，具有独特风范、韵味的生活文化传统。京味文化表现于北京人日常的生活环境中与行为的各个方面，比如街巷格局、民居建筑、衣食住行、劳作交易、礼仪交往、语言谈吐、娱乐情趣等，能够显露出北京人的集体性格，折射出北京这座城市的历史进程和发展轨迹。

京味文化的整体风貌受到北京的地理位置、自然环境和历史地位等条件的制约和影响。北京地处华北平原北端和燕山南麓，西东两侧有永定河和潮白河等，是农耕与游牧两种生产生活方式交会的地带，这里的风光、气候、资源、物产等都形成了京味文化地域性的底色和基调。

北京曾是古代中国最后几个朝代的国都，是当代中国的伟大首都，是中国最著名的教育与文化中心城市。因此，从古代的宫廷势力、贵族阶层、士人阶层到现代和当代的文化精英群体，都较多地介入了京城生活文化的建构，而且影响了一般市民的日常交往、休闲娱乐等行为模式。

北京居民大众在历史上与来自全国各地、各民族的人员有频密的交流，接受了各地区、各民族的一些生活习惯和文化形式，使得京味文化具有了比较明显的包容性特征。尤其是在北京的一些文化人、艺术家将各地区的文化、艺术精华加以荟萃，取得了一些具有文化中心城市地标式的创作成就——例如京戏这样的巅峰艺术。

近代以来，北京得风气之先，在与外来思想、文化的碰撞与交流中，现代的交通、邮政、教育、体育、医疗、卫生、报业、娱乐等领域的公共制度、市政设施和文化产业等相继进入北京市民的日常生活，京味文化中加入了许多工业文明的元素。与此同时，乡村的一些文艺表演、手工制作等也大量出现在北京城里，充实了京味文化中的乡土传统成分。

当今时代，北京成为凝聚国人和吸引全世界目光的现代化大都市，人们的生产生活方式发生了彻底性变革，京味文化传统由此而进入一个重新建构的过程。其中，城市建设中对老城风貌的保护、老北京人在各种媒体上讲述过往生活的故事等，都成为北京人自觉的文化行动，使得京味文化绵延不绝，历久弥新。

对于每一个北京人，包括在北京居住过一段岁月的人来说，京味文化都是伴随着生命历程，融入了身体记忆，具有强烈家乡感的文化。生活变化越快，人们越愿意交流和共享自己的北京故事，这是京味文化传统得以传承的根本动力。一些作家、艺术家所创作的京味文学和京味艺术，深刻影响了北京乃至全国人民对京味文化的关注与体悟，成为京味文化传统中不可缺少的组成部分。

我们相信，京味文化在向前发展的路上将保持其大众生活实践的本性，在北京全面发展的进程中发挥出加强城市记忆、凝聚城市精神和展现城市形象的重要而独特的功能。全面深入地整理、研究和弘扬京味文化，是摆在我们面前的一项迫切任务。"京味文化丛书"现在共有10部得以出版，分别是《文人笔下的北京》《绘画中的北京》《京味文学揽胜》《北京方言中的历史文化》《北京戏曲文化》《北京传统工艺》《北京礼俗文化》《北京节日文化》《北京服饰文化》《北京人的饮食生活》。这10部书，虽然还不能涵盖京味文化的所有内容，但是以一种整体书写的形式推出，对于京味文化的整理、记述和研究来说，应该具有一定工程性建设的意义。

"京味文化丛书"是在中共北京市委宣传部和北京市社会科学界联合会的有力领导和精心主持下完成的。有关负责同志在组织丛书编委会和作者队伍、召开会议、开展内部讨论、落实项目进行计划等方面都付出巨大心力。北京出版集团对本丛书的顺利编写提出了很多建议，许多专家学者都为本丛书的编写提供了宝贵的意见，特别是对书稿的修改和完善做出了无私奉献。我们希望"京味文化丛书"的出版能够在加强京味文化研究、促进城市文化建设上发挥出积极的作用，并由衷地期待能够得到专家和广大读者的批评、帮助。

刘铁梁

2021年9月

目　录

绪　论

北京是祖国的首都，北京方言是汉语在北京的地域分支。汉语是全中国也是全世界使用人口最多的语言，它地域分布辽阔，文字历史悠久。经过长期的发展演变，汉语中出现了大量的方言，分布在祖国东西南北各地。北京方言就是其中之一。

北京方言虽是北京的地方语言系统，但它的很多特点早已为各地所熟知。例如，"冰棍、汽水、小孩、腊八粥"，写成书面语在各地通行，但是在北京方言中表述就一定要加个"儿"音，说成"冰棍儿、汽水儿、小孩儿、腊八儿粥"。当面称呼自己的母亲，北京方言说"妈"（"娘"不是通行的称呼），这又与北方多地不同。北方很多地区传统上是称呼"娘"的，只是近二三十年以来，受了普通话（很大程度上是北京话）的影响，才改称"妈"；而北京称母亲为"妈"的习惯，从文献上看，至少可以上溯到16世纪后期的明万历年间，距今已有400余年了。

什么是方言？我们与外埠朋友谈话时，常觉得对方说话有口音。如果不是做专门的语言学研究工作，这"有口音"也就可以算方言了。可是如果交谈再深入一些，就会发现口音不过是各地方言之间最直接、最明显的区别，它远不是方言的全貌。各地人说话时除口音不同之外，还有很多词语上的不同。比如用面皮儿裹着肉馅儿包制而成、煮熟后连汤一起食用的面食，是很常见的食品，但是用各地方言称呼时却大有不同。其中，"馄饨"是最常见的名称，北京方言是这样称呼，北方晋冀鲁豫一带都这样说；江浙一带的南京、苏州、上海、温州等地，还有湖南长沙也这样说。可是起于四川且名闻天下的，并不是成都"馄饨"而是"抄手"。馄饨在华中的武汉、扬州叫"水饺"，在合肥叫"饺子"。再往南，江西南昌管它叫"清汤"。广州说"云吞"。厦门称"扁食"，福州的称呼却是"扁肉"。平平常常的一碗面食，偏偏有这么多复杂甚至奇怪的名称。随便从哪个方言来感受，都会觉得其他方言的词，要么很容易误解，要么根本无从理解。

方言，也可以叫"话"，北京方言就是北京话。各地方言在词汇上的这些差别，并不是简单的同物不同名，其背后蕴含着极为丰富的社会历史文化等方面的信息，非常值得探讨。我们还是以吃为例。北京话有个词儿，叫"大米饭"。"大米"指稻米，与小米相对；"大米饭"就是用大米做的饭，"大米粥"就是用大米熬的粥。与此相对就是"小米儿饭""小米儿粥"。北京还有把大米、小米混合在一起做的，叫"二米饭"。这些在北京看来天经地义的说法，换个地方就不一定成立。例如，吴方言区水资源充沛，种水稻不种谷子，自然不吃小米。没有小米，何谈"大米"？"米饭"在吴方言区也是不容易接受的说法，因为江南的饭都是米饭。说"米饭"就暗含着有的饭不用米做，这在江南看来是很奇怪的。江南当然也吃面食，如面条、饺子、包子等等，可那都是点心而已，不当正餐的。"米饭"同样不能进入华北西部的山西，例如太原街头不少饭馆的招牌是"大米炒菜"，用北京话说就是"米饭炒菜"。"米饭"怎么叫大米呢？这是因为山西气候干旱，不适合种植水稻，较少吃大米，所以就没有必要区分"米饭"和其他的饭。"大米炒菜"这个说法在北京人听来很难理解，可是在山西人听来却很合情理。由此可见，"米、大米、小米，米饭、大米饭、小米饭"，这些词语上的差异，其实是餐饮文化的差异的表现，受制于自然气候等等耕种条件。

"文化"所指可宽可窄，《辞海》解释为"人类在社会实践过程中所获得的物质、精神的生产能力和创造的物质、精神财富的总和"。美国著名语言学家爱德华·萨丕尔（Edward Sapir）有一句名言："语言的背后是有东西的，语言也不脱离文化而存在。"千百年来，北京方言记录了北京本地居民的柴米油盐、衣食住行，还吸纳了大量的、首都所特有的政治、军事、经济、民族、历史等等方面的信息。这使得北京方言的城市文化内涵极为丰富，非常值得挖掘。另外，北京方言本身在千百年间，尤其是清代以来，也发生了巨大改变，以至与周边毗邻的河北省诸市县有着明显的差异。对于这样的语言演变，很难从语言系统本身得到明确、合理的解释。我们需要从语言的外部环境，即社会、历史、文化等多重因素中去寻求答案。总之，北京方言与北京城市文化，它们各自独立又紧密关联。透过语言现象察看城市文化的方方面面，以社会生活的丰富文化内涵来理解、分析北京方言，这是本书的基本框架。

第一章

北京方言简述

无论哪种方言都有自己的特殊之处：某个字怎么念，某个东西怎么称呼，某个虚词怎样使用，等等。熟悉某种方言，其实就是熟悉这种方言的特殊所在。北京方言当然也是如此。例如，甲说"今儿这天儿可挺冷的了，该穿棉的啦"，乙表示完全赞同或理应如此，就说"敢情"（"情"要说得非常轻）。这个"敢情"，不熟悉北京方言的人就听不懂。这类特殊词语当然是我们认识北京方言时必须仔细辨别的，但这只是方言表面上的特点，还不能表现深层问题、根本性的问题。要深入认识北京方言，以下3个方面是必须认真考虑的。

　　第一，北京方言范围较小，远不能覆盖整个北京行政区，而且与周边河北省市县方言有很明显的差异；却与远在千里之外的东北腹地方言相当接近。第二，北京从唐末五代开始，在最近一千年左右的历史中，四分之三的时间是契丹、女真、蒙古和满族等少数民族政权的中央所在地；由此，北京城市及其方言的发展节奏与路径在全国古代大都市中是非常特殊的。第三，北京方言是全国标准汉语的基础。

　　本章将对以上3个方面做基本的说明和解释。

　　为表达得严密与简明，在本书中，北京方言指以北京城区为中心向四周延伸的汉语方言。它的主要标记有：

　　（1）声调只有4个：阴平、阳平、上声、去声。这四个声调的实际读音依次是高平、上升、曲折（先降后升）、下降，"妈、麻、马、骂"要说成mā、má、mǎ、mà。（2）"爱、袄、岸、饿"等字的发音是用元音开始的，前面不加辅音n或者ng。

当然，比较多的儿音词和轻声词，以及一些特殊的词语和句式，也可以当作北京方言的标记。北京方言以北京城区为中心但范围并不限于城区，在大部分近郊区和少量远郊区也能听到。不过在习惯上，往往把北京方言称为北京城区话或北京话。

第一节　狭小的地理分布和遥远的"链接"

生活经验告诉我们，北京虽然四周都与河北省接壤（正东和东南方向与天津市接壤约40公里），但是北京方言与河北省内主要的方言有明显差异。离开北京，我们向东、西、南方向行进，不出百公里左右，便可听到另一种方言了。在距北京两百公里左右的河北中部，如果当地人快速地用本地方言谈论一件我们完全不了解背景的事儿，我们就很难判断他们谈话的内容。如果一定要在河北省内寻找与北京方言很接近的方言，只有东北方向至河北省围场、承德一带了。可以说，北京方言在河北省内很受"挤"，面积很小。这种情况显然不是一个大城市、一座历史名城的语言应该具有的区域分布。这是北京方言的第一个特殊所在。

北京方言，虽然名义上是"北京"，其实地理范围非常有限。且不说河北省相邻市县，即便北京市各区，多数也是不说北京方言的。平谷区、顺义区（部分）、延庆区、房山区（大部）、门头沟区（大部）、怀柔区、密云区，这几个区的方言都不能简单地划入北京方言区域，而远在百里之外的河北省东北部方言和千里之外山海关外的东北方言却与北京方言非常接近。这些不合常规的地理分布是我们必须交代清楚的。

一、东南、正南方向以北京方言为主

从市中心出发，正东方向是通州区，它西端紧靠东五环路，距离市中心直线距离14公里。正南方向是大兴区，其北端西红门镇紧靠南四环路，距天安门广场只有8.5公里。这两个区的语言情况比较明确，属于城区的北京方言。20世纪80年代，北京大学的专家没有将大兴区列入城区方言范围，主要是考虑到"爱、安、饿、藕"等字在大兴区的发音多是以辅音ng或n开始的，也就是把"爱"类的字说成了ngài或nài。据我们近年来的调查，大兴区街道、地区、镇政府所在地，"爱"等字也是用元音开始，与北京城区的发音是一样的。只是在南部的榆垡镇与河北省固安县邻近的村里，部分老人还有把"爱"等字带上鼻辅音声母的发音。我们的调查只在街道、地区、镇政府驻地，这当然不够深入和详细。但我们有把握认定，那种ngài或nài式的发音已经为数不多了，不宜再当作整个大兴区的方言特征。大兴区的方言应该列入北京城区话，也就是本书讨论的北京方言之内。

二、西南到东北方向的山区，北京方言较少分布

西南方向的房山区和正西方向的门头沟区都是以山区为主。房山全区面积将近70%是山区；门头沟98%是山区，是山地比例最高的区。这两区的语言特点是语言随着地形走。在平原区，在公路网附近，大型企业、学校、政府机关比较稠密，这里的语言多向北京话靠拢，进而演变成北京话。相比之下，山区交通不便，与外界沟通少，本地方言特色突出，与北京方言有明显不同。例如门头沟斋堂镇，沿公路距离北京城区将近80公里。它的阴平字读成了下降调，像北京方言的去声；阳平调极低平；上声调读成上升的，像北京方言的阳平；去声调读成中平。简单地说，在房山和门头沟这两个区里，北京方言的分布面积很小。

西北方向的延庆区和正北方向的昌平区的情况也是如此。延庆地处北京西北，多山，高海拔，全区内方言情况比较整齐，与北京城区方言有明显差别。例如阴平字在北京城区是高平调，在延庆则是低平调，这是延庆话的一个突出特征。昌平区位于北京城区正北方向，地势由西北向东南，逐步走低，平原占比较大。语言上除西部与延庆相连的部分外，全区大部属于北京方言。

正北方向的怀柔区较为狭长，南北方向90余公里，东西最狭窄处只有10公里。北部多山，南部平坦。区政府所在地距离区的最南端只有约4公里。区的南部基本是北京城区话，而北部山区则不宜划入北京城区方言，约占全区面积2/3。

东北方向的密云、平谷两区的方言，很少能够被纳入北京城区方言范围。尤其是平谷，特色明显。它的阴平、阳平声调读音与北京城区刚好相反。城区阴平字读得高平，阳平读成上升调型，而平谷则刚好相反。人们经常开玩笑说，城区话的"包子和雹子"就是平谷话的"雹子和包子"，"炒菜放点盐"就成了"炒菜放点烟"。值得注意的是，平谷区西南端与顺义区相连的马坊镇，却是另外的情况。马坊在行政区划上是平谷区的一个镇，但它的方言与本书讨论的北京城区话相当接近，大不同于十几公里以外的平谷城关镇所代表的平谷话。

三、东北方向的平原区以河为界

同是北京城区东北方向，平原与山区大不同。距离北京城区较近的顺义区情况就相当"细腻"。全境95%为平原，潮白河由北向南穿过，全区方言大致以河为界。潮白河以西地区，靠近北京城区，政府机关、学校、大型企业多分布于此，经济相对发达，语言上属于北京方言，约占全区面积2/3。河东的李遂、南彩、大孙各庄等8个乡镇远离北京城区，使用的方言不在本书北京城区话范围之内，例如当地"爱、安、藕、恶"等字多用辅音n开始。这是很突出的一点。

总括地说，北京方言的分布范围是城区的东城区、西城区（2010年7月，原崇文区与东城区合并；原宣武区与西城区合并），近郊的丰台、石景山、海淀、朝阳区，加上远郊部分地区。这种方言也叫北京城区话，分布面积约5600平方公里，大致相当于北京行政区划的1/3。值得注意的是，北京行政区划内的某地方言能否划入北京方言，并不取决于它距离市中心的远近，地貌才是决定性的因素。在山区，不论东南西北哪个区，北京方言影响都较小，甚至难觅踪影。在平原区则相反，北京方言影响很大，即便传统发音与北京方言有出入，如大兴区的"爱、安、藕、恶"类字的读音，近几十年来也有了明显变化。

我们相信，随着推广普通话工作的不断深入，随着基础教育的普及和质量提升，随着各地人群的交往日益密切，加上北京首都功能的影响，北京方言的分布面积还会继续扩大。

四、"链接"到百里之外千里之外

严格地说，北京方言范围确实狭小。但是我们也应该注意到，在北京方言周边地区，甚至遥远的千里之外，存在着与北京方言既有明显差异又总体差异不大的方言。这种情况并非偶然，这些地区方言的形成其实与北京方言关系密切。

我们知道，判断北京话的标准之一是"爱、安、饿、藕"等字的发音要用元音开始，前面不能加辅音n或者ng。如果稍稍放宽，忽略这一条，那么北京方言就可以与郊区多地，如房山、怀柔、密云、顺义等地"链接"，甚至可以"链接"到北京行政区划以外，如：北京以东，被北京和天津两大直辖市"包围"之中的河北省"飞地"三河市，距离北京城区不到60公里；向东50公里的河北省大厂县、香河县；向东南46公里的河北省廊坊市、80公里的天津市武清区；向正南57公里的河北省固安县；向西南59公里的河北省涿州市等地。而距北京市中心175公里的河北省承德市也可以这样与北京方言"链接"起来。

"链接"当然是打比方，指两地方言较为接近且联系紧密。

以上"链接"毕竟在地理上是相连的，而距北京107公里的河北省易县清西陵所在地和距北京112公里的河北省遵化市清东陵所在地，就真正是"飞地"了。这两处的方言，与上面提到的河北三河等地一样，除掉"爱、安、饿、藕"等字的发音要加辅音n或者ng之外，与北京方言语音相同，却与它们周边的河北易县和遵化方言差别较大。这样的"链接"当然是有明显的历史成因的：东陵、西陵在清代都是皇家重地，当地居民根本不许进入。陵区有大量来自京城操一口北京话的值守人员。辛亥革命后，值守人员后代逐步形成特殊村落，语言上与附近村镇大不同，倒是与百公里之外的北京相当接近。

如果我们把北京话另一标准也放宽，接受阴平字"膻、天、腥、烟"等等声调偏低一些的发音，那么哈尔滨市虽然地处东北深处，离北京十分遥远，却也可以当作北京话的一处"链接"地。哈尔滨到北京直线距离大约1050公里，以古人的交通工具，实在太遥远了。但是哈尔滨话与北京话的差异，实在比北京周围河北省诸市县的话与北京话的差异要小得多。哈尔滨郊区阿城区历史上是金政权的都城。12世纪中期，金政权由此向南，把都城迁徙到金中都，也就是今天的北京。这样就建立起了北京方言和东北腹地方言的"链接"。

第二节　历史上的几个关键节点

从上述内容中我们可以看到，北京方言分布范围小，小到连北京行政区划都远没有覆盖；可同时又有上百上千公里的"链接"。那么这种很特别的分布是古已有之、自然形成的，还是"遭遇"过什么突变？如果确有突变，又是什么原因促成的，对以后北京话的发展演变有多大的影响呢？

北京是古都，它的城市历史可以上溯到春秋时期的燕国。但是今天的北京方言，并非燕国国都所在地及其毗邻地区的方言向今天的自然延续，而是汉语在这片土地上一种极为特殊的地域分支。燕国在战国七雄中位于东北方向，又是农业民族与游牧民族的接口。这样的地理位置，决定了后世的北京在长期的民族交往中，不可能轻松度日。现有丰富的史料可以证明，北京人口组成之复杂，经历的政局动乱之纷繁和剧烈，在全国各大城市中实在罕见。北京方言伴随着北京城市发展一路走来，它的发展演变也是极不平稳的。今天社会大众认可的所谓"京腔"，其实很年轻，与北京3000多年的历史和大都市地位，实在是极不相称的。

公元前1044年，周武王灭商后，分封天下，把尧的后人分封到蓟，就在今天的北京；把古代燕地封给弟弟姬奭，也就是历史上的燕召公。燕和蓟就是隔古代永定河相望的两个相邻的奴隶制国家。据著名历史地理学家、中科院院士侯仁之先生确认：今天北京西南部房山区琉璃河董家林村一带，就是周武王分封燕国的最初之地。[①]以后燕强蓟弱，公元前7世纪，燕国扩张，吞并了蓟国，把都城迁到蓟。到战国时期，燕国成为七雄之一。史书记载，当时燕的都城叫"蓟"，也就是今天北京城市的前身。[②]它的大致范围在今天广安门内外。公元前

---

① 侯仁之：《说燕》，1962年4月12日《北京日报》补记，载于尹钧科（选编）《侯仁之讲北京》，32—36页，北京出版社2003年版。

② 侯仁之：《历史上的北京城》，《光明日报》1962年1月17日。

222年，燕国被秦所灭。秦在原燕国一带设广阳郡、渔阳郡、右北平郡、辽西郡及辽东郡等行政区划。虽然秦代改制，但今天北京一带在历史上长期是北方的重要城市，名称也多有更替。晚唐时期，蓟城属于幽州，是州政府所在地，所以又叫"幽州城"。

北京城市历史虽然悠久，但真正影响到北京话发展演变的重大历史事件，真正促成今天北京话面貌的，带有根本性的历史拐点，是10世纪上半叶"五代十国"时期才出现的。这个拐点之后，北京方言伴随着北京城市的发展驶上了快车道。

晚唐以后，907年到960年，前后50余年，是中国历史上极为痛苦的年代。大唐帝国走上了末路，接手的赵宋中央政权尚未建立，军阀混战，地方割据，生灵涂炭，社会生产力遭到极大破坏。这段时间，没有统一全国的中央政府。在北方，有梁、唐、晋、汉、周五个朝代，史称后梁、后唐、后晋、后汉、后周。在南方，先后建立了南吴、吴越、前蜀、后蜀、闽、南汉、南平、马楚、南唐九个局部政权，加上北方的北汉，一共是10国。历史上称这50余年为"五代十国"。北京的语言系统就是在这个动荡的大背景中开始了巨变。从936年"五代十国"中的后晋朝代开始一直到13世纪中期元大都建立，300余年间，北京城市数次遇到了政权割据，被隔离在华北北部，脱离了华北大平原上的北方话主体。同时，少数民族政权又大规模从北京及周边地区向东北地区迁徙汉族居民，北京地区的汉语方言被带到了东北地区。一面被隔离，一面被强行移民，就形成了今天北京方言的大跨度分布的基础。

以下，本书简述决定今天北京话命运的历史上的几个关键节点。

一、936年：辽—契丹—南京

"五代十国"大动乱的始作俑者是唐宣武军节度使、梁王朱温（早年参加黄巢领导的农民军，后被唐军招降，唐僖宗赐名"全忠"，篡唐位后改名朱晃）。907年，他废掉唐哀帝，建立后梁。923年，唐晋王李克用之子李存勖灭后梁，建立后唐。936年，后唐太原节度使石敬瑭攻占洛阳，灭掉后唐，建立后晋。

石敬瑭本是后唐明宗李嗣源的得力战将，作战勇猛，战功赫赫，被李嗣源招赘。李嗣源死后，石敬瑭与李从珂势同水火。石敬瑭担心自己的力量不足以推翻后唐末帝李从珂，于是向北方的契丹族辽政权求助。为此，石敬瑭允诺将北京（当时的"幽州"）到山西大同（当时的"云州"）一线的十六个州县，即后世所谓"燕云十六州"，割让给契丹作为交换。辽太宗耶律德光迅速出兵从雁门关南下攻击后唐。936年11月，耶律德光册封石敬瑭为帝，后晋正式建立。石敬瑭把燕云十六州，即今天的河北和山西北部的大片领土割给契丹，且每年向契丹进奉布帛30万匹，称比自己小10岁的耶律德光为"父皇帝"，称自己"臣，儿皇帝"。（石敬瑭生于892年，耶律德光生于902年，石敬瑭年长10岁。）后世由此就用"儿皇帝"一词比喻卖身投靠、建立傀儡政权的作恶者。例如，20世纪30年代殷汝耕投靠日寇，建立傀儡政权"冀东防共自治政府"，就是又一个"儿皇帝"。80年代北京著名作家刘绍棠的小说《蒲柳人家》对此有详细描写，该小说部分内容后被编入初中语文教材。

938年，契丹进驻幽州，将其列为辽的五都之一，称"南京"。（契丹另有上京临潢府，位于今内蒙古巴林左旗；中京大定府，今内蒙古宁城县；东京辽阳府，今辽宁辽阳；西京大同府，今山西大同。）"南京"大致方位在今北京城西南。城市有唐代幽州的建设基础，城市周长36里，人口稠密、物产丰富。虽然建都较晚，但"南京"在辽的5个都城中是规模最大的，经济、文化上也是高度发达的。在军事上，"南京"也是契丹继续向南扩张的重要基地和有力跳板。

燕云十六州的位置和地势构成了汉族政权对北方游牧民族的天然防线，军事意义重大。石敬瑭936年的割让，直接导致以后的北宋政权在黄河以北、以东的广大地区几乎无险可守。在冷兵器时代，在平原地区，在缺少骑兵的条件下，宋朝对契丹、女真、蒙古，很难摆脱军事上的被动局面，都与此有直接关联。北宋虽然从太祖赵匡胤时代就想收复燕云十六州，但一直未能实现。多年的战争极大地消耗了宋辽双方的国力。宋真宗景德二年（1005），宋辽签下"澶渊之盟"，缔结和约，停止战事，以白沟河（今河北省高碑店市白沟镇一带）为边界线，距辽契丹的"南京"约100公里。

边界线划定，意味着长期的南北对峙拉开序幕。南北对峙，就意味着人员往来受到极大限制。史料记录，偶有北宋官员来到，对契丹辽统治下的"南京"充满好奇。例如契丹饮食中的肉食、奶制品很难让北宋官员适应。苏辙在宋哲宗元祐四年（辽道宗大安五年，1089）出使辽朝，在他《奉使契丹二十八首》中的《渡桑干》一诗中就写道："会同出入凡十日，腥膻酸薄不可食。羊修乳粥差便人，风隧沙场不宜客。"以苏辙的口味，契丹腥膻口味的饮食实在难以入口，而掺放了羊奶的乳粥还可以尝尝。官员如此，普通民众就更难正常往来了。我们知道，语言是交流的工具。如果交流的双方被分离，不能长期自然地接触交谈，语言的交际功能就会大大萎缩，原本双方都熟悉的语言系统就会出现差异，甚至分化。被割让到契丹"南京"地区的汉族民众，在南北对峙中，无法与中原地区正常往来，脱离了中原正统文化，脱离了中原汉语大家庭。经几百年打磨，北京地区的汉语方言，终于走上了另外的发展道路，以致与中原汉语形成明显差异。

其实，这样的语言"隔离"并不是孤例，历史上一再上演。4世纪，西晋"永嘉"之乱，数以万计的难民讲着河南洛阳话拥入建康（今南京），硬是打造了一座讲北方话的东晋都城。但是时至今日，南京话与洛阳话相差悬殊。又如12世纪，北宋"靖康"大难，数以万计讲着首都开封话的难民逃至临安城（今杭州），在吴语方言区里打下了北方话"楔子"。可是今天，没有几个开封人能听懂杭州话。

事实上，辽南京汉族居民不但失去了与华北大平原汉语主体的联系，还要应对大批新移入的契丹族人口。虽然辽政权实行了民族分治，但那只是法律层面的；日常生活"低头不见抬头见"式的接触中，不同民族都无法回避对方的语言。辽南京城契丹人口内部的语言情况也很复杂，既有只会讲契丹语言的平民大众，也有学习汉语汉字的官员和知识分子。举例来说，北宋监察御史张舜民出使到辽国，在馆驿中看到墙上刻有苏轼的诗《老人行》，在街市上也看到有苏轼的诗集在售卖。张舜民不由感慨："谁题佳句到幽都，逢著胡儿问大苏。"元祐四年（1089），苏辙奉旨出使辽国，辽国大臣们纷纷打听苏轼的近况。苏辙很有感触，写诗《神水馆寄子瞻兄》给哥哥苏轼说："谁将家集过幽都，逢见胡人问大苏。"这里"大苏"指苏辙兄长苏轼，他的名声早已传入契丹，可见汉文化对契丹族影响之大。

总之，离开了使用汉语的大环境，长期缺乏正常的与中原地区广大汉族人群当面使用口语的交流机会，又要面对其他民族语言，这些是导致北京话逐步远离华北平原汉语方言而走上另一条发展道路的重要原因。

关于契丹辽，这里还要再补充几句，因为它毕竟是第一个以北京为都城、对北京话发展有重大影响的少数民族政权。

契丹南下，把燕云十六州划入自己的版图，这件事的意义远不止于简单扩张。这片土地历史悠久，人口密集，物产丰富，文化优势明显，处于成熟的封建社会形态。契丹民族，上至皇帝下至普通百姓，都存在如何适应的问题。至少在初期，辽政权管理到位，汉族和契丹族基本上和睦相处，政府也从中获得了经济利益和社会效益。北京阜成门内白塔寺塔（原塔建于辽代寿昌二年，1096年，现白塔为元初重建）、广安门内天宁寺塔、海淀凤凰岭大觉寺、房山云居寺石经版（补刻），都足以说明辽的国力和在北京的文化建设成就。

尤其值得一提的是，契丹民族的语言文化建设，也受到汉族很大影响。突出的是契丹文字的研制和使用。920年，辽太祖耶律阿保机令大臣耶律突吕不和自己的侄子耶律鲁不古研制契丹文字。二人参照汉字，研制了3000余文字，称契丹大字。但是境内多汉人，汉人用汉字，契丹上层和知识分子深受影响，习汉字，通汉文。契丹大字使用效果不理想。失败是成功之母。925年，辽太宗耶律德光的弟弟耶律迭剌经过对比，看出了拼音文字的优点，在回鹘文字启发下，对契丹大字加以改造形成契丹小字。这种拼音文字，简便实用，不但有效地记录契丹语言，以后还被女真民族继续使用。附带提一句：根据汉字字形研制的、供少数民族使用的与汉字构造原理相同的表意文字，从唐代到清代，从南方到北方，一直收效甚微，很难被其他民族接受。这一点只要对比同时代国内外拼音文字的传播就可以看得清清楚楚。

二、1153年：金—女真—中都

宋辽对峙，造成北京方言长时间游离于汉语主体之外。一个多世纪以后，北京话迎来了第二次冲击。这次的冲击与上一次惊人地相似：北方的游牧民族南进和中原汉族政权的收缩后退。这次的主角是起源于东北的另一个少数民族——女真。

女真族与契丹族一样，都是来自东北地区的少数民族。辽晚期政局混乱，民族政策严重错误。一方面，没有平等对待汉民族，尤其在税收问题上，激发了汉族民众对中原政权的思念。另一方面，欺压女真族，不停索求贡品，甚至侮辱女真酋长，促使女真族首领完颜阿骨打下定反抗的决心。1115年，完颜阿骨打统一了女真各部落，建都会宁府（今黑龙江省哈尔滨市阿城，距哈尔滨市区约50公里），国号金。1120年，金与北宋使者马政、赵良嗣定下"海上之盟"，双方联合进攻辽。

按照"海上之盟"，金应将燕云十六州归还北宋，北宋将原来每年送给辽的布帛、钱财等等转赠金。可是金在灭辽后，未履行协议，一拖再拖；1123年将辽南京城财物富户洗劫一空之后才移交北宋。两年后的1125年，金攻打北宋直逼首都东京开封。1126年，金再次南侵，攻破开封。1127年，俘虏了宋徽宗、宋钦宗及皇室成员，洗劫了皇宫，掠走大批人员、财产和珍贵文物，北宋灭亡。岳飞《满江红》中"靖康耻，犹未雪，臣子恨，何时灭"，即指北宋这次耻辱的惨败。

金灭北宋后，与南宋划淮河为界，疆土范围比当年的辽还要广阔。但它的国都所在地会宁府却比辽上京更加远离中原，偏于东北一隅之地。会宁府到辽南京直线距离1000余公里，以古代交通条件，物资运输、人员往来、公文传递、军队调动都相当困难。因此，金海陵王完颜亮向南迁都到燕京地区。1153年迁都完成，改辽南京为金中都。北京在城市发展历史上又多了一个称谓。

同样是少数民族政权，同样是迁往汉族地区，金的汉化程度明显超过辽，尤其是语言方面。这是我们讨论今天北京话时必须关注的。历史文献表明，女真上层社会，包括皇族，在迁入中都之前，已经相当程度地汉化了，甚至以汉语为日常用语。下面这件事情应该比较有代表性。

大定十三年（1173），金世宗完颜雍对女真上层社会风气十分不满，认为受到汉族奢华风气的影响，忘记了祖先的淳朴之风。他非常担心儿子能否继承祖宗基业。他曾要求皇太子和其他贵族子弟陪伴自己欣赏女真的音乐舞蹈，叮嘱众人：你们自幼接受的是汉族风俗文化，对女真的语言已经不知晓了，"是忘本也"。这样严厉的措辞表明完颜雍对语言文字以及贵族社会的汉化非常担忧。[1] 其实，大定十三年的这个记录并不是皇帝陛下的首次不满，他至少在三年前，即大定十年（1170）就已发现皇太子对女真语很不熟悉。皇太子生于1146年。金政权将国都迁至燕京地区是在1153年，皇太子7岁。7岁的孩子，应该早已养成母语的语言习惯了，不应该到二十几岁还非常生疏。这件事从侧面说明，早在太子出生时，女真上层社会的汉化程度已经很高了。如果太子从小生长在女真族语言环境中，他的父母亲人，身边的仆人，都在使用女真语言，他是不会在成年后仍"颇不熟本朝语"的。[2] 不过，金世宗完颜雍多少有些言行不一，他并不完全排斥汉族文化。例如今天北京市内国家5A级景点北海公园内琼华岛等等一系列景观，就是在金大定三年至十九年（1163—1179）这段时间内仿照北宋首都开封城内的皇家宫苑修建的。这正是他斥责儿子"忘本"的年间。

---

[1] 《金史·世宗本纪》。

[2] 《金史·世宗本纪补》。

事实上，中都城语言情况是复杂的，一方面是汉语和其他民族语言共处；另一方面，汉语内部还有分歧。靖康之乱，女真从北宋国都东京开封城俘虏了大批汉族人，有皇室成员，有王公贵族，有政府官员，也有大批的普通民众，包括工匠艺人、倡优、僧侣等，总量达到数万人。他们讲的当然不是辽南京地区的汉语方言，而是北宋的开封方言。他们中少数重要人物，如宋徽宗、宋钦宗父子以及他们的后妃等等被押往东北的会宁府，其余绝大部分人就在中都定居。[①]这些来自河南的汉族人口，加上城内原有的汉族居民和城内已经汉化的各民族，使金中都成了一个民族众多、方言口音众多的开放型的语言大都会。

在这种环境下，来自南北不同方言区的汉族人群，来自不同民族的各民族人群，要想共处，就必须在语言上相互"妥协"，以适应新的交际活动的需要。按照语言学的一般规律，人群构成越复杂，东西南北各地人员来往越密切，语言发展就越是增速。例如，各地人员会集的大城市，其语言发展就比单一人群的中小城市快；城市语言就比人群更加单一化的乡村发展快，往往是城里已经放弃了较长时间的词汇和用法在偏僻的乡村中还能时时现身。如此，燕京地区的汉语方言在经历了辽的"隔离"之后，进入了一个新的发展阶段。

三、1368年：明—汉族—北平，1403年：北京

女真迁都，对金政权的发展实在是意义重大。南宋的战略对峙能力，未能超过北宋，尽管涌现了让后世敬仰不已的岳飞等一批著名统帅和战将。南宋决策层，如高宗皇帝赵构，抗金意志并不坚定。总之，金的战略资源和机遇都要胜过辽。可是它犯了与辽一样的战略错误：民族歧视和压迫。这终于激起了另一个游牧民族——蒙古族的反抗。一代天骄，成吉思汗，起兵反金，势不可当；1234年，在蒙古和南宋的夹击下，女真政权彻底崩溃。

---

① 徐梦莘（1126—1207），《三朝北盟会编·卷九十八》。

1271年，成吉思汗的孙子忽必烈正式建立元政权，改金中都为元大都。八年后，元灭南宋，统一了中国。这次统一，结束了唐末藩镇割据300余年以来的南北对峙、多政权对峙的分裂和战乱。元朝也由此成为中国历史上第一个统治全国的少数民族政权。但是由于长期实行民族歧视和隔离政策，元朝的汉化程度极低。在语言上，蒙古语没有像契丹、女真语言那样被汉语同化，也没有构成对大都地区汉语方言的较大冲击。

金朝以后，真正又一次对北京方言构成巨大冲击的，不是紧接而来的元朝，而是再以后的明政权。在明朝建国初期的几十年，朱元璋、朱棣父子两代，前后50余年，向北京大规模移民，使北京居民的组成发生了很大的改变，伴随而来的当然是北京语言系统的改变。

1368年，徐达统率明军向大都地区的元朝政权发起总攻，顺利攻克大都东侧重镇通州，元顺帝逃走。八月初，明军进入大都，元朝灭亡。明太祖朱元璋确定南京（今南京，明代称"应天府"）为首都，河南开封为陪都，改元大都为北平府。由此，北京城市又有了一个新的名称。

朱元璋终止了元大都城市的首都地位，并不等于他不重视这里的战略地位。元顺帝率蒙古残部只是溃逃，并未彻底丧失作战能力。以骑兵的高度机动，完全可以奔袭明军的北平防线。而元末战乱，造成大都人口骤降，短期内无法自然恢复。缺少人口，缺少劳动力，就难以向驻军提供足够的夫役和后勤保障。洪武四年（1371）三月，朱元璋"徙山后民万七千户屯北平"。所谓"山后"，就是今天北京昌平居庸关以西。六月，"又徙沙漠遗民三万二千户屯田北平"[1]。所谓"沙漠"，就是今天河北、山西北部和内蒙古南部地区。

几十年后，明成祖朱棣为迁都做准备，又一次大批向北平移民。建文四年（1402）五月，朱棣在南京登基，"九月徙山西民无田者实北平"。永乐元年（1403）改北平为北京。这是从公元前12世纪开始

---

① 《明史·太祖本纪》。

的北京城市历史上第一次使用"北京"这一名称，距今已有600多年。"八月徙直隶苏州等十郡，浙江等十省富民实北京。"永乐二年（1404）九月，"徙山西民万户实北京"。永乐三年（1405），"徙山西民万户实北京"。①根据明朝史料，明初户和口的比是1∶5左右。由此我们可以大致推算，洪武到永乐的几十年间，共向北京移民40万人以上，涉及江苏、山西、浙江、安徽等地。

移民们把南北各地方言带入北京。大家为了交流，必须互相"妥协"，把自己方言的特色收敛一些，同时还要在短时间内大致学会北京本地的方言。专家估算，到明正统十三年（1448），北京城市人口已经从明初期洪武二年（1369）的9.5万人增加到96万人，短短80年内竟然增长了9.1倍，远超过正常增长速度。②各地移民的占比不可小觑。这种人口组成的改变当然要带动语言的发展。与以往几个历史节点不同，这次没有跨民族的问题，语言系统影响都是汉语。

四、1644年：清—满族—北京

明末，在陕西、四川、湖北、河南等地，李自成、张献忠农民军风起云涌高潮迭起；山海关外清军咄咄逼人伺机而动。1644年4月，李自成军攻入北京，崇祯帝在煤山（今景山）自缢身亡，明朝灭亡。但是农民军很快由盛而衰，在山海关为清军和明吴三桂军所击败。5月，多尔衮率清军进入北京，拉开了中国历史上第二次由少数民族建立全国统一政权的大幕。清军入关这一重大历史事件，又一次将汉语北京方言与少数民族语言捆绑在一起。如果李自成能够复制元末同样出身卑微的朱元璋的人生轨迹，那么影响今天北京话的很可能是汉语的陕北方言。当然，历史没有如果。

1644年进入北京的满族，与12世纪进入北京建都的女真族有密切的渊源关系。16世纪以后，以建州女真和海西女真为主，融合其

---

① 《明史·成祖本纪》。
② 韩光辉：《北京历史人口地理》，北京大学出版社1996年版。

他民族形成满族。1616年，努尔哈赤统一女真各个部落建立了后金政权。1636年，努尔哈赤第八子皇太极称帝，改国号为清，改女真为满洲（1912年，改"满洲"为"满族"）。1153年，女真金政权把国都从哈尔滨移到北京。时隔将近五百年，东北的少数民族二次入主中原。他们沿用了明朝对城市的称谓——"北京"，他们使北京城市和方言都发生了巨大变化。

清军初入北京，人地两生，民族矛盾突出。留着发辫的八旗兵很难让北京城的原明朝官员和百姓接受。为安全起见，清军实行了严格的区域划分：紫禁城为皇帝住所，内城为八旗兵住所，形成了以紫禁城为中心的多层布防。内城原有的明朝官员和百姓则被强行移到北京外城。这样，就在北京城区形成两个区域：一是内城，清皇室和护卫他们的八旗兵居住；二是外城，原明朝北京市民居住。清统治者确信这样的隔离可以保障安全，所以内城旗民不得搬迁到外城，外城居民不得移居内城。内城按八旗颜色与汉族金木水火土相克原理分配旗兵驻地。《八旗通志》中记载是："两黄旗位正北，取土胜水。两白旗位正东，取金胜木。两红旗位正西，取火胜金。两蓝旗位正南，取水胜火，水色本黑，而旗以指麾六师，或夜行黑色难辨，故以蓝代之。"这样的格局大体维系到清末。

接下来是语言问题。北京内城的这些"新住户"，上至天子下到普通八旗兵，虽然有大量的满族成分（"八旗"是清太祖努尔哈赤创建的军事编制。初期成员都是满族，以后随着战争的发展，八旗不断扩军，蒙古族、汉族陆续加入。到顺治年，八旗兵已经是汉族为主了），但是在语言上与北京外城"老住户"并无隔阂。史料有明确记载，满族在语言上已经达到了很高的汉化程度。早在清太祖努尔哈赤时代，汉语就已经在满族人群中使用。努尔哈赤本人的汉语水平就很高，有学者还认为他精读了《三国演义》等作品。清太宗皇太极曾经明确表示非常担忧满族的汉化，认为很多地名和官职名称都使用了汉语命名，而大量使用汉语会威胁到大清江山社稷。[①]后来的历史事实证明，这位满族皇帝的担忧完全是不必要的。

满族和八旗兵来自东北，东北地区的汉语可以上溯到公元10世纪辽代。史料记录，早在契丹占领北京之前，汉人就被契丹统治者强行移民到东北，[②]汉语由此开始在东北传播。到金代，女真社会在1153年迁都进入北京之前就已经汉化了。又经过几百年的发展，到清代建国、入关时，汉语完全进入满族人群的一般交际了。当然，这种两次从北京到东北又返回北京的语言系统，其各方面与一直在故乡生存繁育的北京方言有所不同。清代，北京城被多尔衮强行切割成内城和外城两个新旧居住区后，语言上也必然出现内城和外城的差异。但无论内城的刚刚从东北进入的八旗汉语，还是外城的直接继承明代北京方言的本地汉语，毕竟都是汉语北方系统，都是在北京诞生的，差异不大，彼此交流不存在障碍。

清军入关在政治格局上产生的大裂变影响，这在当时就能显现出来。但是语言上的影响，实在不是一时能看清的。简单地说，清朝是中国最后一个，也是距离今天最近、各方面影响最为直接的封建朝代。清代北京继承元、明两代的首都地位，形成了700年的首都历史。清代北京方言，借助元、明两代的"惯性"，在全社会的地位大大提升。这是今天北京话作为普通话操作标准的一个重要基础。以下6图展示了10世纪到20世纪北京城市范围的演变。[③]

图1斜线部分为辽代南京城，虚线部分为今北京城。图2斜线部分为金中都。图3斜线部分为元大都，下段虚线为今北京外城。图4斜线部分为明代初期北平城（1368—1403），上段虚线为元大都北部。图5是明中期北京城（1420—1553）。图6斜线部分是今北京核心城区，上段虚线为元大都北部。

---

① 《清太宗实录·卷十八》。
② 《辽史·地理志》。
③ 侯仁之：《历史上的北京城》，《光明日报》1962年1月17日。

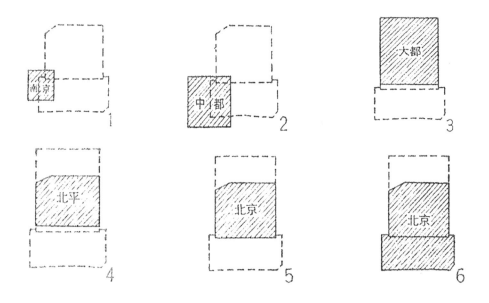

五、一路走来：民族和移民，北京方言和北京人

北京方言一路走来，印记是清晰的：它的每一步发展、扩容其实都是城市发展、扩容的"副产品"，而北京城市的发展、扩容又与北方少数民族的入住有极为紧密的联系。从936年后晋石敬瑭割让燕云十六州到1911年辛亥革命，千载光阴，契丹、女真、蒙古、满四个民族，辽、金、元、清四个政权，前前后后，一波接一波地推动着北京城市和方言的发展。除明代的276年之外，北京有3/4的时间是少数民族政权的中心所在地；是中国历史上仅有的两个由少数民族建立的全国政权的中心所在地。这在全国古代都城（西安、洛阳、开封、南京、杭州、北京）中是唯一的，对城市语言面貌有非常重要的影响。

以清代来说，多民族人口共处于北京的大街小巷，尤其是社会底层。老舍先生在自传体长篇小说《正红旗下》里的描写就是很好的表现："某些有钱有势的满人也还看不起汉人与回民，因而对我们这样与汉人、回民来来往往也不大以为然。不管怎样吧，他们是他们，我们是我们，谁也挡不住人民互相友好。"普通民众你来我往，当然要推动北京方言的发展。《正红旗下》是这样描写一位旗人和他的北京口语的："北京话呀，他说的是那么漂亮，以至使人认为他是这种高贵语言的创造者。即使这与历史不大相合，至少他也应该分享'京腔'创作者的一份儿荣誉。是的，他的前辈们不但把一些满文词儿收纳在汉语之中，而且创造了一种清脆快当的腔调；到了他这一辈，这腔调有时候过于清脆快当，以致有时候使外乡人听不大清楚。"相比之下，其他大城市就没有像北京这样多的满族旗人居民，所以其他大城市的方言发展也就很难有当地旗人参与。

我们还应该注意到，同是少数民族，同是在北京地区居住生活，对北京话的直接作用并不相同。从10世纪契丹人到17世纪的满族八旗兵，少数民族语言对北京方言的作用呈增长状态。我们从史料里不容易找到很具体的实例来直接表明契丹族人群对汉语的运用，但是确认女真人群的汉语应用，甚至是女真皇宫内的应用就容易多了。至于清代满族人群的汉语应用材料，则比比皆是。

北京方言发展的另一个明显印记就是移民。各少数民族语言对北京方言的影响，其实也都是移民的效果。不论怎样的民族政权更替，都必然产生大批移民。设想一下，金海陵王一个人到燕京地区，怎能实现迁都？事实上海陵王迁都遇到女真内部巨大阻力，就是因为大批的王公贵族和普通百姓要离开故土，千里迢迢长途跋涉到北京。可以说，936年以来，北京方言的几次大变动，都是伴随大规模移民的。这不但发生在少数民族政权更迭时期，也同样发生在汉族政权期间。前文叙述的明代洪武到永乐年间的移民就是在汉族之内，且数量巨大，对北京方言发展的影响一点也不逊于少数民族移民。

936年石敬瑭割让燕云十六州，打开了移民大门。据相关史料，到辽中期，契丹政权先后向整个燕京地区移民大约1.2万户、10万余人，约占当时整个燕京地区人口的1/4。移民中既有契丹族，也有奚（鲜卑族一支）、渤海（唐代东北地区少数民族）、室韦（契丹族的分支）等其他民族。金代统治者迁都是在1153年，而事实上它向燕京一带移民早在几十年前就已开始。金太宗天会四年（1126），也就是北宋亡国前一年，女真已经启动了其移民计划。经过40年左右，金迁入中都地区的人口累计约4万户、30万人。据《金史·地理志》记载，到泰和七年（1207）中都地区总人口为161万人，可见移民比例之高。明、清两代，是北京移民的又一高峰。

移民数量巨大，必然带动语言变化，这就引发了一个问题：移民所讲的话，能不能算北京方言？我们完全可以想见，不管出于什么原因，移民不可能先学好北京方言再行迁徙。他们一定是带着自己的家乡话，从东西南北各地进入北京。他们当时的语言确实不应该计入北京方言范围。但是，"入乡随俗"这句老话是可以用到这里的。第一代移民，成年人，他们的语言系统早已定型，很难改变。这样的情形在今天北京市户籍居民中还是大量存在的。他们中的很多人在20世纪五六十年代进入北京，现在仍然操着一口乡音浓厚的"北京话"。但是他们的后代，北京出生、北京上学、北京就业，很难从他们口中听出他们父母辈的口音了。这代人讲出的语言，不该排斥在北京方言之外。

至此，我们必须回答这样一个问题：怎样的北京话才算正宗北京话？北京是古老的城市，又是不断接收移民的城市。北京话是这座城市全体居民的交流工具。既然北京的人口组成在不断改变，北京话也不可能不发生改变。怀旧是难免的，有时甚至是很有"韵味"的。但是在语言问题上，你、我、我们，不应该过分地一味地怀旧，不应该为了满足自己的怀旧情结而认定只有老舍先生作品中的行文造句才是正宗北京话，只有《茶馆》里"王掌柜""秦二爷""常五爷""松二爷"们的儿音连连的发音才是正宗北京口音。"唯旧为上"的思路并不可取。

冷静想想，八旗兵们是17世纪才从东北进入北京的；如果他们是正宗京腔的，那明代永乐年定都北京时的北京话又该是什么地位？明代以前呢？宋、元又该处在怎样的地位呢？比较理性的方法是请"辈分儿"来引导我们。专家向我们建议，可以用"代"为标记来取舍：说话者本人及其父母都在北京出生长大，就算是语言上的"老北京人"；如果本人父母中有一人或者两人都不是在北京出生长大，而说话者本人是北京出生长大的，就算"新北京人"。顺着这个思路，说话者本人也不是北京出生长大，他的语言习惯就不列入北京方言①。

本书作者强调，新老北京人所讲的北京话都应视为正宗的北京方言，都在本书的讨论范围之内。事实说明，语言或方言，只有不断补充新的成分才能具有活力，才能不断发展。从这一点上说，我们万不可轻视新北京人的北京话。例如"冬瓜、西瓜、南瓜、倭瓜、黄瓜"这些日常生活词语，按老北京人习惯，"瓜"字要读轻声。可是今天的北京话中，新北京人的"瓜"字第一声的读法已经相当普遍了。我们不应对此听而不闻，而要详细记录下来，并附上清晰的说明以留给后人。这才是符合语言科学的态度和做法。

---

① 胡明扬：《北京话初探》，商务印书馆1987年版。

第三节　普通话的基础

北京方言地理范围较小，远不能遍及今天整个北京的行政区划，使用人口集中在城区和近郊区，人群的组成较为复杂。今天的北京方言是多民族、多地区语言交流的结果，而不是单一的汉语某地方言的自然延续。由于北京的首都地位和深厚的历史文化积淀，北京方言在全国语文生活中的地位和影响远大于其他地方方言，以至成为普通话的基础。这一点是比地理和人口更加突出的北京方言特殊性。以下我们略作说明。

北京方言的面积不过5600余平方公里，在全中国960万平方公里中只占0.058%。北京方言的人口，专家20世纪80年代估计为1000万。随着人口的自然增长和北京方言本身的扩展，目前初步估算为1500万。据2010年人口普查，全国汉族人口为12.2593亿。北京话人口在全国汉族人口中约占1.2%。

1956年2月6日，国务院发布《关于推广普通话的指示》。对于普通话，国务院文件有明确的表述："汉语统一的基础已经存在了，这就是以北京语音为标准音、以北方话为基础方言、以典范的现代白话文著作为语法规范的普通话。"国务院关于普通话标准的3条：第一条直接落实在北京方言。第二条虽说是北方话，可北方范围大，内部不一致时，还是以北京方言为准。例如我们在"绪论"中提到的对母亲当面称呼为"妈"。这在国务院发指示时还不是北方各地通行的词，几十年过去，"妈"逐步成为最普遍的称呼。第三条是语法，强调现代白话文。事实上从唐代变文到宋话本、元杂剧、明清长篇小说等，汉语中影响巨大的白话文作品多为北方方言。像今天北京口语常用的"胡同"，就直接出现在关汉卿等人的作品中，甚至还有"砖塔胡同"这样的具体地名。清代以来，著名的白话文作品《红楼梦》《儿女英雄传》等等，都有很深的北京方言印记或者直接使用北京方言。

选择北方方言中的北京方言作为普通话的基础，绝不是简单的投票表决，而是具有深厚的历史、文化背景。其实不单汉语，任何语言在确立民族共同语言的标准时都要从人口、政治、经济、文化多方面做出全面衡量。

一、人口

方言是人们的交际工具，所以衡量一种方言的影响大小，一定要考虑它的使用人口数量。在汉语各个主要方言里，北方话大约占汉语全人口的75%，最保守的估计也在70%。选取北方话中最具代表性的方言——北京方言作为全国标准汉语的基础，在人口方面要比其他方言有明显的优势。江浙一带的吴方言排名第二位，但只占全人口的6.1%，与北方话相差悬殊。粤、赣、闽、客家等方言，人口都不多，最少的是湘方言，只占汉语全人口的3%。

二、政治

政治中心城市的方言影响当然要超过一般城市，尤其是在中国这样一个高度统一、中央集权体制的国家。中国古代就有遵从长安、洛阳两座都城方音的传统。到宋代，政治中心东移，长安、洛阳音系的权威性开始降低。元代，北京成为首都，北京语音的地位开始提升。清雍正年，北京语音已经是官话的标准音了。雍正帝发现广东、福建一带官员方音过于浓厚，难以交流，影响公务，特颁布旨意，要当地举办"正音书院"，提高官话水平。[①]雍正帝爱新觉罗·胤禛，1678年生于北京，成长于北京，一生生活在北京，逝世在北京。他的语音当然是北京语音。雍正帝的父亲康熙帝爱新觉罗·玄烨，1654年生于北京，这时距清兵入关已经10年了。康熙帝8岁在北京登基，69岁病逝于北京西郊畅春园，一生没有在外地长期生活的经历。康熙帝的父亲顺治帝1638年生于盛京（今沈阳），6岁来到北京。按照我们前面区

---

① 《大清世宗宪皇帝实录·卷七十二》。又，俞正燮《癸巳存稿·卷九"官话"》。

分新老北京人的标准，康熙帝是新北京人，而雍正帝就是真真正正的老北京人了。

三、经济

经济中心城市、经济高度发达地区，与四周乃至更远地区的经济来往和人员流动较为密切。这样的城市，其方言习惯当然就会影响与之来往的地区。今天全国各地对于"按揭""饼屋""发廊""靓仔"一类广东话词语已经相当熟悉甚至广泛使用，就是因为广东地区近几十年来经济高速发展，广东产品遍及全国，广东话一些词语甚至发音习惯也就影响全国。

元代以来，北京的首都地位决定了这是一个巨大的消费城市。从现代经济学观点看，消费对经济有很大拉升作用，不能根据元、明、清几代北京没有大型制造业和金融企业就判定北京在全国经济版图里无足轻重。中华人民共和国成立后特别是改革开放以来，北京的经济业态十分丰富，经济活力强劲，已成为全国重要的经济中心之一。

四、文化

语言说到底是交流工具，是延续传播文化的工具，所以文化发达地区对其他地区的语言发展走向就有明显的影响。跟语言有直接关联的文化产品莫过于文学作品。北京在元代以前，还谈不上本地方言的文学创作，但是从元大都关汉卿、马致远一代大家开始，北京方言文学在全国文坛中有了自己的立足之地，"胡同"类的词语，北京的风土人情，直接进入文学作品。到清晚期，这种影响就更加明显。经过几百年历史积淀，经过"五四"文学革命的呼吁，以北京话为基础的现代白话文终于取代了传统文言文，成为现代书面汉语的标准形式。

反之，我们从南方诸方言那里，例如吴方言和粤方言，也可以再次验证北京话的优势所在。南方吴粤等等方言，不论人口、面积，还是历史，都远在北京方言之上，根本不处于同一个级别。但是吴方言和粤方言，都难以成为普通话的基础，原因之一是缺少文学基础。它们都没有像《红楼梦》《儿女英雄传》那样的文学作品。尤其《红楼梦》，其文学地位不言而喻。你在欣赏《红楼梦》的同时，也就接受了其中不少的北京话成分。换句话说就是，北方话，北京话，凭借着《红楼梦》这样伟大的作品传遍各个方言区。

以上3点，狭小的地理分布和遥远的"链接"、历史上的几个关键节点、普通话的基础，是我们对北京方言特殊性的基本认识。

从下一章开始，本书将分专题探讨北京方言与北京城市文化的关联。这里有政治、经济、文化方面的国家大事，更有百姓居家度日的柴米油盐。我们尝试寻找在"您吃啦""大哥我这话也就是跟您说"这类"京片子"的背后，究竟有哪些历史文化成分蕴含其中。本书作者根据多年的学习和工作经验，深信这样的探索工作即便是略有所得，也有利于我们深入、全面地认识"京腔"的本质，全面地了解祖国的语言；同时也有利于认识北京这类大都市的文化特点和成因。

第二章

北京方言里的礼儿

"礼"就是大家要遵守的规矩，就是讲究，"礼"上加个儿音是北京方言的特色。从元代开始，北京从地方政权的中心发展为全中国的首都，政治、文化中心。这里多民族、多地方居民共处。上至皇亲国戚、文武官员，下到文人学子、贩夫走卒、南北客商、五行八作，可以说是社会各个阶级阶层的大集合。在这样复杂而微妙的社会环境中，人际关系就非常重要，语言的交际功能必然得到极大的发挥。由此，北京方言就比较重视交际活动中的"礼儿"，一字一句很有讲究，经年累月就形成了很多不成文的规矩。这些规矩，用老北京话说，就叫"里儿"和"面儿"，就像衣服，总要分清外面和里面。这是最起码的要求。比方人家客气地邀你一起用餐，你已吃过，你最好不要直说"吃过了"；按老礼儿，要说"偏过了"。这个词在字面上是私自占有的意思，其实是一种客气，一种自谦。北京方言这些"规矩"的身后，是谈话双方的内心活动，是彼此的远近亲疏，是一代代人积累的社会心理，甚至是社会的主流价值观。看似平平的一句话其实包含着拿捏精准、非常讲究的关键字词，这使得北京方言的表达方式有时相当隐晦。下面把作者搜集到的一些能够表现北京话这方面特色的词语略加分析整理，作为了解、研究北京方言和城市文化的参考。

第一节　北京方言中的称谓

虽然现代社会可以打电话、发微信等等，可是面对面地说话还是人们最基本的交流形式。这种面对面的形式就要求我们必须特别小心该怎么称呼对方，该用哪些称谓词语，怎么用才合适。称谓词语看似简单，例如我们从小就会用"爸爸""妈妈"称呼我们的父母。其实称谓词语背后的事情并不简单。

一、"爸""妈"和"爹""娘"

对自己的父母称"爸"和"妈"，这在今天北京人的感觉里似乎是天经地义，不过实际情形却比我们想的要复杂多了。首先，这并不是天经地义的事。遥远的先秦两汉，稍近一些的唐宋辽金，北京地区对父母是怎样称呼的，今天已经很难找到确切的记录了。元代大都开始了北京作为全国首都的记录，北京从北方重要的军事要塞城市转为全国范围的政治中心，城市规模和人口大大增加，语言也随之得到较大的发展。排查元代的史料记录和反映社会生活的文学作品，如关汉卿、王实甫等人的元杂剧作品，并没有发现"爸""妈"这样的称谓词。也就是说，称呼自己的父母为"爸""妈"这个语言习惯，在元代还没有。这两个词在北京口语里广泛使用至早也应该是明代。

明代顺天府（今北京城区）宛平县知县沈榜，著有《宛署杂记》一书，写于万历二十一年，即1593年。《宛署杂记》对北京的自然环境、行政设置、街道、风俗习惯，对上至帝王生活开支下至黎民百姓的柴米油盐，作了详细的记载。全书史料价值一直为学界所公认。书中"方言"一节，对当时北京话词汇有很详细的记录，关于称呼父母是这样记录的：父曰爹，又曰别，平声。又曰大。母曰妈。……儿妇称翁曰爹，姑曰妈。女婿称妻父曰爹，妻母曰妈。这是我们查到的最早的对母亲称"妈"的记录，但是对父亲称"爸"的记录没有出现在沈榜笔下。称父亲为"大"，这在明代小说《金瓶梅》中也有，故事背景在山东。陕西当代作家陈忠实的著作《白鹿原》，表现清末到民国的陕南地区生活，书中的人物称父亲为"达"。称父亲为"别"的记录实在难找。沈榜只是宛平知县，所辖范围不过是顺天府下辖的一个县，大致只相当于北京西城区。几十平方公里的范围内，居然对父亲有三种称呼，实在出乎我们的意料。三种称呼竟然无一延续到今天北京口语。（今天北京人称父亲为"爹"的实在太难寻觅，可以忽略。）

18世纪，大量使用北京方言的巨著《红楼梦》问世，书中人物对母亲称"妈"或者"妈妈"。但是要受到一定限制：第一，仆人们多用"妈"来称母亲，像第十九回"情切切良宵花解语 意绵绵静日玉生香"中，袭人对贾宝玉说：我今儿听见我妈和哥哥商议，叫我再耐烦一年，明年他们上来，就赎我出去的呢。第二，不在书中描写的家族主线上的人物，称呼母亲用"妈"，如第三十四回"情中情因情感妹妹 错里错以错劝哥哥"薛宝钗对母亲埋怨哥哥：妈妈你听，哥哥说的是什么话！同样地，在《红楼梦》之后的一个世纪，京味儿十足的长篇小说、清代咸丰或同治年间北京人文康所著《儿女英雄传》中再次展现这一现象："妈"用于仆人的母亲，如第三回"三千里孝子走风尘 一封书义仆托幼主"中有个情节：两个人这里说话，刘住儿已经爬在地下，哭着给安公子磕头，求着先放他回去发送他妈。这"刘住儿"是书中一个未成年的男性仆人。另外就是"妈"用于主线人物以外的人物，如第十一回"糊县官糊涂销巨案 安公子安稳上长淮"中主线人物安公子的妻子张金凤称呼自己的母亲：妈，你老人家先回来。同一回还有：爹，妈，我这姐姐断不会说假话赚人的。

要特别注意清代"妈"和"娘"的区别。总体看，比较正式的、典型的母亲的称谓还不是"妈"。如《红楼梦》中的贾宝玉或者《儿女英雄传》中的安公子，他们对母亲是从不称"妈"的。非主线人物多数仆人，才称呼母亲为"妈"。贾宝玉母亲王夫人，在书中被全家上上下下称为"太太"，贾宝玉本人也随着这么叫。但在《红楼梦》第三回"贾雨村夤缘复旧职 林黛玉抛父进京都"中，贾宝玉首次登场，是从外面回来见贾母，贾母要他去看望母亲，吩咐道：去见你娘来。贾宝玉听闻这个神仙也似的林妹妹并没有什么玉，气愤之下将自己的玉摔在地上，贾母连忙命人拾起来，亲自给他重新佩戴，一面警告：还不好生慎重戴上，仔细你娘知道了。全书没有贾宝玉对王夫人称"妈"或者"妈妈"的记录。《儿女英雄传》也是如此。第十二回"安大令骨肉叙天伦 佟孺人姑媳祝侠女"，书中安老爷对安公子谈起婚姻大事：如今竟是以前言为定。却等我完了官事，出去给你们作合，想来你娘也没甚不肯的。由此，我们可以看得清清楚楚，"娘"是更为尊贵的称呼，而"妈"就等而下之。

最后，我们是在19世纪中叶出版的《语言自迩集》中才清晰地看到了"爸爸""妈妈"，可见"爸爸"比"妈妈"在北京话中的资格要浅些。《语言自迩集》是一本供外国人专门学习北京口语的教材，作者是当年英国驻华公使威妥玛（Thomas F.Wade，1818—1895）。威妥玛从1841年起在英国驻华使馆任职，1871年升为英国驻华公使，1883年回国。1888年起在剑桥大学任教授，讲授汉语，直至1895年逝世。威妥玛在华任职期间，为了外国人学习和掌握汉语、汉字，先后写成《寻津录》（1859）和《语言自迩集》（1867）两部著作。在这两部著作中，威妥玛使用他根据北京读书音制订的拉丁字母拼音方案给汉字注音。这个方案以后被普遍用来拼写中国的人名、地名等，一般称为威妥玛式拼音。《语言自迩集》的英文书名很长：*A Progressive Course Designed to Assist the Students of Colloquial Chinese as Spoken in the Capital and the Metropolitan Department*，直译就是：为帮助那些学习在首都和行政部门使用的汉语口语的学生而设计的渐进教程。书名虽长，却正说明了作者的编写意图和特色。此书语音、文字、词汇、语法样样兼顾，实在是研究当时北京口语的极有价值的材料。书中第五章"谈论篇"有"老妈儿"一词，注释是："妈，本指老年妇女；孩子们称他们的母亲为'妈 ma'或'妈妈 ma-ma'：老妈儿，保姆。"另外书中用"爸爸和妈妈"作为正式词语"爹娘"的注释。这些记录让我们看到：第一，19世纪中期，北京口语称呼父母有

"妈""妈妈""爸爸"这些词，但是更为正式的还是"爹""娘"。这与前面明代《宛署杂记》和清代《红楼梦》《儿女英雄传》是一脉相承的。

其实，"爹/娘"和"爸/妈"都不是北京方言中对父母的最早的当面称呼用词。这两对儿词在北京话中正式亮相之前，词义相等的另一对儿词早已登场，那就是今天在北方很多地方已经不通用的"爷/娘"。关汉卿、王实甫等人的元代杂剧中早就有了"爷""娘"，还有"爷娘"，例如关汉卿《窦娥冤》中的"你本意待暗里栽排，要逼勒我和谐，倒把你亲爷毒害，怎教咱替你耽罪责""婆婆也，你只看窦娥少爷无娘面""难道你爷娘家也没的"。元末明初，有两部很有影响的供朝鲜人学习汉语的教材——《老乞大》《朴通事》。这两部书表现的是元末大都的口语。书中没有"爹/娘""爸/妈"这些词，却有"爷娘"。例如《老乞大》有"你这般学汉儿文书时，是你自心里学来，你的爷娘教你学来""是我爷娘教我学来"。《朴通事》里有"我今日买一个小厮儿，他的爷娘里与文书来，你与我看一看中也不中"。

今天，随着社会的发展，普通话空前普及，而普通话中有大量的北京话成分。几十年前，在整个华北地区，"妈妈"这个称谓较为少见，大部分地区是叫"娘"的。但是受到普通话影响，其实也就是受到北京方言的影响，今天华北甚至更大范围的其他方言区，对母亲叫"妈"已经相当普遍了。20世纪80年代，歌曲《世上只有妈妈好》在全国传唱，"妈妈"这一称谓在全国多地的口语中已经稳稳立住，不会再有人认为"娘"和"妈"还有地位问题。

附带说几句，新老北京话中对父母的称呼其实不止于"爸""妈"和"爹""娘"。今天，比较熟的朋友，如果年岁在四五十岁，谈话对方的父母都是耄耋之年了，那么除非正式场合，常说"你们老爷子""你们老太太"，用来指对方父母。对自己的父母，也可以用这两个词直接称呼。这样的方式也不是今天才有。往近了说，老舍先生20世纪30年代的长篇小说《骆驼祥子》中就有，女一号人物虎妞当面、当众就用这个词称呼自己的父亲刘四爷：也不是我说，老爷子……要是有儿子，不象我就得象祥子！再往前，《儿女英雄传》中，褚大娘子开导亲如姐妹的何玉凤：再不然，想起你们老爷子、老太太来，倒痛痛的哭一场，再不至于有别的岔儿。此外，还有"老家儿"这个词，可以同时指称父母。《儿女英雄传》里有再说人家也是这个岁数儿了，又合老爷子结了弟兄，就合咱们的老家儿一样。这里必须用儿音。不能把"老家儿"说成"老家"，"老家"是故乡的意思。

二、"您"和"你""我"

"您"是地地道道的北京特色词，而且由于是面对面地称呼对方，这个人称代词的使用频率就非常高。这些年，由于普通话的普及，不少来自南方的朋友也使用这个"您"来表示对谈话对方的尊重。几十年前，北京人还常常抱怨刚刚来京工作学习的南方人，面对长辈和老师，一口一个"你"，很不礼貌。这也说明了不同地域的人们，相互交往就可以带动语言习惯的改变。这个"您""你"之差，当然也是北京话"礼儿"的表现。著名作家、记者萧乾先生（1910—1999，老北京人）20世纪80年代在《北京城杂忆》里讲过一段话：京白最讲究分寸。前些日子从南方来了位愣小伙子来看我。忽然间他问我"你几岁了？"我听了好不是滋味儿。瞅见怀里抱着的，手里拉着的娃娃才那么问哪。

事实上，"您"虽然堪称北京话中很有代表性的一个词，但是它的使用时间并不太长。至少，要比上面提到的称母亲为"妈"要晚很多。元代、明代就没有"您"，到18世纪的《红楼梦》、19世纪的《儿女英雄传》中，依然没有它的身影。《儿女英雄传》要表示对谈话对方的尊重，只是用"你老"。如第三回"三千里孝子走风尘 一封书义仆托幼主"中：这话可得问客人你老了……你老要作得主，我就会给他扎。这个"你老"在今天的北京话中没有，倒是天津话里还在用。从书面材料看，直到19世纪中期的《语言自迩集》才开始出现"您"。书中第三章"散语章·练习四"里有"先生您请进"；练习十二有"您说的是小褂不是""您要是天天儿到晚上把衣裳掸干净了就老不坏了";练习十五里有"你老前年坐海船不是受了累了么"这样的句子,作者加注解说:"你老ni lao:先生;是'你老先生ni lao hsien-shêng'的缩略。缩略形式的称呼礼貌上略微弱些,但用得非常普遍。学生要记住,单数代词'你ni'只用于称呼下属,或者讲话对象跟他关系亲密;在北京说'您nin'比用'你老'更常见。"读到这里,我们不能不佩服这部教材的编纂者对北京话有非常深入细致的观察和解释。

"您"是北京话礼数儿的重要表现,相比之下,"你""我"就很一般,似乎可以较为随便地使用,不受什么规矩的限制,与礼数关系不大了。事实上完全不是这样儿的。"你""我"也是不可乱用的。我们看《红楼梦》中的一个实例就可以明白其中的问题了。第五十五回"辱亲女愚妾争闲气 欺幼主刁奴蓄险心"中,平儿告知凤姐如何应对宝钗、探春等,凤姐嘱咐平儿注意,不要轻视两位小姐,书中描写平儿的反应是:平儿不等说完,便笑道:"你太把人看糊涂了。我才已经行在先,这会子又反嘱咐我。"凤姐儿笑道:"我是恐怕你心里眼里只有了我,一概没有别人之故,不得不嘱咐。既已行在先,更比我明白了。你又急了,满口里'你''我'起来。"平儿道:"偏说'你'!你不依,这不是嘴巴子,再打一顿。难道这脸上还没尝过的不成!"凤姐儿笑道:"你这小蹄子,要掂多少过子才罢。看我病的这样,还来怄我。过来坐下,横竖没人来,咱们一处吃饭是正经。"这段对话在全书中很有特色。平儿一向是谨慎的,尤其在凤姐面前。这次有点越规矩了:称凤姐为"你",她一向是称凤姐为"奶奶"的。所以身为奶奶的凤姐听了,顿觉十分刺耳。由此可见"你""我"的厉害:上对下可以直接用,下对上是不可以这样用的,用了就是犯了规矩、没了礼数。比《红楼梦》晚两百多年,20世纪初描写北京旗人生活的小说《小额》(作者松友梅)里也有同样的规矩:老大,你别这么"你我他仨的"。这是书中人物甲在向乙寻衅,故意挑乙的言语不当。"仨"读sā,跟前边的"他"押韵,给"你我他仨"增加了节奏感。

"你""我"还有个讲究，就是表示人和人的关系。例如夫妻二人私下谈话，没有旁人，他们尽可以放开了随便用"你""我"表示和公婆、岳父母的关系，妻子可以毫不客气地在批评婆婆时对丈夫说"你妈"如何，丈夫当然也会这样回敬妻子"你妈"如何。但是如果还有旁人在场，例如兄弟姐妹，例如街坊邻居、单位的同事，用"你妈"就非常刺耳难听，应该说"我婆婆""我岳母"等等。

三、"恁"

跟"您"这一尊称并列的还有"恁"，这是对谈话涉及者，也就是第三人的尊称。不过这个尊称极少有人使用，远远少于"您"。即便谈话双方都是老北京，也难得听到这个词。本书作者只是在20世纪80年代听到一位50多岁的北京女教师这样说过。当时那位女教师打听一位比自己年长将近二十岁的老先生的近况，用了"恁"这一尊称。因为实在很少有人用这个词，所以印象极深。这个词虽然也属于老北京话，但极少用到；很可能因为这个词表示的是谈话双方之外的第三者，是不在谈话现场的，"恁"和"他"就不像"您"和"你"那样重要、那样敏感了。另外，查检工具书可以看到，全国主要方言中，除北京话有第三人称代词的尊称形式外，武汉方言有"他家"，苏州话有"唔倷"，相当于北京话的"恁"，其他地点的方言没有见到与"恁"功能一样的人称代词。

20世纪初的《小额》，反映老北京旗人生活。书中多次用"恁"，但是写成"他"，后面加注"音贪"，如："大哥，他（音贪）没在家，跟您说说吧"，"我们哥儿几个带着小连进去，让小连给他（音贪）磕个头，我们哥儿几个，也给他（音贪）磕个头，要是不赏我们脸的话，把他老人家请出来，就在您门口儿，让小连给他（音贪）磕个头。"这段老北京话中，"他（音贪）"和"他老人家"是并用的，可以明确看出"他（音贪）"的尊称性质。"他老人家"与"你老人家"是并行的，"恁"与"您"是并行的。

四、"那"的发音

"那"是北京话很常用的一个代词，用来指离自己稍微远些的事物或方位；指近处的用"这"。跟"那"相关的还有"那里""那儿""那样""那么"等。按照字典读音，"那"读"nà"，这是毫无疑问的，不管普通话还是北京方言。但北京方言在实际交流中根据表达需要，"那"有两个读音可选择：要表达一般的意思，"那"就读"nà"，要加些贬义，就改为"nè"。千万不要小看了这个一音之差，说错了就很麻烦。我们试举一例。

1994年，北京生活题材的、全剧充满地道北京生活用语的大型室内电视连续剧《我爱我家》问世，收视效果非常好，直至今日也是同类型电视剧的精品。剧中有一个与"那"音相关的情节：一名三十岁左右的北京青年嘲笑一位北京老太太虽然年过六旬却仍然兴趣盎然地读台湾女作家琼瑶的恋爱题材小说：哟，她老人家那（nà）么大岁数儿，还看那（nè）东西呢。听话者是剧中被嘲笑的老太太的女儿，立刻对嘲笑者（剧中关系是自己的小叔子）毫不客气地予以反击。这句话中，"那（nà）么大岁数"无所谓褒还是贬，是什么岁数就是什么岁数。嘲笑的口气全在后边的"那（nè）"上。用了这个音，在北京方言里，就是非常明显的一种贬低。这里的潜台词是：六十多岁的老太太了，还看少男少女们才看的恋爱小说，太不像话了吧？真可笑……此句中的"那（nà）"和"那（nè）"两音是绝对不可以颠倒过来使用的。

五、夫妻间的尴尬

夫妻关系应该是非血缘的最亲近的家庭成员关系了。但是这个亲近关系的双方，在北京方言里，反而是不大容易称呼的。"两口子"是很一般的称呼，现在还在用；年轻夫妇可以叫"小两口儿"，年老的就是"老两口儿"。有个旧式的称谓叫"公母俩"，还可以说"老公母俩""小公母俩"。这个词，今天的年轻人岂止是叫不出口，很可能闻所未闻。

但是这亲亲热热的公母俩彼此间又该怎么称呼呢？别人又如何称呼他们呢？这在北京方言里是一件不太容易处理的事。先看两位当事人吧。尽管字典上可能写着丈夫管妻子叫"屋里的""我老婆"，妻子管丈夫叫"我男人"等等，其实都不简单。至少，这些称呼，无论新旧时代，对于青年夫妇，尤其是新婚夫妇，是很难开口的。我们以北京话经典文学作品加以说明。

根据老舍先生长篇小说《我这一辈子》改编的同名电影，片中赵大爷老夫妇，妻子管丈夫叫"当家的"。老舍先生最大部头的长篇小说《四世同堂》，描写了祁姓一家四代在沦陷时期北京城内的困难、煎熬和期待。四代中的第三代是书中的主角，叫祁瑞宣。他大学毕业，在中学教英语，他的学历在那个时代实在是极高极高的。他不甘于旧式的夫妻称谓，书中的描写（括号中的文字是本书添加的笔者注。下同）是：长孙媳妇（祁瑞宣的妻子）没入过学校，所以没有学名。出嫁以后，才由她的丈夫像赠送博士学位似的送给她一个名字——韵梅。韵梅两个字仿佛不甚走运，始终没能在祁家通行得开。公婆（祁瑞宣的父母）和老太爷（祁瑞宣的祖父）自然没有喊她名字的习惯与必要，别人呢又觉得她只是个主妇，和"韵"与"梅"似乎都没多少关系。况且，老太爷以为"韵梅"和"运煤"既然同音，也就应该同一个意思，"好嘛，她一天忙到晚，你们还忍心教她去运煤吗？"这样一来，连她的丈夫也不好意思叫她了，于是她除了"大嫂""妈妈"等应得的称呼外，便成了"小顺儿的妈"——小顺儿是她的小男孩。其实"韵梅"是个颇叫得出口的名字，响亮、大气，但是用到家庭里，似乎太生分。况且夫妻以外，兄弟公婆等似乎也不便这样直呼其名。称呼时比较方便的是祁瑞宣的弟弟和弟妹，因为"大嫂"是很容易叫出口的。书中叙述祁瑞宣无辜被日本宪兵抓去，关押3天，全家近乎崩溃；瑞宣突然又被释放，安全回到家中。如此大悲大喜，夫妇见面，小说这样描写瑞宣的妻子：她跑上来，极快的开了门。夫妻打了对脸。假若她是个西欧的女人，她必会急忙上去，紧紧的抱住丈夫。她是中国人，虽然她的心要跳出来，跳到丈夫的身里去，她可是收住脚步，倒好象夫妻之间有一条什么无形的墙壁阻隔着似的。她的大眼睛亮起来，不知怎样才好的问了声："你回来啦？"这里，"无形的墙壁"实在是非常到位的比喻。丈夫瑞宣，尽管受了很多西方教育，喜欢英国文学，在英国使馆做事，也没有对妻子有任何热烈的举动和言语。天快亮时，瑞宣从极度的疲乏中醒来，看到妻子只是坐在椅子上打盹，他低声叫道：小顺儿的妈！梅！你怎么不睡呢？这是全书中唯一的一次称呼妻子的名字，而且是没有其他人在场，但还是以"小顺儿的妈"为先。

北京人，其实各地中国人也都是如此，甚至日本、朝鲜、越南等汉字文化圈国家，夫妻之间感情的表达，尤其是在众人面前，是相当含蓄的。"亲爱的""darling"等西方式的表达直到今天也难以进入寻常人家。在北京，夫妻间的传统表达方式有"孩子他妈""他爸"，还有更婉转的，用"我说"来开始二人对话，甚至是带几分生硬的叹词"欸"，须知即便是对完全陌生的路人，这个"欸"也是可以使用的。

六、婆媳间的敏感

亲属关系中，婆媳关系大概是最微妙、敏感的。在称谓词上，当然就很讲究。她们二人之间的称谓有个很重要的变数：面称还是背称。面称就是当面称呼对方，背称是被称呼者不在场，说话人对第三者提及被称呼者时所用的称呼。

北京话中，儿媳称婆婆，标准面称是"妈"，也就是随着丈夫，视婆母如母亲。这在明代沈榜的《宛署杂记》中就有明确记载：儿妇称翁曰爹，姑曰妈（"翁"就是公公，"姑"就是婆婆）。现代社会，这个习俗没有改变。儿媳在其他场合提及自己的婆婆时，也就是背称，与面称相比就大有区别，有多种措辞，其实就是多种说话策略。例如对其他亲属，尤其是夫家的亲属，提及自己的婆婆就称"我妈"，这可以显示婆媳关系良好；而在自己丈夫面前就丝毫没有客气了，夫妻关系好、婆媳关系好的是"妈""咱妈"，关系不好就是

"你妈"（这话很刺耳），关系一般的就是"老太太"。现代社会女性多就业，经济独立，在自己供职的单位与同事们闲扯时自然无须再用"我妈"，而代之以"我婆婆"；在比较要好的女伴那里，很有可能就是"我们家老太太"。反过来，婆婆对儿媳的称谓就相对简单了，面称就是直呼其名，这当然是新社会。据老北京人讲，旧时，尤其是在旗人家庭，规矩很多，常见的有"老大家的""老大媳妇"等等（指大儿媳）。直到孙男女出生，问题就解决了，利用孙子孙女的关系，可以构成新的一套称谓。通常是"孙男女的乳名＋的／他／她＋妈"。这在《四世同堂》中有精彩描写，如"小顺儿的妈"。相比之下，翁婿关系在中国家庭中一般比较平静，少有矛盾，所以女婿对丈人的称谓面称是"爸"，与妻子是一样的地位；背称就是"我岳父""我老丈人"等等，很简单。北京口语中还有称"老丈杆子"的。丈人对女婿一般就是直呼其名，不必客气。

七、兄弟和晚辈的称谓也有讲究

旧时北京生育观念与各地一样，以多子多孙为福。一家之内兄弟四五人甚至更多的并不罕见。众多兄弟当然有正式姓名，但是家庭之中，这样称呼是不适宜的。长辈对晚辈男孩，最常见的方式是用排行来称呼，即"老大""老二""老三"……对最小的可以用"小"加数字排行，如"小三儿"。必要时，也可以改成叫名字。《四世同堂》中祁家三兄弟名字是"瑞宣""瑞丰""瑞全"。日寇入侵北京城，传言日本兵可能搜查，家中有西式图书的就会逮捕，于是祁家老太爷要求孙辈们赶快烧掉家中的西式图书：祁老者在院中叫瑞全："瑞全，好孩子，把洋书什么的都烧了吧！都是好贵买来的，可是咱们能留着它们惹祸吗？……听见没有啊，小三儿？"祁老者又问了声。这里，祁老人先是担心孙子不理解，想安慰一下，于是称正式名字，看孙子没有动作，老人着急了，改称"小三儿"，加大了自己说话的力度。兄弟们之间的称呼就不能这样随便点数排行了。兄长可以管弟弟叫"老二""老三"等等，反过来，尤其对大哥，是不可以这样的。当然也不绝对，《四世同堂》中日寇已经侵入北京，而祁家老二还在收听日本人的广播节目，老三气得在院中把脚跳起多高：老二，你要不把它关上，我就用石头砸碎了它！老三愤怒之下，直接以长辈和兄长才能使用的称谓词来警告哥哥，这正说明一般场合中是不应该这样称呼的。

另外，对自己的孩子可以随便一些，对邻居家晚辈就要讲究一些。《四世同堂》中，日寇宪兵抓去了祁老人的长孙祁瑞宣，邻居家孩子长顺儿大胆前往英国使馆告知瑞宣的英国老师富善先生请求援助，这对祁家来说真是救命之恩，老人感动地说：长顺，难为你！好孩子！好孩子！我当是老街旧邻们都揣着手在一旁看祁家的哈哈笑呢，原来……这里要用正式称谓。不过这里还有一层：长顺与祁老人此前几乎没有交往。如果双方极为熟悉，有很深的感情，那就会有另外的称呼。书中祁家的老邻居、老朋友李四爷，称呼瑞宣时完全与瑞宣祖父一样，用毫不客气的"老大"。住在城外给祁家代为看坟的农户，祁老人的好友常二爷，对瑞宣也是直呼"老大"。但同为老邻居老友的钱默吟，因为是诗人、读书人，就文气了很多，称祁瑞宣用正式名字"瑞宣"，与体力劳动者李四爷、常二爷不同。祁家老三瑞全对自己的二哥愤怒至极，直呼"老二"；但听闻邻居钱伯伯的二儿子为抗击日寇而牺牲，他在钱伯伯面前直接称这位邻居家的儿子为"二哥"，这就是将其视为自己的兄长，是对钱伯伯最好的安慰。

对兄弟几个，还可以称为"大爷""二爷""三爷"，等等，下文再详细介绍。

八、"爷""奶奶""小姐""姑娘""丫头""姐儿/姐子""少爷"

"爷"本是个极普通的词，南方北方通用。但是清代以来，似乎北方人对这个词非常偏爱，北京话可以说是称"爷"的典型。清末民初徐珂（1869—1928）著有《清稗类钞》，全书对社会经济、文化、风俗习惯等等方面有大量记录，具有重要的参考价值。书中对"爷"的记录是：北人侪辈相呼辄曰爷，以其姓氏加于上，曰赵爷，曰钱爷；以其行列加于上，曰大爷，曰二爷。光绪朝，都人每称恭忠亲王为六爷，醇贤亲王为七爷。这个记录真实地反映了清朝社会的情况，成年男性之间不但彼此称"爷"，而且是没有阶级差异的，上至皇亲国戚，下至黎民百姓。旧京剧《空城计》里著名唱段《我本是卧龙岗散淡的人》中称蜀国开国之君刘备是"先帝爷"。北京口语里，对皇帝老子也可以称"爷"，有通用于各位皇帝的"万岁爷"，有专指某位皇帝的"顺治爷""乾隆爷"，但是嘉庆帝就不大被称"爷"了（台湾作家高阳的小说《慈禧前传》中有一次使用了"嘉庆爷"的称谓），很难找到对咸丰帝以后几位皇帝称"爷"的口语实例。这似乎也折射出大清帝国的衰落。

文学作品中这类实例很多。《红楼梦》第二十九回"享福人福深还祷福 痴情女情重愈斟情"里，张道士感慨贾宝玉长相酷似祖父荣国公，感慨道：我看见哥儿的这个形容身段，言谈举动，怎么就同当日国公爷一个稿子！又如老舍先生创作的话剧经典《茶馆》第一幕，清光绪戊戌年，剧中的男性人物无人不"爷"：刚烈爱国的"常四爷"，老实人"松二爷"，爱国实业家"秦二爷"；"信洋教，说洋话，有事儿能找到宛平县县太爷"的"马五爷"；江湖上极有面子的黄胖子"黄爷"，打群架的小混混二德子是"德爷"；甚至倒卖妇女

北京人艺《茶馆》剧照。左图左起：李源饰演的地痞小二德子，大号"德爷"，郑榕饰演的常四爷；黄宗洛饰演的松二爷。右图左，英若诚饰演的人贩子刘麻子"刘爷"

的刘麻子也是爷，"刘爷"。即便是全然不相识的陌生人，为了交谈的方便，为了表示客气，也要说"爷"：还是《茶馆》，松二爷见小混混二德子要向自己的好友常四爷挑衅，连忙介入，帮助缓和气氛：（打量了二德子一番）我说这位爷，您是营里当差的吧？来，坐下喝一碗，我们也都是外场人。

"爷"在字面上本是指年长者，但是北京话将其指称对象扩大很多。下面的词能够说明："板儿爷"指蹬三轮儿车的；"侃爷"指特别能说会道的人（含明显的贬义）；改革开放初期称贩运倒买倒卖稀缺物资的是"倒儿爷"，对特别有钱的称"款爷"（含贬义）；对小偷儿曾称"佛爷"（偷盗行为叫作"佛"）；出租车司机叫"的（读dī）爷"；靠存款利息生活的是"息爷"；等等。

这里要特别强调"大爷"一词。

第一，后字如果轻声，那就是伯父的意思。后字如果读第二声，那就是兄弟几个中的排行老大。《红楼梦》里贾瑞排行老大，所以就被称为"瑞大爷"；《四世同堂》祁瑞宣是家中老大，就被称为"祁大爷"。又如著名京剧艺术家梅兰芳先生是家中独子，所以大家可以称他为"梅大爷"。这几处的"爷"字必须读第二声，"大"倒是可以轻读。如果把这里的"爷"读成轻声就错了，除非你跟被称呼者非常熟，将他视为你的伯父。

第二，"大爷"后字轻声是伯父的意思，但是对男性长辈是否叫"大爷"还要看说话双方的教育背景。"大爷"是旧时比较普遍的叫法，叫"伯父"也是有的，是知识分子之间比较常用的。《四世同堂》里表现得很清晰。大学毕业、中学老师身份的祁瑞宣和大学生身份的弟弟祁瑞全两人称呼邻居家的诗人钱默吟，就用"钱伯父""伯伯"，并不称呼"大爷"。

北京话"奶奶"的基本用法是指祖母，这与普通话是一样的，可是老北京旗人语言里"奶奶"指母亲。此外，北京话讲究对兄弟几人的妻子也称"奶奶"，当然要按照丈夫的排行。譬如张姓人家，老大的妻子就是"张大奶奶"；张家有兄弟几人，依次就是"张二奶奶"等等。儿媳就是"少奶奶"。如果有好几位儿媳，就依次是"大少奶奶""二少奶奶"等等。例如，《红楼梦》里贾琏之妻王熙凤就是"二奶奶"；《四世同堂》里祁瑞宣的妻子韵梅，邻居称为"祁大奶奶"。有意思的是"王熙凤"和"韵梅"都是孙辈媳妇，都是全家家务管理的实权人物。她们的上一辈，《红楼梦》中的邢王二位夫人，《四世同堂》里韵梅的婆母，都是被叫作"太太"。另外，"太太"一般指曾祖母，可是旗人说的"太太"是指祖母。本书第七部分"北京方言和文学"中"难得的少数民族语言材料"一节中有详细介绍。

"少爷"是对男性晚辈的尊称。如《四世同堂》以作者叙述的口气介绍钱默吟先生一家：钱老夫妇和天佑同辈，他的两个少爷都和瑞宣同过学。现在，大少爷已结了婚，二少爷也订了婚而还未娶。……他的大少爷在中学教几点钟书，在趣味上也颇有父风。二少爷是这一家中最没有诗意的，他开驶汽车。即便是地位较低的搬运工李四爷家的儿子也是被作者称为"少爷"的：祁老人的喜欢李四爷，倒不是因为李四爷不是个无产无业的游民，而是因为李四爷的为人好。……虽然李家的少爷也是"窝脖儿的"，虽然李家院子是个又脏又乱的小杂院。今天北京话里没有称朋友邻居家的男孩儿为"少爷"的，除非是开玩笑。这很可能是因为"少爷"另有个意思，指有钱人家娇生惯养、好逸恶劳的男孩子。从上面引用的文学作品看，老北京们口中的"少爷"没有贬义。

"小姐"和"少爷"地位相等，但是两个词有极为鲜明的差异："小姐"限于未婚，"少爷"就没有这个限制，无论婚否都可以是"少爷"。"小姐"的地位有点儿高，所以一般人家的女孩儿另有称呼形式，比较温馨一些的是"闺女"，粗放一些的是"妞子"或"妞儿"。如果家里姐妹多人，就是"大妞儿""二妞儿"等等。老舍先生的话剧《龙须沟》里，丁四的女儿就是"妞子"，王大妈的女儿是"二妞儿"。"妞子"或"妞儿"都是比较随便的称呼。更加粗放一些的是"丫头"。家里"丫头"多了，也要排行的，像"大丫头""二丫头"等等。稍微正式一点又不愿意用"小姐"，可以称"姑娘"，姐妹几个就分别是"大姑娘""二姑娘""三姑娘"等等。《红楼梦》中贾府几个女孩儿就是"大小姐""二小姐",可是也叫"二姑娘""三姑娘""四姑娘",林黛玉是"林姑娘",薛宝钗是"宝姑娘",史湘云是"史大姑娘"。《红楼梦》中这几位"姑娘"都是非常文雅的,这当然是家庭环境决定的。老舍先生代表作《骆驼祥子》中的女一号人物,作者叙述时称"虎妞"或者"虎姑娘"。"虎姑娘"的称呼是因为虎妞的父亲就长着一副虎相,"一对大虎牙,一张口就像个老虎",她本人说话、做事都爽快而厉害。"虎姑娘"这样的称谓比较适宜背后用,当面最好称"刘姑娘",因为她的父亲是"刘四爷"。

小姐一旦出嫁,就不再是小姐。按传统看法,她已经是夫家的人了。但是老北京受了满族习俗的影响,娘家特别看重已出嫁的女儿。这在老舍先生长篇自传体小说《正红旗下》不但有人物描写,而且作者是直接说明我们满人都尊敬姑奶奶。上了年岁的已婚妇女回到娘家就是"老姑奶奶",这样的老姑奶奶可以直接支使自己的弟媳干这干那,地位简直与弟媳的婆婆相仿。由于姑奶奶地位高,所以人们有时就对比较争强好胜的未婚女子也这样戏称,如《红楼梦》第六十五回"贾二舍偷娶尤二姨 尤三姐思嫁柳二郎"中,尤三姐嬉笑怒骂,耍弄贾琏贾蓉叔侄,真正是全书亮点之一,尤三姐就自称"姑奶奶":若大家好取和便罢,倘若有一点叫人过不去,我有本事先把你两个的牛黄狗宝掏了出来,再和那泼妇拼了这命,也不算是尤三姑奶奶!喝酒怕什么,咱们就喝!《儿女英雄传》第十九回"恩怨了了慷慨捐生 变幻重重从容救死"中,褚大娘子劝说何玉凤接受婚姻,因为知道何玉凤性格高傲,就称何玉凤为"姑奶奶":这时候且把那些甚么英雄不英雄的扔开,咱们作儿女的就是听人家的话,怎么说怎么依着。好妹子!好姑奶奶!你可不许猫闹了!你往下听,这位老人家的正经话多着的呢!第二十五回"何小姐证明守宫砂 安老翁讽诵列女传",已婚的张金凤想给自己母亲点烟,但气味难受,于是只是装烟打火,要母亲自己点燃,书中的描写是:原故并不是他闹姑奶奶脾气,亲家太太那根烟袋实在又辣又臭,恶歹子难抽。按书中情节,事情发生在婆家，但是对于自己的母亲来说，张金凤就是"姑奶奶"了；她只给老人装烟打火却没有给老人点燃烟袋，就是有点耍"姑奶奶脾气"了。

九、小名儿

汉语中的小名儿是家中以及亲友街坊邻居对孩子的亲昵称谓。这种小名儿，在词的形式上，与正式用名全然没有关系，通常是选用表示十分低贱的事物的词，最典型的恐怕是"狗子"，也有找一些吉祥字的，如"顺子""小顺儿"。这在曹雪芹《红楼梦》（刘姥姥的女婿叫"狗儿"）、老舍先生话剧《龙须沟》（恶霸黑旋风的打手叫"冯狗子"）都有。侯宝林、郭启儒先生的相声名段《改行》中有几句台词儿是很好的例证：

> 甲：这回呀咱们俩说段相声。
> 乙：咱俩人卖点儿力气。
> 甲：谁要不卖力气呀谁是个小狗子。
> 乙：这话没错儿啊。
> 甲：没错儿？老爷生气了。
> 乙：他为什么生气呢？
> 甲：老爷的小名儿叫"狗子"！
> 乙：嘿，谁知道他叫"狗子"呀！

还有叫"狗剩儿"的，意思是非常低贱以至狗都看不上，给剩下了。旧时人们生活水平很低，缺少必要的医疗条件，对疾病的预防治疗能力很差，婴幼儿致死率很高。同时，人们认为低贱的动植物，如野草、野兽，无人喂养看管，却比较容易成活。这样，人们就为孩子起一个意思比较低贱的名字，以期健康成活成长。《红楼梦》第五十二回"俏平儿情掩虾须镯 勇晴雯病补雀金裘"的情节颇能说明问题：贾母要仆人当面尽可对主人贾宝玉直呼其名，并将"宝玉"二字写成字条到处张贴，任由贩夫走卒去说，为的就是避免贾宝玉因过于娇贵而难以成活：便是叫名字，从小儿直到如今，都是老太太吩咐过的，你们也知道的，恐怕难养活，巴巴的写了他的小名儿，各处贴着叫万人叫去，为的是好养活。连挑水挑粪花子都叫得，何况我们！连昨儿林大娘叫了一声"爷"，老太太还说他呢……

当然，对女孩子就要尊贵些，像"二妞儿""二妞子"这样的小名在旧时代还算是比较常见的，"二丫头"就显得比较粗俗了。

附带说一句，所谓小名儿，当然是非正式名字。人一旦上了学，就要有正式名字，也就是学名。但是在旧时代，并非每个人都能上学接受教育。于是就有个常见的称呼方式：姓+排行数字。老舍先生《四世同堂》里给祁家看坟的老友就是"常老二"，《骆驼祥子》中叱咤风云的人物是"刘四"。当然，他们也有个尊称"姓+排行数字+爷"，常老二就是"常二爷"，刘四就是"刘四爷"。

十、绕着弯儿的称谓

北京方言中，有一些表达过分地客气，让人感到是绕了很多弯子。甚至面对面两个熟人，谈及彼此很熟悉的人，也要客气，显示出对对方的尊重。

我们看两例描写老北京人生活的小说片段：又有老少两位堂客，都挽着阄儿，在那里闲谈。上岁数儿的问那个年轻的说："大奶奶，怎么你关钱粮来啦？"年轻的说："二大大，您不知道吗？您侄儿上南苑啦（准当神机营）。您瞧，快晌午啦，说过来可又不来，这不是招说吗？"这个对话出自描写北京旗人的小说《小额》，作者松友梅是老北京旗人。这段话是描写两位旗人"堂客"（妇女）去领取每月政府发的钱粮时的对话。甲年岁大，称呼乙却很客气，用的是"大奶奶"，这是对当家过日子的妇女的尊称。乙年轻，称甲为"二大大"，"大大"相当于通行的"大妈"，这也是旗人词语。最精彩的是"您侄儿"。这个"您侄儿"就是乙的丈夫，但是乙不能对长辈直说"我男人"，那样就是以自我为中心了。称"您侄儿"，就是以对方为中心，尽管明明知道这个所谓"您侄儿"其实就是自己的丈夫"我男人"，但是也要对方优先，把自己身边最近的亲人放到对方的"编制"里，以示尊重。

"有什么事，坐下说，二妹妹！"张大哥命令着她，然后用烟斗指着老李，"这不是外人，说吧。"妇人未曾说话，泪落得很流畅。张大哥一点不着急，可是装出着急的样子，"说话呀，二妹，你看！""您的二兄弟呀，"抽了一口气，"叫巡警给拿去了！这可怎么好！"……二妹妹转向大嫂，"您瞧，大嫂子，您的二兄弟叫巡警给拿了去啦！"这个例子选自老舍先生的长篇小说《离婚》。书中"二妹妹"当年的婚姻是"张大哥"做的媒，"二妹妹"男人出了事，来向媒人求救。在媒人大哥和大嫂面前，对自己的丈夫，不能说"我男人"，要说成"您的二兄弟"。这是个基本礼貌问题，不能有误。

十一、北京话未必是最讲究的

说起北京，可能因为地位特殊，很多外地朋友都认为北京人礼数多。特别是讲求所谓"老礼儿"，该怎样说话，怎样打招呼，都有很多讲究。事实也的确如此。但是如果我们仔细考察一番就会发现，这类讲究，这些"老礼儿"，各地都有自己的一套，很难说哪里的方言就是方方面面都比其他方言详细。就拿各地都有的亲属关系称谓来说，北京就未必是区分最为细致、最为考究的。我们试举几个例子来说明。

先说父亲的姐妹，比较正式的场合，用普通话说是"姑姑"。北京话最常用的也是"姑姑"，也有叫"姑妈"的。北京话"姑姑"是一般用法，只要是父亲的姐妹就都可以叫作"姑姑"；而"姑妈"要受点限制，用来称呼父亲的已婚姐妹，称呼未婚的就不合规矩了。这个区分其实不限于北京一地，在西安也是这样。在长沙，父亲已婚的姐妹叫"姑妈"，未婚的叫"姑子"；在福州，已婚的叫"依鼓"（字音仿写），未婚的叫"姑妈"。

如果再分，不少地方还要分父亲的姐姐和父亲的妹妹。例如，武汉话"姑妈"是父亲的姐姐，"娘娘"是父亲的妹妹；成都话也是如此；苏州话里，"娘娘"可以随便用，"嬷嬷"是父亲的姐姐；广州话里，"姑妈"是父亲的姐姐，"姑姐"是父亲的妹妹；厦门话里，"阿姑"没有什么限制，"姑母"是父亲的姐姐。这种年龄区分在北京话就没有。北京话有"大姑""二姑"等等排行，但那只是姑姑们之间的年长年幼，看不出与父亲的年龄关系。

同样的情况在母亲那边也存在。北京话里，"舅舅"既可以是母亲的哥哥，也可以是母亲的弟弟，无法区分。但是在武汉，母亲的哥哥是"舅伯"，弟弟是"舅舅"；广州话里，"舅父"是母亲的哥哥，"阿舅"是母亲的弟弟。武汉话里，跟舅舅称谓配合的还有对舅妈的称谓："舅妈"是母亲的哥哥的妻子，"舅娘"是母亲的弟弟的妻子。这些区别，在当地人看来是天经地义，在北京人看来似乎没有必要。尤其是武汉话的称呼，说起来都拗口。北京话只是区分"大舅""二舅"和与之相应的"大舅妈""二舅妈"等，但这只是舅舅、舅妈们彼此的年长年幼，看不出他们与母亲的年龄关系。

由上面这几个例子，我们可以看出，北京话其实在区分亲属关系方面并不十分讲究，有些关系根本没有在词语上体现出来，所以不能想当然地以为北京方言就一定比其他方言区分得更精细。如果我们进一步放开眼界，观察一下外语就会发现，汉语非常看重亲属关系的分类，比如汉语的"伯父""叔父""舅父""姑父""姨父"是五个不同的词，英文里只有一个"uncle"与之对应。可见英国人在称呼上不太讲究。但是如果我们和东边的邻居朝鲜人比比就知道，还有比我们更讲究的。例如同样是称呼兄长，朝鲜话还要分是妹妹称呼兄长还是弟弟称呼兄长：妹妹称呼兄长要用"오빠（o ba）"，弟弟称呼兄长则用"형님（hieng nin）"。如此细微的区分在汉语普通话和南北多地方言中都是没有的。

第二节　男尊女卑的陋习

本章主要介绍老北京说话的"礼儿"。所谓"礼儿"，都要经过一段很长时间的积淀，其内容都有一定的时代限制。以今天的标准来看，这些"礼儿"未必都是积极的，未必都是值得效仿、提倡的。男尊女卑就是其中一例。男尊女卑这一陋习，古已有之，实在是传统文化中的糟粕。它在各地方言中，必然有所表现，北京话当然不例外。我们试举几例来对比分析。

一、婚前婚后男女称谓不对称

我们前面曾提及女性出嫁前后是要改动称谓的，婚前是"小姐""姑娘""妞子""丫头"等等；结婚以后，如果夫家有钱有势，那女性就是"太太""夫人"；如果夫家只是平常人家，也可以是"太太"，常用的是"奶奶""儿媳妇""屋里的"等等。总之，婚前与婚后发生了繁杂的称谓变化，但这种现象只是针对女性的。相比之下，男性婚前婚后就没有这么多变化、这么多麻烦。例如，"先生"，一般指地位较高的人；"爷"适用于各种地位的男性，区分不出婚姻状态。岁数大、辈分高的是"老爷"，岁数小、辈分低的是"少爷"，《红楼梦》《儿女英雄传》中有时也称"小爷"。"先生"是民国以后的称谓，"爷"是清代传下来的称谓，它们都与婚姻状态无关，不论婚否，只要成年，就是"先生"或者各种"爷"了。

《红楼梦》在这方面的表现就非常突出，贾宝玉夫妇就是典型。贾宝玉第一次登场，只是个十来岁的孩子，他被男女仆人们称为"二爷"或者简单的"爷"。必要时，为了跟堂兄贾琏区分开，加"宝"字，是"宝二爷"。人民文学出版社一百二十回本《红楼梦》，直到全书最后一二零回"甄士隐详说太虚情　贾雨村归结红楼梦"，依旧称贾宝玉是"宝二爷"：说到那里，掉下泪来。众人道："宝二爷果然是下凡的和尚，就不该中举人了，怎么中了才去？"相比之下，薛宝钗的称谓就随着身份的改变而改变。第二十二回"听曲文宝玉悟禅机 制灯谜贾政悲谶语"首次被丫鬟袭人称为"宝姑娘"，以后这个词就成了大家对她最常用的称呼。到第九十七回"林黛玉焚稿断痴情 薛宝钗出闺成大礼"，贾宝玉与薛宝钗结为夫妇，书中的描写是：宝玉悄悄儿的拿手指着道："坐在那里这一位美人儿是谁？"袭人握了自己的嘴，笑的说不出话来，歇了半日才说道："是新娶的二奶奶。"由此开始，薛宝钗升级成了"二奶奶"。但是贾府上下最常用的"二奶奶"几乎成了贾琏的妻子凤姐的代名词，所以当薛宝钗与凤姐一起出场时，她就不得不加个"宝"字作为自己区别于凤姐的标签，如第一〇一回"大观园月夜感幽魂 散花寺神签惊异兆"中有这样的描写：这里凤姐自己起来，正在梳洗，忽见王夫人那边小丫头过来道："太太说了，叫问二奶奶今日过舅太爷那边去不去？要去，说叫二奶奶同着宝二奶奶一路去呢。"书中最后一次称薛宝钗为"宝姑娘"在第一零九回"候芳魂五儿承错爱 还孽债迎女返真元"。此时薛宝钗已婚，是奶奶的身份了，不该再称为"宝姑娘"。这个违规说话者是贾府上下都不敢小觑的"槛外人"妙玉，听话者是她难得的知音邢岫烟，并且是她们二人间的私下谈话，没有他人在场。

概括地说，北京方言对男人的称谓没有区分是已婚者还是未婚者，或者说，社会对男人的婚姻状态没有做非常严格的区分，态度是相当宽松的，所以不需要贴上一定的语言标签。男人结几次婚，有几位妻子，并不是很严重的事。对此，《三国演义》刘备引用的古人云"兄弟如手足，妻子如衣服。衣服破，尚可缝；手足断，安可续"就是最好的注释。相比之下，社会对女性的婚姻状态要求极严，近乎苛刻，一定要把女人分为已婚的和未婚的两大类；然后加上不同的称谓词。这种区别还在姓氏上表现出来。女性婚前姓的是娘家的姓氏，结婚后即改为夫家姓氏。旧时代女性的"张王氏""李赵氏"等等，都是夫家姓在前，自己娘家姓在后。女性婚前姓张，嫁给王姓男士，她就是"王太太""王大嫂""王少奶奶""老王家的"等等。到老，她就是"王老太太"了。而她的丈夫，婚前婚后都是"王先生""王老爷""老王"等等，不会因为迎娶了张姓女子而改动自己的姓氏以及社交称谓，"王先生"还是"王先生"。事实上，不单汉语如此，西方语言也一样。如英语里"Mr"是对成年男性的称呼，汉语翻译成"先生"，无论婚否，都是这个称呼。对女性就有两个，"Mrs"和"Miss"，汉语翻译成"夫人"和"小姐"，已婚的是"Mrs"，未婚的是"Miss"。可见，男尊女卑是一种普遍现象，在语言里有普遍表现。大概正因为如此，20世纪中期开始，英语社会有了对女性的另一个称呼"Ms"，无论婚否都可以用，与男性的"Mr"是真正的平起平坐，这大概是女性的一种语言反抗吧。

男尊女卑的观念还反映在北京话中的一对儿比较土俗、社会下层常常使用的词语"爷们儿""娘们儿"上（要注意这里"娘"实际读音不合常规，不是"niáng"而是"niá"）。这两个词分别指成年的男性和女性。从字面上看，他们是对等的；从实际使用上看，就完全是另外的情形了。"爷们儿"是褒义的，例如称赞对方讲义气是"够个爷们儿"；向对方承诺某事，可以说"咱爷们儿说话算话"；批评对方遇事畏缩不前，就说"亏你还是个爷们儿"；自己给自己壮胆，可以说"咱爷们儿怕过谁"。且无论婚否，男性都可以自称"爷们儿"。十八九岁的小伙子也完全可以自居是"爷们儿"。而"娘们儿"就完全没有这些褒义了。女性如果受人称赞，或者自我夸耀，没有人会说"够个娘们儿""真是个娘们儿""咱娘们儿说话算话"等等。未婚的年轻女子绝对不能自居"咱娘们儿"。旧时夫妻间关系是明显的男尊女卑，丈夫打骂妻子引来街坊劝架是杂院中的常规演出，"你个臭娘们儿"是粗野男人责骂妻子时的常用语。但是无论多么刚烈、多么强势甚至有泼妇习性的妻子，完全没有很给力地用来还击的词语，"你个臭爷们儿"的说法是没有的。"爷们儿"本身就是褒义词，没法跟贬义词"臭""坏""缺德"等组合在一起。这种词语上的不对称其实是男女两性在家庭地位、社会地位上不平等的具体表现。这种语言形式深深扎根在我们的文化中，很难彻底去除。

二、父系优先

"爷爷、奶奶、叔叔、姑……"和"姥爷、姥姥、舅舅、姨……"是并列平等的称谓词语，分别指向父亲的父母、兄弟、姊妹和母亲的父母、兄弟、姊妹，也找寻不见它们之间还有什么尊卑之分。但这些词在使用上并不简单。

汉语各地方言有一种习惯，常常用"爷爷""奶奶"一类的亲属词语去称呼并非亲属关系的人。譬如见到父母的同事、朋友，我们习惯地会叫"叔叔""姑姑"等等。市场里，中年甚至年岁更大的商贩会主动对年纪很轻的顾客叫"大哥""大姐"。这种把亲属关系泛化的做法其实是为了拉近说话双方的关系。公交车上，遇到老年乘客，年轻的父母会要求自己的孩子把座位让出来，往往说"你起来，让爷爷奶奶坐"。这里的"爷爷""奶奶"当然不是真正的爷爷奶奶，只是礼貌性的称呼。用得最多的是"叔叔"，这是对青年、中年男性的一个比较常见的尊称。全国来说，被称为"叔叔"最大的人群应该是"解放军叔叔"和"警察叔叔"。最突出的个人是20世纪60年代开始的"雷锋叔叔"。

这些把亲属词用在非亲属关系人群上的做法看似简单，实际上隐含着一个分工：男主外。"男主外、女主内"是句老话。传统观念之下，一个家庭总是男人为中心，男人去连接、去应对外界。女人是从属地位的。在语言上，凡是用于非亲属关系的亲属词，如"爷爷""奶奶""叔叔""大爷""婶子""大妈"等等，无一不是父亲方面的亲属词："爷爷"是父亲的父亲，"奶奶"是父亲的母亲，等等。换句话说，母亲一系的，"姥爷""姥姥""舅舅""舅妈"没有资格进入亲属词的非亲属关系使用。我们很少听到公交车上年轻父母要孩子把座位让给"姥爷""姥姥"坐。有一首歌曲唱遍各地，其中一句是"我在马路边捡到一分钱，把它交到警察叔叔手里边"，绝对没有"警察舅舅""雷锋舅舅"这样很奇怪的称谓形式。也就是说，我们在使用"爷爷""奶奶""叔叔""大爷"时，是把我们尊敬的对方看成自己父亲一系的长辈或兄长，是通过父亲与这些非亲属关系的人发生关联的。在这些活动中，没有母亲方面的参与，不能通过母亲系统与非亲属关系的人建立关联。这种亲属词选用上的不对等，其实还是男尊女卑观念的一种表现。但是这种表现很曲折。尽管当代社会普遍认同男女平等，反对歧视女性，但我们每个人都生活在现代的语言之中，每日每时每分钟都在使用语言，我们很难摆脱语言这种无形的规定。只要我们说话，只要我们使用了"爷爷""奶奶"来称呼没有非亲属关系的老年人，我们就遵从并延伸了这种语言习惯。这种习惯其实就是各种陈腐的旧观念的藏身之所。

三、詈词中的性别歧视

不但尊称词语有性别歧视问题，尊称词语的反面——詈（lì）词也一样存在这个问题。所谓詈词，就是"脏话"。各种语言、各地方言，都有自己的詈词。事实上，詈词是我们人类语言词汇的一部分，不管我们对它喜欢与否。我们研讨某地方言与文化时，不应该也不可能回避詈词问题。

北京方言的詈词也与其他方言詈词有一个共同点：明显的性别歧视，总是以女性为辱骂对象。最典型的莫过于鲁迅先生所谓"国骂"，先生在1925年专门为此写就了《论"他妈的！"》一文，透彻分析了这"国骂"背后的文化积淀。这"国骂"其实不单单用于辱骂对方，有时还是一种发泄，如抱怨天气恶劣，抱怨事情发展出乎意料，甚至走路不小心滑倒，都可以用上这"国骂"。但是没有人会在这种情景中用涉及男性人物的词语构成詈词来发泄。根本原因当然还是男尊女卑、歧视女性的社会观念和社会现实。不但在词语的构成形式上，从实际的情况看，詈词的使用者绝大多数也是男性，他们毫不在乎地把女性当成詈词材料。鲁迅先生有个精彩描写：*而且，不特用于人，也以施之兽。前年，曾见一辆煤车的一只轮子陷入很深的辙迹里，车夫便愤然跳下，出死力打那拉车的骡子道："你姊姊的！你姊姊的！"*

跟"国骂"相比，北京话中的"婊子"是更加露骨地欺压、凌辱女性的词语。跟"婊子"相近的是"妓女"。"妓女"是个中性的称谓，只有指称功能，表示卖淫的女子，不含鄙视意味；"婊子"则是个地地道道的詈词，充满了对卖淫女性的鄙视。同时，我们应该注意到，北京话词汇系统中并没有一个与"婊子"对应的对嫖娼男性充满鄙视的词。（"嫖客"是与"妓女"相对应的。"妓女""嫖客"都是比较正式的场合下使用的，"婊子"是在口语中、是非正式环境中用的）"婊子"还可以用于男性斥责有不正当性行为的女性，如"臭婊子"；反过来，对于有不正当性行为的男性，我们语言的词汇就出现空缺了，没有专门给女性用来斥责有不正当性行为男性的词语。"婊子"还可以用于不分性别的相互辱骂，如"婊子养的"。语言词汇的这种极端不对称其实刚好表现了深深隐藏在人们（包括男性和女性）内心中的观念——男尊女卑，表现了人们对卖淫现象的整体认知。卖淫当然是人类社会的丑恶现象，但是在词汇上，却极不公平地把这盆污水都浇到了女人头上，使得男性可以逃脱责任。著名历史学家、戏曲理论家齐如山先生（1875—1962）在《北京土话》里记录有"姑娘儿"，专指妓女。但是我们未见哪本书里记录着"小伙儿"一词与嫖娼行为有关联。鲁迅先生对造成卖淫的社会根源早有过入木三分的分析：各种各式的卖淫总有女人的份。然而买卖是双方的。没有买淫的嫖男，那里会有卖淫的娼女。所以问题还在买淫的社会根源。这根源存在一天，也就是主动的买者存在一天，那所谓女人的淫靡和奢侈就一天不会消灭。男人是私有主的时候，女人自身也不过是男人的所有品。[①]先生在这段话里创造的"买淫""嫖男"，真可以说是在语言词汇上为女性讨公道。

北京方言里还有一个詈词"丫"，也是性别歧视的表现。这个字面上很难看出是什么意思，外埠人士初次听到很难理解。这个词其实是"丫头养的"的缩减形式，有时也写成"丫挺的"。有时单独成句，表示一种怨恨；更多的时候是作为一个人称代词，相当于"他"。

---

① 鲁迅：《南腔北调集·关于女人》，人民文学出版社2000年版。

"丫"也可以附在第二人称"你"或"你们"之后,"你丫""你们丫"有时甚至可以表现出略亲昵的口气。关于这个词,著名语言学家俞敏先生有过透彻分析,并语重心长地告诫青年人不要用这种表达方式。①从总体看,有这种语言习惯的人,整体的文化教养、文明习惯较差,以男性为主,正式场合或家庭中较少使用。所谓"丫头养的",其实就是辱骂别人是私生子女。从反映旧时代生活的文学作品看,如中国古代的《红楼梦》,现代的《雷雨》《白毛女》,外国的列夫·托尔斯泰的《复活》,这种私生行为、这种非婚姻关系的性行为中,男性主人倚仗自己的权势地位,或强迫或利诱女性仆人。但是在语言词汇上,"丫头养的"却把男性主人的责任推得一干二净,一切严重后果全要由"丫头"来承担。这个词语充分表现了旧时社会的丑恶。

① 引自俞敏先生在"礼貌语言座谈会"上的一段讲话,原文见高级中学课本《语文》第六册,人民教育出版社1988年第二版。

第三节 北京方言中的禁忌

北京方言，长期为生活在北京的人们服务，它自然就要适应北京社会人际交往的需要，形成一套特有的表达系统。在这个系统中，禁忌是一个比较突出的方面。它的内容过于繁杂，这里试举几个例子来说明。

一、苹果

结婚成家是个人的大事，也是家族的大事，全社会都是这样看的，久而久之，就会形成很多关于婚姻的语言表达习惯。据侯宝林、郭启儒先生相声《婚姻与迷信》，结婚当日，新娘子下轿，要咬一口苹果，迈过马鞍子，象征着平平安安，因为北京话里"平安"之"平"与"苹果"之"苹"谐音。北京多满族旗人，旗人有骑马狩猎的文化传统，所以用"马鞍"的"鞍"与"平安"的"安"建立关联。这是北京特色，试想在上海就不可能：上海没有受到强势的满族骑猎文化影响，加之上海话"苹果"与"病故"同音，所以没有把苹果看成象征平安的水果的习惯。

二、梨

刘心武先生1984年的长篇小说《钟鼓楼》以20世纪80年代北京一个杂院内一场普通人家的婚礼为背景，立体展现了当时北京普通市民的生活和社会的方方面面。小说里描述，结婚当天新娘家的送亲太太（北京习俗，结婚当日娘家已婚妇女陪同新娘，须反应机敏，举止大方，口齿伶俐。她是专门来给男方婚礼"挑错儿"的，以维护新娘的地位）来到新房，一眼发现新房布置有重大问题：两个盘子，每盘中放着苹果和梨。梨分开放，就是分梨，与"分离"谐音。新郎家连忙道歉，重新摆放。

三、熏鱼

俞敏先生在1986年写过一篇关于老北京风俗的文章。他提到旧时的北京，直到20世纪40年代，沿街叫卖猪头肉的小贩，从不吆喝"猪头肉"，因为拿不准哪条街道有回族居民居住，贸然吆喝猪肉就犯了忌讳，没法做生意了。于是将猪肉制品改称"熏鱼炸面筋""熏鱼儿肉"。久而久之，似乎成了行规，顾客也习惯了，只要听到"卖熏鱼"的叫卖声，就知道是卖什么的。①

四、大肉

至少在20世纪80年代后期，北京还有很多国营副食品商店，供应日常的油盐调料、肉蛋鱼、青菜水果、糕点、豆制品等，属于政府的第二商业局。这些商店有大有小，规模大的就品种齐全，猪牛羊肉都有出售。为方便回族居民购物，商店把牛羊肉与猪肉分别放在相距较远的柜台，设有不同的售货小组。在语言上也有讲究，称猪肉为"大肉"，出售猪肉的这个小组也就称为"大肉组"。这样的称呼对于店内的回族员工和来购物的回族顾客都比较稳妥，同时也不妨碍汉族居民购物。老北京话就有这样的传统：卖羊肉的店铺叫"羊肉床子"，卖猪肉的店铺叫"猪肉杠（子）"。

五、鸡蛋/鸡子儿

鸡蛋是日常食品，物美价廉，营养丰富。老北京话很在意这个"蛋"字，它在北京话里还可以表示男性性器官。用"蛋"的也多是贬义词，如"坏蛋""混蛋"，"王八蛋"就纯属于詈词了。这样，"鸡蛋"就改称"鸡子儿"；即便是变质的鸡蛋，也要叫作"臭鸡子儿"。用鸡蛋烹制的菜肴也要改名字，例如，旺火快炒鸡蛋就称"摊黄菜"，用温和的火力掺入湿淀粉炒鸡蛋就是"熘黄菜"。最有名的是把鸡蛋和肉片、黄花儿、木耳一起炒，所有的饭馆不叫"鸡蛋炒肉片"而叫

① 俞敏：《论名实不符》，《语文研究》1986年第2期。

"木须肉"。"木须"其实是写了白字，应该是"木樨"。木樨者，桂花也。桂花呈浅黄色，与炒得嫩嫩的鸡蛋颜色相近。将炒鸡蛋称为"木樨"，可以增加菜品名称的雅致，给顾客一点遐想的空间。"樨"字不常用，正规读法是"xī"，但是北京话里将这道菜的名字清一色地念成"mùxūròu"，甚至有人把当中的音节轻声，整个词说成"mùxuròu"。"樨"何以读成了"xū"？这是因为前面有"木"字，"木"的韵母u是圆唇音。"樨"韵母 i 是展唇（不圆唇）音。两字前后相连而语音相差太大，不宜用于语气轻松的口语，于是后面的"樨"也改读成为圆唇音，这样 mùxī 就成了 mùxū，前后两字就都是圆唇，发音便利了许多，符合口语韵律的需要。"木樨肉"写成"木须肉"当然是写了白字，可写白字也不是随随便便的，也要有理据。一是要本字和白字二字同音，至少也要接近；二是白字是个比较常用的，好认的，笔画少一些的。在北京，无论大小高低档餐馆，只要经营木须肉这道菜的，顾客、服务员、厨师，三方面百分之百地都是说 mùxūròu 而没有说 mùxīròu 的。顺着音找字，就写成了"木须肉"。如果实际发音是mùxīròu，顺音找字，应该写成"木西肉"才合于理据。

煮鸡蛋是家中常见的方式，但是由于忌讳"蛋"字，老北京话里也说"煮白果儿"。北京饭菜对汤的重视程度远低于南方，有时甚至是很简单地临时草草而成，如鸡蛋汤。但是"蛋"字犯忌，就说"甩个白果儿"。鸡蛋壳磕开，把蛋直接放在水中煮一煮，很快成熟，连汤一起吃，普通话叫"卧鸡蛋"，南方不少地方叫"水潽蛋"；老北京话因为忌讳，就叫"卧果儿"。

当然，事情也不绝对，忌讳只是一种习惯，而不是强制性的规则。例如作为老北京人，老舍先生作品中就是"鸡蛋""鸡子儿"都用。倒是他的最大部头小说《四世同堂》和自传体长篇小说《正红旗下》里都是只用了"鸡蛋"而未见"鸡子儿"。《骆驼祥子》中是"鸡蛋""鸡子儿"都有。再往前，19世纪《儿女英雄传》中，也是"鸡蛋""鸡子儿"都有。

附带说一句，糖腌渍的桂花是加工甜食中常用的调味品，叫作

"糖桂花"（北京口语中"花"字可以读轻声）。这个是名副其实的桂花，并没有叫"糖木樨"的。

六、圆白菜、鲜红柿、青瓜、丰收饼

1966年"文化大革命"发生，没有人能够预见它究竟有多大的能量，要持续多久，但人们都感到了它的劲头儿之猛、影响之大。有些商品的名称好像是一夜之间就发生了极大的改变，以致很难从字面上看明白指的是什么。

本书作者印象很深的，首先就是"洋白菜"。这种结球甘蓝青菜进入北京是在大白菜之后。传统的白菜，北京叫"大白菜"，是圆柱形的，约一尺长短，古代文献就有记录，叫"菘"。同大白菜一样，"洋白菜"也是十字花科芸薹属用蔬菜，原产地中海，明代输入中国。人们比照大白菜的形状、结构、口味等等，把这种外来的球形包心菜命名为"洋白菜"。这种命名思路是很正常的。现在欧美国家超市常有中国大白菜出售，英文名字是"Chinese cabbage"（中国卷心菜），这与北京话"洋白菜"的命名是完全相同的逻辑。可是"文革"到来，一切都要尽量地"革命"，要杜绝洋货，仿佛只要是外国来的就是不革命甚至反革命的。"洋白菜"与"洋火儿"一样，因为名称有"洋"字而被迫改名。"洋火儿"早就改为"火柴"了，"洋白菜"是在"文革"中才改为"圆白菜"，因为它外形是圆的。这个名称也有其合理性，后来居上，现在已成了这种青菜的正式名字。也有菜店或是食堂为了省事，写成了白字的"元白菜"。这当然是一种俗写，不规范，可是多年来也就慢慢被社会接受了。接下来，"西红柿"也犯了忌讳，因为有"西"字，"西"当然是"西方"，是资本主义的象征，这样，"西红柿"就被改成"鲜红柿"。"黄瓜"的"黄"与表示色情的"黄"犯了重，于是被改成"青瓜"，这当然也有理据，因为这名称才符合黄瓜的外表颜色。"月饼"也属于传统名称。考虑到月饼是农历八月十五中秋节的标签，是进入秋季的食品，而秋季是丰收的季节，于是月饼改称"丰收饼"。这些改动以今天的眼光看是近乎儿戏，但当时却是认真的，而

且是严厉的。岁月流逝，今天在市面上，只有"圆白菜"算是立住了，其余的几个改动的蔬菜名都是过眼烟云，不见踪影。虽然如此，却可以折射出当时社会政治生活的一个方面。

七、生/死

不同民族、不同地域都有自己的文化特色，但高度重视出生和死亡，则是一种普遍现象。这种文化必然在词语里有所表现。例如，英语"死"的正式说法是"die"，但也可以说"go forth""pass away""expire""depart"等，都是对死亡的委婉表达。侯宝林、郭启儒两位先生的相声名段《婚姻与迷信》中描述了老北京风俗。在新房的被褥中，要放上大枣和栗子，取它们的谐音为"早立子"；放花生，表示祝福夫妇儿女双全。要请新人吃半生不熟的饺子，大声询问新娘这饺子"生不生"，因为饺子确实是生的，新娘必回答"生"，与"生育"谐音。

生育从孕育生命开始，正式说法是"怀孕"。北京话可以说"怀上了""有喜了""有了"等。称孕妇为"大肚子""双身子"是比较随便的说法，正式场合不能这样说。生育给家庭带来种种欢喜，是人们盼望的。死亡就给亲人们带来痛苦，是人们要尽量避开的。各种语言、方言中对死亡就采取了一些委婉的、间接的称谓。古代沿袭至今的文言文中有"终、亡、故、辞世、去世、离世、别世、仙逝、过世、逝世"。古代有比较严重的等级观念，在表示死亡的词汇上也是如此。《礼记·曲礼下》有天子死曰崩，诸侯死曰薨，大夫死曰卒，士曰不禄，庶人曰死的规定。今天的北京方言在表示死亡的词语上也是有讲究的。直接说"死"是比较生硬的，对家人、对友人、对街坊邻居，都是很不适合的。口语中可以说"走了"，如"老人是什么时候走的"。悼念死者的挽联也常有"一路走好"的表达方式。对生死比较看开的人，常常说"去八宝山了"来表示死亡。八宝山位于西郊石景山区，这里有北京知名度最高的殡仪馆。著名的八宝山革命公墓就在附近。

第四节　揶揄之词

詈词毕竟不是常用词，人们不能把詈词总挂在嘴边。比詈词温和、口气轻松的，一般场合下常用的，是北京话中大量的嘲笑、讥讽、揶揄之词。这些词中没有脏字，也没有过于刺激对方情绪的字眼，显出说话者的轻松、自得和明显的自我优越感。这样的言辞也可以用于说话者本人，是一种自嘲。

一、窝窝头脑袋

窝头是用玉米面（北京话叫"棒子面儿"）蒸制的食品。因为玉米面比较便宜，窝头又比较能够充饥，而且是干粮，扛得住饥饿，所以是底层市民的基本饭食。但与白面馒头相比，窝头粗糙，不好下咽，所以中上层市民较少吃这个。所谓"窝窝头脑袋"类似"穷命"，就是讥讽对方眼界狭窄，缺少见识，不会享受，难以提升。老舍先生的《骆驼祥子》中有一段男女主人公对话，祥子表示就是愿意拉车以自食其力，虎妞则讥讽他是地道窝窝头脑袋，带出对祥子的轻视。

二、别忘了自己姓什么／找不着北了

按传统文化，人的姓名与身体一样，都是父母所赐。东南西北，是最基本的方位。所以，"别忘了自己姓什么"，或者"找不着北了"，这些话都是充满了讥讽，形容人高兴得过了头儿，忘记了最基本的东西。但是话不直说，而是提醒对方记着最不应该遗忘的本分事。老舍先生的话剧《茶馆》中，开茶馆的王掌柜小心翼翼地维持生意，又遭到侦缉队（便衣巡逻人员）的敲诈。王掌柜是个小商人，没有靠山，但是比穷苦人家又多几分经济能力，所以就成了侦缉队的敲诈对象，向王掌柜索要"保护费"。王掌柜只好逆来顺受，说了一句承诺又带讥讽、自嘲的话：我就是忘了我姓什么，也忘不了您二位的这档子事儿。

三、哪儿凉快哪儿待着去 / 该干吗（gàmá）干吗去 / 一边儿待着去 / 一边儿歇着去 / 去一边儿去 / 一边儿玩去 / 老实那儿待会儿 / 吃饱了撑的 / 咸吃萝卜淡操心

这几个惯用语形式不同，意思相同，都是讥讽斥责凑热闹、穷极无聊、没事找事的人，但口气都不太严厉，也可用来自嘲。侯宝林、郭启儒20世纪50年代的相声名段《夜行记》中有句台词：我心说：你老实那儿待会儿好不好？这是一个不遵守交通秩序的人遇到他人善意提醒时的反应。在他看来，别人的提醒都是没事找事。20世纪90年代初流行的电视剧《编辑部的故事》中"胖子的烦恼"一集，讲述食堂厨师王师傅因为肥胖被怀疑多吃多占，众人帮助王师傅减肥，急于求成反而不成，最后引起王师傅妻子的愤怒，找到编辑部讨说法，众人非常尴尬。王师傅夫妇离开后，众人感慨咱们真是咸吃萝卜淡操心。

四、噘不住粪

讥讽为炫耀而藏不住话，不能保守秘密。由于这里借用了排泄行为作为喻体，所以这个词一般场合不能用，一定要用于讥讽那种极度无聊又见识肤浅的人。老舍先生《四世同堂》里刻画了很多汉奸人物的丑恶嘴脸。他们没有稳定的政治立场和相应的选择。他们的价值观是"有奶就是娘"，只要给他们一些甜头儿，他们就能把自己出卖。瑞丰是个小人物，自私、胆怯，对日寇恐惧多于亲热，物质的诱惑压倒一切，他靠妻子娘家关系，一番活动后当上了日伪政权的教育局科长。这种事情无论如何是不能宣扬的，尤其是不能把操作的细节讲出去，可是瑞丰没有这个涵养，没有深入思考的习惯，小说的描写是瑞丰噘不住粪，开始说他得到科长职位的经过。

五、穷说

"说"就是说话，"穷"在这里并不是贫穷的意思。"穷说"也不是越说越穷或者为了摆脱穷困而说等等，都不是，而是指过分絮叨的

言辞，不停地、反复地说，毫无意义地唠叨。北京话里"穷"可以形容能力不够还偏要去做，如"穷折腾""穷讲究"。《骆驼祥子》中，祥子靠自己积攒，千辛万苦买了一辆人力车又被大兵抢走，他由此感到了自己的渺小，对于其他车夫的态度也有所转变，觉得车夫们的诉苦是真实的、必要的又是无奈的，他们没有其他的办法摆脱贫困：从前，他以为大家是贫嘴恶舌，凭他们一天到晚穷说，就发不了财。今天仿佛是头一次觉到，他们并不是穷说，而是替他说呢，说出他与一切车夫的苦处。

六、满脸跑眉毛

眉毛的位置是固定的，无论怎样用力也无法挪动，更谈不上跑。"跑眉毛"是形容人故意地夸张地挤眉弄眼，希望引起他人关注。这个词用于年轻女性，就是讽刺她们轻浮，故意招引男子。老舍先生《四世同堂》里描述汉奸家庭冠家的两个女儿，本质上并不坏，也没有言行极为不当之处。但是在家庭的"熏陶"之下，轻浮甚至下作，小女儿终于落入汉奸之手，沦为日军特务机关的培训对象，成为汉奸：冠太太只给冠先生生了两个小姐，所以冠先生又娶了尤桐芳，为是希望生个胖儿子。尤桐芳至今还没有生儿子。可是和大太太吵起嘴来，她的声势倒仿佛有十个儿子作后援似的。她长得不美，可是眉眼很媚；她的眉眼一天到晚在脸上乱跑。两位小姐，高第与招弟，本质都不错，可是在两位母亲的教导下，既会修饰，又会满脸上跑眉毛。

七、打一巴掌揉三揉

这个惯用语的意思是欺辱对方之后又虚情假意地安慰几句，与成语"恩威并重"不同。《骆驼祥子》中，虎妞对祥子先是诱惑，要祥子按自己的安排去向刘四爷祝寿，然后实施欺骗进而谋取财产。祥子当然不愿意，虎妞威吓道："你当我怕谁是怎着？你打算怎样？你要是不愿意听我的，我正没工夫跟你费唾沫玩！说翻了的话，我会堵着你的宅门骂三天三夜！你上哪儿我也找得着！我还是不论秧子！"继而又安慰"不屈心，我真疼你"。……祥子想说"不用打一巴掌揉三揉"，可是没有想齐全；对北平的俏皮话儿，他知道不少，只是说不利落；别人说，他懂得，他自己说不上来。

八、掏坏

意思是向对方使出阴损手段，加害于对方。"掏"的意思是从里向外拿东西，而阴损手段是看不见摸不着的，不是一个可以直接用手抓取的物体。这里用"掏"字，表现说话人能力强，有充足的、大量的、现成的"坏"，就像口袋里的物品，不用思考，可以很方便地拿取，可以轻易击败别人。《骆驼祥子》中刘四爷发现女儿虎妞喜欢车夫祥子，为此恼羞成怒，向祥子大吼：给我滚！快滚！上这儿来找便宜？我往外掏坏的时候还没有你呢，哼！

九、逗嘴皮子

表面意思相当于"耍贫嘴"，真实的意思是不尊重对方，通过言辞故意来耍弄。话剧《茶馆》第一幕，大太监庞总管遇到新兴资本家秦二爷，借慈禧太后镇压戊戌变法、谭嗣同被杀一事向对方施压，扬言"谁敢改祖宗的章程，谁就得掉脑袋"，秦二爷微笑着从容应对，昔日威风八面的庞总管感慨：凭这么个小财主也敢跟我逗嘴皮子，年头儿真是改了。既恨，又有几分无奈。

十、转（zhuàn）磨

表面意思是像磨盘那样一圈圈地转，实际的意思是遇到麻烦、困难而无法应对，只是着急、发愁。《骆驼祥子》中，女佣高妈从自己的经历深知穷苦人因为种种原因不得不负债，她慢慢变得心狠，也加入了向穷人放债的行列：放给作仆人的，当二三等巡警的，和作小买卖的，利钱至少是三分。这些人时常为一块钱急得红着眼转磨，就是有人借给他们一块而当两块算，他们也得伸手接着。

第五节 "儿"和"子"相差很多

"儿"和"子"是北京话里很常见的两个词尾。它们黏附在其他字之后组成了一个新的名词。例如，"尖"是形容词，意思是尖锐；加上"儿"成了名词"尖儿"，意思是最前端，如"这支笔的尖儿有点毛病"。"冻"是动词，"冻儿"是名词，指从液态凝成固态，如"果子冻儿""肉皮冻儿"等。"子"也是如此，例如"尖"加上"子"就成了"尖子"，是优秀人才的意思。"卷"是动词，"卷子"就是名词，是一种面食的名称。有时"儿"和"子"可以跟在同一个字之后，构成两个名词。可是这两个名词的意思却有很大的不同：带"儿"尾的多含褒义，表示小的、可爱的、熟悉的等意思；带"子"尾的多含贬义，表示大的、可恶的、陌生的等意思。两种不同词尾的词在意义上刚好是相反的，不可错用。这是北京方言的一项重要规则。我们举例来说明。

一、脸蛋儿/脸蛋子

"脸蛋儿"是可爱的，对别人孩子可以说"小脸蛋儿"，"脸蛋儿红扑扑儿的"。这都是称赞孩子长得好看、结实。但不能说"脸蛋子"。"这孩子大脸蛋子"有明显的贬义，意思是长得肿大而难看。

二、脸盘儿/脸盘子

这一组跟"脸蛋儿"/"脸蛋子"是对等的。"脸盘儿"是褒义的，形容人长相好，例如"这孩子，小脸盘儿洗得干干净净的"。"脸盘子"就是贬义了，例如刘宝瑞、郭启儒两位先生合说的相声名段儿《画扇面儿》里有：这两天我老婆犯病，我这个心里起急，脸盘子画得大了点儿。

三、头儿/头子

这两个词都是领导者的意思，但是第一个是褒义的，如果在不太正式的场合可以用来直接对领导者讲。第二个有明显的贬义，指凶恶势力的领头人，例如"土匪头子"。

四、口儿/口子

都是打开或切开以后露出的地方。买个西瓜不知质量好不好，卖瓜的就会说"我给您打开个口儿看看"，这里不能用"口子"。做菜时不小心被刀割破，那叫"手上拉了个口子"。拉了个口子当然是不情愿发生的事儿，所以用"口子"。有意为之的，例如在物体表面划开一个小口，那就是"划开一个口儿"。

五、末儿/末子

"末儿"是好东西的碎末儿，如老北京人喝茶，喜欢喝花茶，高档花茶茶叶的碎末儿味儿好而价格低，就叫"高末儿"。这个"末儿"就是褒义的。"末子"是不好的东西，如"你看看这茶叶，怎么这么多末子"。旧时取暖做饭用的都是煤球儿，煤球儿经过来来回回的搬运，相互摩擦，就会产生很多粉末，这个就叫作"煤末子"。

六、空儿/空子

"空儿"是精心安排的小段时间，"我得空儿就去看您"。"空子"是由于自己疏忽而给了被人利用的机会，如"被坏人钻了空子"。

七、菜帮儿/菜帮子

"菜帮儿"至少没有贬义，指一棵菜中比较好的外层，如"这大白菜的菜帮儿可以做馅儿吃"。这表明说话人不反感。也有人不喜欢吃，加之白菜存放时间过长，外层失去水分，纤维变粗，很老，口感不好，这个就是"菜帮子"。

八、老头儿/老头子

这大概是最精彩、最富有说服力的一对词。"老头儿"是褒义的，是指可爱并且有趣儿的老年男子；"老头子"是贬义的，是指让人厌烦、畏惧甚至带几分凶恶的老年男子。这是讲了多年北京话的人应该有的一种感觉。这种感觉非常可靠，而且历史很长，至少可以上溯到19世纪清道光年间成书的《儿女英雄传》。书中对张进宝、华忠这两位忠诚可靠的老年仆人，对张金凤的父亲，一位老实又精明能干的老农民张乐世，都称"老头儿"。相比之下，邓九公虽然也是正面人物，刚直、正义，但作者把他描写成了一位时而可敬又时而让人畏惧甚至有些厌烦的人物。这种双重性格的人物，在全书中总是以"老头子"被人们指称。

20世纪30年代老舍先生的《骆驼祥子》中，这个褒贬系统得到了淋漓尽致的发挥。书中老头子刘四爷是个地地道道的土混混出身的江湖人物，极度的自私、凶恶、贪婪又老于世故。祥子最初对他尚有一丝好感和敬畏，书中的描写是：他想好，破出块儿八毛的，得给刘四爷买点礼物送去。礼轻人物重，他必须拿着点东西去，一来为是道歉，他这些日子没能去看老头儿，因为宅里很忙；二来可以就手要出那三十多块钱来。这是全书仅有的一次对刘四爷称"老头儿"，其他都是"老头子"，共86次之多；而尊称"刘四爷"全书也不过73次。86次称"老头子"，全部是背后议论，绝大部分是厌恶、反感、嘲讽等等口气，极少数是一般性的叙述，无一例是尊敬。我们仔细对比、研读一下老舍先生的精心安排：①就是他们父女都愿意，他也不能要她；不管刘老头子是有六十辆车，还是六百辆，六千辆！他得马上离开人和厂，跟他们一刀两断。这一例是祥子的内心独白，他不甘心跟恶霸刘家掺和在一起，盼望自己的独立。②赶到二十七呀，老头子的生日，你得来一趟。这一例是虎妞试图说服祥子来给刘四爷做寿，讨得刘四爷高兴，就可以实现她和祥子的婚姻计划。能够用这样的词称呼自己的父亲，并且话头是为了给父亲做寿，可见父女平时的关系只靠金钱维系了。③谁给我说媒也不行，一去提亲，老头子就当是算计着他那几十辆车呢；比你高着一等的人物都不行。这是虎妞对祥子述说自己婚事的不顺，对父亲没有一丝好感，认为父亲只认钱财不认亲情。

大约10年以后，老舍先生在《四世同堂》里是同样的安排。天佑、常二爷、瑞宣的英国老师富善先生，这些都是大家敬重的又是十分可亲的老人，他们都是"老头儿"。钱默吟老先生遭汉奸的诬告，受尽日军酷刑，最后走向抗日地下活动，他在汉奸冠晓荷和祁瑞丰口中几乎总是"老头子"，因为他们对他既仇视又畏惧，总是心惊胆战地面对或谈论钱默吟先生。

此外，我们检索了齐如山先生《北京土话》一书中的带"儿"尾的词和带"子"尾的词，两相对比，更能说明问题。我们引用该书的名词部分作为例证。全书俩字的带"儿"尾的词共3个（"雏儿""柱儿""荡儿"）；带"子"尾的词共17个，如"眼子、秧子、爪子、楼子、路子"等等。以上这20个词都是贬义的。仨字的带"儿"尾的词共9个，贬义的5个，如"姑娘儿（妓女）、带犊儿（改嫁妇女带来的前夫的儿子）"；带"子"尾的词共44个，贬义的35个，如"老帮子（对老年人的蔑称）、碎嘴子（话太多的人）、暗门子（暗娼）"；4个字的带"儿"尾的词只有1个，"话拉拉儿"（喋喋不休的人），贬义；带"子"尾的词共15个，贬义的10个，如"丫头片子、硬三清子（出言不逊，总与人不和者）、哈拉拉子（口水）"。

第六节　地名中的"尊卑"

　　如上所述，北京方言中名词带"儿"尾的，往往表示小的、熟悉的。北京地名中也常有带"儿"的，其中不少是字面上不写，但是口语中一定要带上。最典型的就是通名"胡同"。字典上，路牌标记上，公交车站站牌上，地图上，一般都不写"儿"；但不仅北京口语，即便标准普通话也需要带上这个"儿"，不然就不成词了。可是北京地名里的"儿"显然不是随意的，而是很有礼数儿、很有讲究儿的。最突出的是正阳门和地安门。俗名写作"前门"和"后门"，说话时也一定是"前门"和"后门"，这里绝对不能加上儿音。因为"前门儿""后门儿"是另外的意思，是指一般居所或机关学校、医院等的门，是偏小些的。

　　以北京城门而论，内城从正阳门开始，顺时针方向有宣武门、阜成门、西直门、德胜门、安定门、东直门、朝阳门、崇文门，后增加了和平门、复兴门、建国门；外城从永定门开始，顺时针方向有右安门、广安门、广渠门、左安门。后增加了东便门、西便门；皇城从天安门开始，顺时针方向有西安门、地安门、东安门。这些合计就是老北京所谓"内九、外七、皇城四"，共计20座城门（和平门、复兴门、建国门均为后建，不在其内）。由于是首都，是极为庄重的城门要道，所以内城城门名称不能加儿音，绝对没有"东直门儿""西直门儿"的说法，皇城的城门更不必说了。

　　加儿音的，一个是东西便门，常常被叫作"东便门儿""西便门儿"；再有一个很特别的，就是俗称"沙窝门儿"的广渠门，可以加儿音称为"广渠门儿"。这里的原因可能是：东便门、西便门都不在元大都和明永乐年建都时的规划之内，是嘉靖年为防止蒙古南侵而短时间内补建的；广渠门同样不在永乐年间规划城建之内，也是个规划以外的工程，规模是所有"内九外七"中规模最小的，城门相对低矮，构造简单。老北京俗称的"沙窝门儿"中"窝"字要读轻声。

据说当时那里有一家裕顺斋糕点铺，以炸排叉扬名。这与出兵征战的安定门、德胜门，运送燃煤、粮食、饮水的阜成门、朝阳门、东直门、西直门，表现"左文右武"礼制的崇文门、宣武门等相比，实在地位相差悬殊。难怪老北京人用表示"小"的儿音来称呼了。

此外还有大兴区到丰台区的大红门、西红门、角门3处，都可以加上儿音，尽管字面上不加。此3处都不是明清北京城墙的门，而是南苑的门。南苑在北京城南约十公里，本是元、明、清三代皇帝出游狩猎之地，也叫作"南海子"。南苑建筑主要是4座行宫：旧衙门（今地名旧宫）、南红门（今地名南宫）、新衙门（今地名新宫）、团河（今地名团河，北京口语可以加儿音称"团河儿"）。4座行宫今仅存团河一处。明代，南苑开4个苑门，北为大红门，南为南大红门，东为东红门，西为西红门。后增设为9个，包括小红门等。最后又增设角门。南苑在1900年遭八国联军破坏后逐步荒废，居民增加形成居民区，即为今南苑镇。

有一件与北京城门名称儿音有关的往事不能不提。1983年，上海电影制片厂根据台湾女作家林海音1960年同名小说改编拍摄了电影《城南旧事》。电影很成功，获得国内外多个奖项。影片中的保姆姓宋，主人一家称她"宋妈"。按老北京话，这个"妈"应该读轻声，可是电影中没有读轻声。还有就是影片中提到"齐化门"，即今朝阳门的俗称，用了儿音，说成"齐化门儿"。这个也是与老北京习惯不符的。估计这与导演是浙江杭州人又长年在上海工作生活、女主演是安徽人又在上海长大有关。

历史上的北京多小规模水道，所以桥梁是不可缺少的，久而久之，桥的名称也就成了地名。这些桥规模原本不大，加上时间久远，有些桥已经名存实亡，作为地名，就纷纷被北京人加上了儿音，非常熟悉和亲切。如东城区的"北新桥儿、东不压桥儿"，西城区的"甘石桥儿、后门桥儿、虎坊桥儿、达智桥儿"（原宣武区），海淀区的"白石桥儿、六里桥儿"，朝阳区的"立水桥儿、酒仙桥儿"。甚至皇帝御道的"天桥"也被加上儿音称为"天桥儿"。但是天安门前金水河上的金水桥不能加儿音。20世纪80年代以来，北京修建了大量的立交桥，在城市交通中地位非常重要。这些现代化的钢筋水泥建筑，对于老北京人来说是巨大的、陌生的，所以在称呼时没有一座是带儿音的，如"航天桥""红领巾桥""东四十条桥"等等。

老北京庙多，称谓上也有讲究。规模小的，有几分荒芜甚至名存实亡的，通常加儿音，如分散老城区东西南北的多座"娘娘庙儿"。但是今天朝阳门外著名道教建筑"东岳庙"是不能加儿音的（据侯宝林、郭启儒二位大师的相声名段《相面》，这个"岳"字是要读轻声的）。"院"也是有讲究的。海淀区有"塔院儿"。明代万历皇帝的生母慈圣太后在此地域建多宝佛塔禅院，取名千佛寺。寺中主塔为华严永固普同塔，周围有27座小塔，均为僧人的墓塔。后逐渐有居民迁入，成为一村，得名"塔院儿"。东城区有"皇姑院儿"，明代称"圣姑寺"。"皇"也有写作"黄"的。这些老北京地名是居民们熟悉的，就带有儿音。新中国成立后北京市内新建了很多机关科研院所，它们的命名就很有趣，凡是科研机关的，都不带儿音，如"友谊医院""中国科学院""北京工业学院""有色金属研究院"等等。而带有住所性质的，就带上了儿音，如"总参大院儿""总后大院儿""海军大院儿""家属院儿"等等。北京把这种住所里的孩子叫作"大院儿的"，与胡同内一般市民子弟区别，那里叫作"胡同儿的"。今海淀区花园路一带连续有两个"院"，均为331路公交车站名，一个是"塔院儿"，带儿音；一个是"北医三院"，一定不能带儿音。两站紧挨着。

北京有很多公园，还有带"园"的地名，其分配也很有意思，带儿音的是："牡丹园儿（海淀区）、方盛园儿（今西城区原宣武区部分）、苹果园儿（石景山区）、潘家园儿（朝阳区）、香河园儿（朝阳区）、什锦花园儿（东城区）"。此外，"公园"作为一个通用名，也是带儿音的，如大名鼎鼎的"北海公园儿""景山公园儿""北京植物园儿"，还有"动物园儿"，都是带儿音的。不能带儿音的极少，最突出就是"圆明园、颐和园、畅春园、谐趣园、御花园"，这大概是北京人和北京方言对皇家园林应有的规矩吧。

第七节　褒贬中也有讲究

对人对事做出褒贬评论，是谈话中必有的内容。有时很明显，如"香"与"臭"、"好"与"坏"；但有时表示褒贬是很曲折的，这也是北京方言里的一种讲究儿，值得仔细琢磨。

一、形容词的重叠式

《红楼梦》第六十二回"憨湘云醉眠芍药茵　呆香菱情解石榴裙"有：说着，只见柳家的果遣了人送了一个盒子来。小燕接着揭开，里面是一碗虾丸鸡皮汤，又是一碗酒酿清蒸鸭子，一碟腌的胭脂鹅脯，还有一碟四个奶油松瓤卷酥，并一大碗热腾腾碧莹莹蒸的绿畦香稻粳米饭。这只是一个地位较低但是跟厨娘的女儿有点特殊关系的小丫头的一顿点心，但非常诱人，厨艺非同一般，对北方人来说，更是大开眼界，尤其是作者对米饭的形容"热腾腾碧莹莹"。我们试想，如果去掉"腾腾""莹莹"这样的叠字，写成"一大碗热的碧的米饭"，就逊色多了。

第四十三回"闲取乐偶攒金庆寿　不了情暂撮土为香"中，病后的贾母对孙媳妇王熙凤送来的饭菜感到满意，点头笑道：难为他想着，若是还有生的，再炸上两块，咸浸浸的，吃粥有味儿。那汤虽好，就只不对稀饭。什么是"咸浸浸的"？有两层意思，一是咸味儿，二是好吃，有回味。也就是说，这"咸浸浸的"是个褒义，换成"咸了吧唧"，就完全是贬了。如果简单说"再炸上两块，咸的"，那就是中性的不褒不贬，与贾母表扬孙媳妇的本义全不相干了。

第六十一回"投鼠忌器宝玉瞒赃　判冤决狱平儿行权"中，资深女仆司棋要小丫头去厨房为自己点菜：司棋姐姐说了，要碗鸡蛋，炖的嫩嫩的。这一段非常精彩。司棋不过是个丫头，但处事比较张扬，远不及鸳鸯和袭人那样能够把握分寸。身为仆人，却像主子那样，派人去厨房点名专门做菜。这个不合礼数的要求，在技术上也不同于一般的老嫩火候，而是很高的要求，所以厨娘柳家的听了后极为反感。如果改成"嫩的"，成色就差了很多，也就犯不上专门派人叮嘱厨娘留意了。

这些例子说明，这些经常使用的形容词，在北京方言里有多种形式，到底用哪一种是很有讲究的。普通形容词形式是一般的，谈不上褒贬；重叠一下，就带出一些生动的描写功能；后面再添加一些叠音成分，效果就更加明显。"这孩子红的脸蛋，胖的小手" / "这孩子红红的小脸蛋，胖胖的小手" / "这孩子红扑扑的小脸蛋，胖乎乎的小手"，三组对比之下，差别就很明显了。第一组是中性的叙述，第二组是夸赞，第三组是生动的夸赞。用错了，用乱了，就不够讲究了。

二、需要留意的几个副词

北京话有几个表示程度的副词特别值得一说，它们的意思相当接近，但是用的时候也是有讲究儿的。

第一个是"忒"，有人说成"tēi"，也有人说成"tuī"，相当于普通话的"太"。"忒"的北京土话色彩比较重，对外埠人士不宜使用。

第二个是"不很"。这个词今天普通话也用，而且很普遍，表示某事某状态还不严重，比如初冬时节，天气转冷，但毕竟不是寒冬腊月滴水成冰，北京话就说"这天儿还不很冷"。议论事情，"这事儿倒是不很难"。议论外貌，"他个头儿倒是不很高"。这里有两条要注意，一是这种"不很"用在表示贬义或者不褒不贬的中性形容词前。二是这里的"很"在北京话里是读成去声的（hèn），而不是常见的上声。有时"不"与"很"之间插几个字，如京剧大师马连良先生当年教唱《清官册》时分析人物寇准"不是那么很紧张"，"很"仍读去声。[①]

第三个是"有点儿"。这个词的用法跟"不很"很像，也是限制在表示贬义或者中性的形容词前，表示说话人对事情的无奈、回

---

① 《马连良教唱〈借东风〉〈清官册〉》，中国广播音像出版社。

避、不期盼发生等等，如"这双鞋有点儿贵""那地方到我们这儿有点儿远""这天儿有点儿凉了"。"贵""远""凉"在这里都是表示贬义的。"这个人的个子有点儿高""这篇文章有点儿长""这种饮料有点儿酸"。这里"高""长""酸"本身都谈不上是褒是贬，但是整个句子是"有点儿……"这个格式就有了贬义。"这个人的个子有点儿高"意思是偏高，不合于说话人认为理想的高度；"这篇文章有点儿长"意思是偏长，超过了说话人认为合适的长度。这里"高""长"等等本身都不是贬义的。所以，"有点儿"之后不能接上表示褒义的形容词，例如不说"这孩子长得有点儿漂亮""这双鞋我穿着有点儿合适"等等。总之，"不很""有点儿"使得北京方言的褒贬表达相当含蓄，相当的讲究。

三、"老"字当头

这里说的"老"不是"老年人""老同学"的"老"，不是年岁大、时间长的意思。举例来说，旧时北京话里管山西人叫"老西儿"。民国时山西省内知名度最高的人当数阎锡山，曾任山西省都督、督军、省长、省政府主席，抗战时任第二战区司令长官，国民党政权行将崩溃时又任行政院院长兼国防部长。从辛亥革命算起，实际控制山西将近四十年。这样一位威风八面的人物，北京话里叫"阎老西儿"。老舍先生长篇小说《牛天赐传》中对山东人的称呼是"老山东儿"。这些"老"的含义很是微妙，以至在权威工具书，如《现代汉语词典》中，也找不到十分明确的解释。但有没有这个"老"，词义是大受影响的。"老西儿""老山东儿"当然不是什么恭敬的称呼，但也不是轻视，更谈不上歧视、蔑视。这个"老"字更多的是一种调侃，一种开玩笑的口气。20世纪80年代以来，广东成为中国一个热点省份，广东的各种事物无不影响着各地。于是，"老广"一词得以流行。

以上这些词实实在在地表现了北京人、北京方言的礼数儿。如何面对外埠人士、如何看待各地风俗习惯、文化传统，不仅仅是北京城市，也是各地普遍要认真考虑的一件大事。盲目排外，非但不礼貌、没有礼数儿，而且极不利于本地各方面的进步和发展。而北京方言中"老×"结构词语的出现和使用并不简单，它至少表现了北京城市没有狭隘的区域文化特质，是能够接受各地文化的。

当然，"老"字头的词并非都没有贬义，如果"老"字修饰带有贬义或嘲讽的词语，则具有了歧视、嘲讽等意思，如"老赶"，这是指没有见过世面的人，"你怎么跟老赶似的"是很不客气的说法。还有个更加歧视性的"老呔儿"，也有写成"老畬儿"的。"呔"是多音字，在这里念"tǎi"，"老呔儿"一定要读成带儿音的。这个词是形容别人说话有外地口音。其实各地方言都有自己的语音系统，任何一种方言在其他方言区的人听来都是有口音的。这种口音让本地人不习惯，难免产生不敬之意，加以嘲笑。所以学别人的口音讲话，是不礼貌。北京人把有外埠口音的人称为"老呔儿"其实是一种盲目的大城市、首都居民的优越感，是不足取的。

歧视色彩差不多的还有个"老帽儿"，也有说"土老帽儿"的。这个词是嘲笑简单、粗鲁没见过世面的人，多指低收入者或外埠人士。这当然是很失礼的称呼。

最能体现部分北京人以盲目的优越感而歧视外埠人士的词莫过于"怯"。这个字在《现代汉语词典》（第7版）里的解释是：①北京人贬称外地方音（指北方各省），②不大方，不合时，俗气，③缺乏知识，外行。实际上这个字最初的意思当然不是北京人贬称外地人，看字形就知道，竖心旁，表示胆小、害怕。外埠人初到北京，人生地不熟，难免谨慎过度，事事小心。更难听、更带歧视性的词是"怯勺"，称那些不了解北京情况和习惯的外地人士。

也有把这个"怯"写成"客"的。老舍先生《骆驼祥子》中有这样一个情景描写：祥子去看望过去的雇主、心地善良的大学教师曹先生。曹家女佣高妈打开门，祥子见了高妈没有基本的寒暄，而是直问先生是否在家。高妈了解祥子，并未责备他，半玩笑半埋怨说祥子只认雇主而不问候往日在一起干活儿的老友，就说：你真成，永远是客（怯）木匠——一锯（句）！老舍先生特意在"客"后加注"怯"，可见这个"客"是读 qiè 的。"客木匠"是什么意思？可以理解为技术好的木匠瞧不上技术差的木匠，也可以理解为本地木匠瞧不起外地来的木匠，认为他们手艺不精，干不了精细的木工活，不管什么活计都是简单的一锯了事。"锯"和"句"两字是谐音的。

最后再补充两个"老"：一是"老外"。这个词是20世纪80年代以后兴起的，指外国人。这里有比较明显的调侃意味，不是尊称，也不是蔑称，没有歧视性质。本来"老×"是指各地国人，这"老外"应该是一种仿词。二是"老莫儿"，指1954年建于西直门外北京展览馆东侧的莫斯科餐厅。这是当时北京最为豪华的西餐厅，经营俄式餐饮。当时的价位、服务和豪华程度都是北京首屈一指的，后被俗称为"老莫儿"，口语中要带上这个儿音。

第八节　称谓词变更中的正能量

　　谈及北京的风俗文化、语言典故，我们不能只盯着元、明、清封建社会，不能只看民国大员如何短长，我们应该以更多的精力关注我们身处的新中国、新社会、新北京的北京方言。

　　五六十岁的读者应该还记得，20世纪60年代有一首歌非常流行，受到广泛欢迎，叫《歌唱光荣的八大员》，也叫《歌唱咱们的八大员》。这首歌创作于1958年，洪源作词，晨耕作曲。歌曲表现了新社会服务行业人员的劳动热情，尤其体现的是社会主义社会中人人平等、对普通劳动者的尊重和普通劳动者的幸福快乐。这八大员是售票员、驾驶员、邮递员、保育员、理发员、服务员、售货员、炊事员。2006年10月19日，原中央电视台一套《见证·亲历》播出的纪录片《我们是光荣的八大员》，就是源于60年代这首歌曲歌唱出的新社会新风尚。

　　据回忆，"炊事员"等等"××员"这样构造的名称起源于抗日战争时期共产党领导的太行山敌后根据地，由八路军129师刘伯承师长亲创。此前，八路军部队使用的是旧式称谓，如"伙夫""马夫"之类。为与旧式军队的雇佣关系区别开，强调我军官兵平等，八路军开始使用新式称谓，这些新式称谓先是在八路军和根据地使用，以后随着解放军一起进入了大城市的普通人群。[①]

　　事实上，不单是旧式军队里有"马夫""伙夫"这类歧视性词语；在老北京话里也有一套对商业服务业从业者的旧式称呼，其共同点就是用动词后面加个"的"，如"蹬三轮的""卖菜的""开饭馆儿的""磨剪子磨刀的""剃头的""看澡堂子的""淘大粪的""唱戏的""做饭的""拉车的""送信的""做买卖的"。范围放大一些，凡是某行，老北京话里都可以称为"×的"："种地的""赶大车的""焊洋铁壶的""当兵的""当官儿的""教书的""变戏法

---

　　① 张棉标：《我军"八大员"的来历》，《党政论坛》1999年第7期。

的""耍猴儿的""唱数来宝的""说评书的"等。

如果单纯就指称的功能看，"做饭的"与"炊事员"是相当的，"送信的"与"邮递员"是相当的。但是从词语的情感倾向上看是有较大差别的，"×的"单纯从所从事职业的名称上称呼人，含有一定的不尊重。也正是因为这种问题，老一辈革命家才倡导新式的称谓，以后沿袭下来，到60年代又有了"八大员"之称。

首先，"做饭的""送信的"从词语构造上是动词之后加个"的"，语法学上称此类构造为"的"字词组。这样的词组是临时性的组合，不是语言里一个正式的名词，是临时性地把做某类事与"的"连接起来，表示做这类事的人。这种临时性的组合，在表达上当然就只适用于那些地位不高的、作用不大的事物。如果是重要的事物，人们一定会在语言中安排一些专门的词去称呼，例如古代汉语里有"牭""犙""牭"3个词，分别表示两岁的牛、三岁的牛、四岁的牛。在古代，牛是重要的生产工具、运输工具和肉食来源，所以人们就重视牛，就把关于牛的各种事物用特定的词标志出来，这样才便于语言交际。现代社会，牛的作用和地位明显下降，人们不会再像古代那样重视牛了，就不再在语言里保留很多专门表示不同年龄的牛的词了。如果要表示这些概念，就临时拼接一个词组，"两岁的牛""三岁的牛"等等就可以了。"做饭的""送信的"就是这样的临时拼凑的表达方式。使用这些组合，表明说话双方对于这些行业和从事这些行业的人员都不重视，觉得没有必要给他们创造、保留一个专门的名词。

其次，"炊事员""售货员""邮递员"等称谓中，"炊事""售货""邮递"和"员"都有比较明显的书面语色彩，而且是文言文的，口语中根本不出现。一般来说，书面语成分比较端庄、典雅，给人以正规、隆重的感觉。用这样的文字称呼对方，尤其是对方从事的是不受社会重视的劳动，更加显出说话人对对方的尊敬和重视。如同我们参加一个重要的正式活动，必须穿着正装，而不可以随随便便地穿一套休闲装，否则就是对活动的主办方不够尊重。将这样典雅的书面语成分用于旧时代受到轻蔑的职业从业人员，表达了社会主义新中国对劳动者的尊敬。"炊事员""售货员""邮递员"等是新社会新式称谓的上佳代表。称"炊事员""售货员""邮递员"等等，这是北京话中新的讲究、新的礼数，是顺应时代发展的正面积极词语，是正能量。

最后，我们再附上一例。1949年3月27日下午，周恩来副主席到京剧艺术家程砚秋先生家中探访，恰逢程先生外出，周副主席亲笔留言"砚秋先生：来访未晤，适公外出，甚憾！此致敬礼。周恩来"。当天晚上，程砚秋参加了在中南海怀仁堂举办的京剧演出，与周恩来邓颖超夫妇见面。程先生感慨万千："回想在旧社会，像我们这号人，说得好听点是艺人，说得不好听是唱戏的，在一些人的眼中不过是玩具是玩物。在新社会里，中国共产党对我如此尊重，怎么不使我感动呢！"[1]

---

① 靳飞：《戏曲界名伶在1949　旧戏剧新中国》，《北京晚报》2019年2月21日第34版。

北京老字号的语言文化

毛泽东主席在20世纪50年代谈及社会主义工商业改造时曾说过："王麻子、张小泉的刀剪一万年也不要搞掉。我们民族好的东西，搞掉了的，一定都要来一个恢复，而且要搞得更好一些。""王麻子、东来顺、全聚德要永远保存下去。""瑞蚨祥、同仁堂一万年也要保存。"①毛主席提到的这些，都是北京的也是全国的著名工商业老字号。所谓字号，简单说就是商业企业的名称；也可以包括商品名称。但绝不是随随便便一家商店或者商品就可以叫作"字号"，更不必说"老字号"。字号，在字面上常常不过是三五个字，像老北京的"××堂"或者"××楼"，但就是这几个寻常文字的背后，商家、厂家付出的艰难困苦，是难知几何的。作为历史悠久的大城市和政治文化中心，北京人口众多、商贾云集，消费者结构复杂，商家竞争极为激烈。要想在这样的环境中闯出一个真正经得起考验的字号，绝非易事。几百年来，同仁堂、全聚德、一得阁、王麻子……北京城市诞生了一个个优秀的驰名全国的老字号。它们是商业和手工业者打拼的历史见证，也是北京城市经济文化发展的见证，用"闻名天下"来形容绝非夸大。它们的起起伏伏，它们的繁荣与萧条，实际也是北京城市发展的真实写照。"同仁堂"等等简明、朴实的文字，已经是北京方言词语中色彩极为鲜明的组成部分，它们堪称是北京城市的一张张名片。它们背后蕴含着大量的极具特色的北京地方商业历史，实在是今天我们研究、继承和发展语言和城市文化的宝贵材料。

---

　　① 《加快手工业的社会主义改造》，《毛泽东选集》第7卷，人民出版社1999年版，第12页。

第一节　老字号文字中丰富的文化内涵

商家字号绝对不是本地方言中一个普通的名词，即便单纯从文字形式上看，它也极富特色。它不但是商家的财富，也是城市文化的重要载体。北京作为特大城市，人口众多，消费需求多元，这为商业发展提供了良好的机遇。几百年的首都地位，使得北京城市吸引了大量优秀的商业资源。在全国著名商家品牌中，北京占有极大比例。1991年，原国内贸易部认定了一批知名老牌企业为"中华老字号"。2006年4月，商务部发布了《"中华老字号"认定规范（试行）》，在全国范围认定1000家"中华老字号"，并以中华人民共和国商务部名义授予牌匾和证书。①北京市首批有67家榜上有名，第二批又有12家企业荣膺这一称号。到2018年，北京共有吴裕泰等百余家企业被认定为"中华老字号"。这些老字号凭借首都的特殊地位，每个名称在文字背后都有特别丰富的文化蕴含，绝非简单的吉利话儿，这可以说是北京商家得天独厚的由政治文化优势而产生的语言文字"招牌"。所以，仔细考察北京老字号的名称，回溯其历史文化背景，既有助于我们认识北京商业发展的历史痕迹，也有益于对北京方言的深刻了解。

从文字上看，著名老字号的名称设计极具匠心，或引用古代典籍，或巧借创业者姓名，或彰显营业宗旨，或借用名人故事。以下聊举几例加以说明。

【同仁堂】同仁堂中药店在海内外华人世界享有极高的声誉。明永乐年，浙江宁波乐氏迁居北京，以行医卖药为生。清康熙八年（1669），乐氏后人乐显扬创"同仁堂药室"，至今已350年。1702年，乐显扬之子乐凤鸣将药店迁至前门大栅栏，提出"遵肘后，辨地产，炮制虽繁必不敢省人工，品味虽贵必不敢减物力"的训条。1723年，

---

① 见国务院网站，《我国将推进流通体制改革试点和国有流通企业改革》。http://www.gov.cn/ztzl/2006-05/16/content_281315.htm。

雍正帝钦定同仁堂向清宫御药房供药。此后同仁堂独家承办皇宫用药直到清廷灭亡。药店以"同修仁德，济世养生"为堂训。"同仁堂"字号即出于此。

【鸿宾楼】鸿宾楼餐馆并非北京土生土长。清咸丰三年（1853）创业于天津，是极负盛名的清真饭庄。1955年，为繁荣北京餐饮业，由周恩来总理亲自过问邀请进京。几十年来，鸿宾楼享誉京城。全国人大常委会副委员长、书法家郭沫若，著名书法家启功，清皇族后代爱新觉罗·溥杰都曾题写匾额或赋诗留念。国家领导人也多次在此宴请来访的外国贵宾及驻华使节。《礼记·月令》有"季秋之月，鸿雁来宾"，"鸿宾楼"取名于此。

【丰泽园】丰泽园饭庄以正宗山东菜闻名。1930年京城名店新丰楼饭庄"堂头"栾学堂、厨师陈焕章辞职，创办了丰泽园饭庄，北京同德银号老板姚泽圣、西单商场经理雍胜远出资扶持。开业前，众股东在中南海丰泽园议事。与会者李琦建议以"丰泽"为店名，取菜品丰饶、味道润泽之意；"泽"字又与姚泽圣之名同字。这段往事即电视剧《传奇大掌柜》的原型。丰泽园菜肴精美，服务周到，国家领导人多次在此宴请访华的外国国家元首，赢得了极好的声誉。

【全聚德】全聚德烤鸭店创办于清同治三年（1864）。全聚德烤鸭名闻天下，"全聚德"3个字几乎成了北京烤鸭的代名词。创始人杨全仁初到北京时做生鸡鸭生意，每天外出必经过一家名为"德聚全"的干果铺。干果铺日渐衰落，难以维持。杨全仁买下"德聚全"创办烤鸭店。他将"德聚全"倒置，以"全聚德"为店名。周恩来总理多次以全聚德"全鸭席"招待来访的外国贵宾。

【便宜坊】与全聚德相比，便（bián）宜坊更是资深饭庄。便宜坊创办于明永乐十四年（1416），比明成祖迁都北京还要早，至今已有600多年历史，超过全聚德将近450年。便宜坊烤鸭采用焖炉技术，不见明火，外酥里嫩，极负盛名。相传明嘉靖年间，兵部员外郎杨继盛严词弹劾奸相严嵩，遭诬陷入狱，被害而死，年仅四十岁。杨继盛曾在便宜坊用餐，受到店主热情接待，遂题写店名。由此，店主遭到严嵩迫害但以身护匾，便宜坊名声远扬。

【六必居】六必居酱园始办于明朝嘉靖九年（1530），至今已有将近五百年历史。六必居创始人是山西临汾赵存仁、赵存义、赵存礼兄弟。六必居店堂里悬挂的"六必居"金字大匾，据传出自权臣严嵩之手。此匾虽多遭劫难，仍保存完好，传至今日堪称奇绝。六必居的代表性产品是酱菜，选料严格，制作精细，成品色泽鲜亮，酱味浓郁，脆、嫩、清、香，且咸甜适度。"六必居"的含义是：黍稻必齐，曲蘖必实，湛之必洁，陶瓷必良，火候必得，水泉必香。

【荣宝斋】荣宝斋几百年来是老北京赏玩古董字画、购买上等纸墨笔砚的首选商家。清康熙十一年（1672）浙江张姓商人在京创松竹斋南纸店，后经营不当，难以维系，聘请庄虎臣为经理。1894年，从《论语·颜渊》取"君子以文会友，以友辅仁"句取"以文会友，荣名为宝"之意改名为"荣宝斋"，请陆润庠（清同治十三年状元）题写匾额。20世纪50年代公私合营，"荣宝斋新记"诞生。荣宝斋收藏了大量古代字画珍品和近现代名作，擅长木版水印。2006年，荣宝斋木版水印技术进入第一批国家级非物质文化遗产。

【同升和】同升和创于1902年，初以生产千层底布鞋和帽子闻名。第一任掌柜莫荫轩为河北保坻（今天津宝坻）人。开业时，铁良（清兵部侍郎、户部尚书、陆军部大臣）赠言："同心偕力功成和，升宫冠戴财源多"，将"同升和"3个字融于其中，取"同心协力，和气生财"之意，匾额为民国时慈善家杜宝祯先生所题。同升和布鞋用料考究、做工精良，满足各阶层顾客的需求。毛泽东等党和国家领导人、文体界人士以及外国国家元首和友人都曾向同升和定做皮鞋、布鞋。

【吴裕泰】吴泰裕已有130余年的历史。创办人吴锡卿在京开设多家茶庄，自制花茶享有盛誉。后公私合营，改为"吴裕泰茶庄"。著名书法家冯亦吾老先生题写了黑底绿字牌匾。"文革"期间茶庄因其所在地北新桥大街改名为"红日北路"，而改名为"红日茶庄"。1985年恢复老字号原名。老舍先生名作《茶馆》的中心场景就命名为"裕泰茶馆"。剧中布景的茶馆有副对联："裕如大雅畅饮甘露 泰然我心神游六合"，上下联首字连成"裕泰"二字。

【东来顺】东来顺是北京著名清真饭庄，以涮羊肉著称。创始人丁德山，河北沧州人。光绪二十九年（1903），丁德山移居北京东直门外。他每日向城内运送黄土，必经过东安市场，看到了那里的巨大商机，在市场北门开设粥摊。传说丁母看到儿子的成就，感慨道，咱们从东直门来到这儿，只求买卖顺顺当当的，就叫"东来顺"吧！1912年，市场失火，粥棚被烧。丁德山二次创业，东来顺涮羊肉由此开始。涮肉选料严格，刀工精湛，作料齐全，肉嫩味美。党和国家领导人多次在此宴请外国贵宾，多个伊斯兰国家外交官员都对东来顺做出极高评价。

【瑞蚨祥】清光绪十九年（1893），山东济南人孟洛川以八万两白银在大栅栏买下铺面房，开设瑞蚨祥绸缎庄。清末民初，瑞蚨祥已成为北京最大的绸布商店。瑞蚨祥货品纯正、花色新颖，受到一致好评。1949年，共和国开国大典的五星红旗就是用瑞蚨祥提供的红绸布制作的。东晋干宝小说《搜神记》中有："南方有虫，……又名青蚨。……生子必依草叶，……取其子，母即飞来，不以远近。虽潜取其子，母必知处。以母血涂钱八十一文，以子血涂钱八十一文，每市物，或先用母钱，或先用子钱，皆复飞归，轮转无已。"讲的是钱用完了又能飞回的故事。瑞蚨祥取"蚨"和"祥"就是借"生钱""祥瑞"之意。（附言：老北京有"八大祥"之说，指前门外八家影响很大的绸布专营商店，它们的字号里都有"祥"字。这八家店的店名是瑞林祥、瑞生祥、瑞蚨祥、瑞增祥、瑞成祥、谦祥益、益和祥、广盛祥。）

第二节　老字号匾额——极为特殊的语言交际形式

　　商家重视匾额，这是中国商业的传统和特色，也是中国文化传统的表现。老北京著名字号都有自己的匾额，都在匾额上狠下了一番心思。匾额，也可以叫"扁额""扁牍""牌额"，或者干脆就简称为"匾"或"额"。一般为木质，悬挂于门楣之上，也有用灰瓦砖石砌成的，重大建筑物就是石材的。中国的传统建筑上，常有匾额。城市商家要挂块匾，政府机关、宗教场所、学校、剧院（老北京话所谓"戏园子"）、高档民居等，都是如此。匾额式样有很多，但最突出的是上面的汉字书法艺术和匾额文字本身的含义。匾额与建筑本身相互配合，和谐一致，匾额为建筑添加很多文化内涵。好的匾额确有画龙点睛的作用。由于匾额的位置非常显著，所以无论商家官家民家，从措辞到书写，到木瓦砖石选料加工，无不十分重视。

　　商家匾额本质上是语言文字的特殊应用，传递的当然是商家的理念和特色。但是这些内容不是直接出于商家之口，而是借助他人，也就是匾额题写者之笔。匾额题写者写出的是自己的字，但主要不是向读者（也就是匾额的观看者）表达自己的内心想法，而是用自己的笔来表达别人（店家）的意。看匾的人，一面在欣赏题写者的书法，一面想到的是商家的经营理念和商品服务特色。这种极为特殊的"三角"关系实在是大不同于我们通常的语言文字使用方式——甲说乙听或者甲写乙看，倒是有点像戏剧表演的"三角"关系：（甲）演员、（乙）剧作者、（丙）观众。演员用自己的口讲出的不是自己的话，而是剧作者的心声；听众则是双重身份：他们既是演员表演的欣赏者，又是剧作者心声的接受者。

　　因此，匾额的设计者至少要考虑3个方面。

　　第一，匾额本身措辞用字要能够表现商店的特色，语音响亮、上口，字义内涵丰厚，例如上面举出的"同仁堂"等老字号名称。

第二，邀请到合适的题写者。题写者要有相当高的知名度，例如著名书法家、学者、商界前辈、政府要员、社会知名人士等。青年才俊，缺少名气，仅凭一笔好字是不适宜题写商家匾额的。有时，题写者的名气甚至比题写者的书法造诣更加重要。因为这毕竟是一种大众文化，而不是纯粹的书法艺术探究。匾额的功能是宣传，有宣传作用才是好匾额。所以在题写者知名度与书法水平之间，人们更看重前者，所谓以人名字而不是以字名人。这是我们今天考察老北京匾额文化时必须具备的一个基本想法。

当然，题写者的知名度还要适合于商店本身的品位和影响力。大商场、著名字号，往往邀请知名度高、书法造诣深的人士题写，这些人也乐于为这样的著名商家题写。反之，店小，影响力差，也就不敢邀请大人物来题写匾额。但有时题写者和商家地位相差悬殊，那就会产生一些"轰动效应"。这方面最能说明问题的大概就数前门外的老北京都一处烧卖馆。传说"都一处"三字匾额是清代乾隆皇帝御笔。故事梗概是：乾隆帝微服私访，除夕晚返回，路过前门一带。乾隆皇帝又冷又饿，而除夕夜很少有饭馆营业了，有一家烧卖馆还在照常营业。乾隆皇帝在这个小小的饭馆里受到了热情的接待，饭菜也很可口。回宫后不久，即派遣太监送来一块御笔亲题的"都一处"匾额以示褒奖。这家本来默默无闻的小店由这块御笔匾额而名声大震。这段传说今已无法确切考证真伪，但是它足以说明匾额的重要性。

第三，充分考虑到匾额文字的欣赏者——广大顾客的需求。商家匾额当然要求题写者有较高的书法水平，但并非书法艺术追求的那种"龙飞凤舞"。这是因为商家匾额不是"张先生"写给"李教授"品味或者点评的。它不是单一的书法艺术，而是商家对外宣传的载体，是写给大众看的。这就在一定程度上限制了题写者书法艺术的发挥，不能"由着性儿"来。当然，题字过于四平八稳，甚至带出几分呆板滞涩，以致一座大城市的商业区到处都是光亮圆润的馆阁体，这也不是好的商业文化。具体说，草书较难派上用场，行书字间或可以出现，最好是楷书字或者行楷。隶书当然也可以适量使用，篆字不多见，主要用于书店、文具店，而琉璃厂文化街就是另一番景象。来这里的，以文人学者、教师学生居多，他们来购买图书文具，来欣赏古玩字画，如果店铺名称不够古典，不够文气，他们很可能就没有得到满足。如果他们遇到难以辨识的匾额用字，他们会查字典、请教师友，彼此争辩。这也不失为一种文人乐趣。

几百年来，北京作为政治文化商业中心，各界人士云集，有大批适合题写商家匾额的人选，这就促成了北京商家匾额风格的多样化，名人墨宝比比皆是。北京是商业大城市，商店众多，顾客群体规模宏大，匾额需求数量较多，给匾额题写者以宽广的天地，各种风格的匾额能够共现于一条商业街道，大家相互对比、参照，匾额文化也就相应比较发达。这是北京商家语言文化的骄傲，时至今日，至为珍贵。

一、书画大师留下真迹墨宝

北京作为首都是政治中心，也是文化中心，有大批一流的书法家云集于此，他们的墨宝为北京匾额增彩。匾额题字名义上是为商家而作，实际上是面向社会大众。这正是书法艺术家展示才华的极好机会和场合。

吴昌硕（1844—1927），名俊，又名俊卿，字昌硕，著名国画家、书法家、篆刻家，西泠印社首任社长。北京琉璃厂老店清秘阁已有600余年历史，曾专供清皇宫和六部所用宣纸、信笺、印泥。现匾额是吴昌硕题写。

陈半丁（1876—1970），著名画家，以写意花卉最知名，擅长花卉、山水，兼及书法、篆刻。为北京著名笔店、中华老字号戴月轩（始建于1916年）题写匾额。

于右任（1879—1964），近现代政治家、教育家、书法家。北京永安茶庄位于前门煤市街。于右任题写的"永安茶庄"匾额，笔法简练、有力。茶庄也由此声名远扬，生意兴隆，20世纪60年代一度改名为"春青茶庄"。1987年恢复老字号。

溥雪斋（1893—1966），清道光皇帝曾孙，著名书画家。曾任市美协副主席、书法研究社副社长、北京画院名誉画师、市音协理事和东城区政协委员等职，为中华老字号步瀛斋鞋店（始创于清咸丰八年，1858）题写匾额。

徐悲鸿（1895—1953），中国最具影响力的现代画家之一，美术教育家。早年留学法国，中华人民共和国成立后任中央美术学院院长。20世纪50年代，老字号荣宝斋公私合营，徐悲鸿先生为店题写匾额。

刘海粟（1896—1994），著名画家、美术教育家，曾任南京艺术学院名誉院长、教授，上海美术家协会名誉主席，中国美术家协会顾问。老北京东安市场，清末的一个综合性购物娱乐场所，邻近东安门，所以叫"东安市场"。20世纪60年代，"文化大革命"中改称"东风市场"，是当时北京的四大商场之一。1988年恢复旧名。刘海粟题写店名。

老舍（1899—1966），现代文学大师，生长于旗人家庭，尤擅长用北京方言进行文学创作。他所创作的长篇小说《骆驼祥子》《四世同堂》，话剧《龙须沟》《茶馆》都是现代中国文学的瑰宝。1951年，北京市人民政府授予先生"人民艺术家"的称号。北海仿膳饭庄是专门制作宫廷菜和糕点的著名餐馆，1925年由清宫厨官赵仁斋邀请御厨合作开办。仿膳这个特殊创业，对老北京旗人有特殊的号召力，邓友梅先生描写旗人生活的名篇《那五》中有个细节很能说明问题：偶尔吃顿炸酱面，他得把肉馅分去一半，按仿膳的做法单炒一小碟肉末夹烧饼吃。"仿膳"系老舍先生题写。

李苦禅（1899—1983），著名画家，曾任中央美术学院教授，中国美术家协会理事。擅画花鸟，阔笔写意。北京菜市口鸿兴楼，据传开业于清嘉庆道光年间。李苦禅为饭店题写匾额。

刘开渠（1903—1993），著名雕塑家。20世纪50年代，领导天安门广场人民英雄纪念碑浮雕的创作工作，并创作其中的《胜利渡长江解放全中国》《欢迎解放军》等浮雕。北京琉璃厂艺海楼书画装裱服务部、北京聚墨楼文化艺术有限公司有刘开渠题写的匾额。

舒同（1905—1998），著名书法家，参加过红军长征，曾任中共山东省委第一书记，陕西省委书记，解放军军事科学院副院长，中国书法家协会第一任主席，中共中央顾问委员会委员。毛泽东主席称他"红军书法家、党内一支笔"。琉璃厂来熏阁旧书店创办于1912年，20世纪80年代舒同题写匾额。（附言：舒同创作的"舒体"是最早进入电脑录入汉字系统的个人风格字体。）

李可染（1907—1989），现代著名画家，曾任中央美术学院教授，全国政协委员，中国美术家协会副主席，中国画研究院院长。北京琉璃厂东街振寰阁古玩店、槐荫山房、承古斋三店系由李可染先生题写的匾额。

吴作人（1908—1997），著名国画家，曾任中央美术学院教授、名誉院长，中国美术家协会主席。北京琉璃厂韫玉斋有吴作人题写的篆字匾额。琉璃厂东街的文房四宝堂，由李福寿笔庄、吴文魁笔庄、清秘阁纸店组成。吴作人题匾。

启功（1912—2005），著名书法家、书画鉴定家，曾任北京师范大学教授、故宫博物院顾问、国家文物鉴定委员会主任委员、中国书法家协会主席、中国佛教协会常务理事。启功先生题写的店家匾额很多，如中华老字号"同仁堂"。此外，鸿宾楼餐馆、新丰楼饭庄、致美斋饭庄、四联理发店以及很多老字号书店画店、纸笔店，如徽德斋、泉友斋、海王村市场、汲古阁茶苑、荣宝斋大厦、正品大观、首博画店、中国书店画廊、汪六吉宣纸、安邦笔庄、景瀚斋、曹氏宣纸等，也都留下了启功先生墨宝。

二、各界名人为老店添彩

翁同龢（1830—1904），近代著名政治家、书法艺术家，曾任清光绪年间军机大臣兼总理各国事务衙门大臣，同治、光绪两代帝师。北京琉璃厂街书画及刺绣的老字号宝古斋匾额，据传从翁同龢手书古玩店"赏古斋"匾改字而来。

陆润庠（1841—1915），清同治十三年（1874）状元，清末民初著名书法家。北京琉璃厂街著名书画店荣宝斋、古玩店韵古斋都有陆润庠题写的匾额。

吴佩孚（1874—1939），直系军阀重要将领。中华老字号盛锡福帽店开业于1937年，牌匾为吴佩孚题写，并沿用至今。

爱新觉罗·溥杰（1907—1994），末代皇帝溥仪的同母弟，全国政协文史资料研究委员会专员、全国人大常委会委员、全国人大民族委员会副主任委员、中国书法家协会名誉理事。著名的清真餐馆鸿宾楼、瑞珍厚，鲁菜餐馆"同和居"，素菜馆"全素斋"，烤肉馆"烤肉季"，广式饭馆"大三元酒家"，又一顺、泰丰楼、新丰楼、同和居、马凯等餐厅等都有溥杰先生题写的匾额或条幅。

三、女性题写匾额弥足珍贵

关于匾额题写者，我们必须着力补充一笔的是那些题写匾额的女性。中国社会的传统教育中，一直存在严重的重男轻女意识。女性即便生于长于书香门第，家境宽裕，也未必能够获得与男性平等的受教育机会。这种不平等现象甚至得到了个别知识女性的认可。《红楼梦》中薛宝钗就是这样的人物。第四十九回"琉璃世界白雪红梅 脂粉香娃割腥啖膻"描写香菱学诗，是全书非常精彩的一段。香菱本是个被拐骗的女孩儿，异常聪颖。来到大观园，羡慕贾府众姐妹的诗词文化素养。她未来的小姑薛宝钗诗词功底极好，但并不主张女孩子要认真学习文化，看到香菱和史湘云探讨诗词即大泼冷水：一个女孩儿家，只管拿着诗作正经事讲起来，叫有学问的人听了，反笑话说不守本分的。薛宝钗本人平日倒是在针线活计上颇下功夫，其实她对针线女红也看得很透，第六十四回"幽淑女悲题五美吟 浪荡子情遗九龙佩"中，宝玉得到了黛玉的诗作，还未曾看，薛宝钗就大发议论：自古道："女子无才便是德"，总以贞静为主，女工还是第二件。其余诗词，不过是闺中游戏，原可以会可以不会。咱们这样人家的姑娘，倒不要这些才华的名誉。这位青年知识女性的教育观真的非常可怕，又有几分可悲。

有了这样的社会文化教育观，女性学习文化受教育当然困难重重，女性走向街头题写匾额就更是难觅。北京作为特大城市，大小店铺遍及大街小巷，难得见到女性墨宝。中华人民共和国成立以来，国家副主席宋庆龄在1962年和1966年，两次为王府井新中国儿童用品商店题写匾额。这在北京的商业文化中，实在有开创性的意义。20世纪80年代，全国政协副主席康克清为前门外大栅栏街前门妇女服装店题写店名。老舍先生夫人、著名书画家胡絜青女士为前门外老舍茶馆题写店名。

四、几家特殊的店铺匾额

所谓特殊是指历史上有多位知名人士为同一家店铺题写匾额。北京是首都，是特大规模城市，知名人士云集于此，多人在不同时间为同一家著名老字号题写匾额也是合乎情理的。当然，北京又是政治中心，它经历的政治风雨要多于其他城市。这种情况也会影响到老字号匾额的题写。我们试举几例。

首先看荣宝斋。荣宝斋是著名书画古玩老店。300年来，文人墨客多频频来此，或购物，或鉴赏，完全可以用"驰名中外""享誉海内外"来形容。如此资深老店，出售的又是文化用品，当然就吸引了众多书法大家。晚清同治年间状元、著名书法家陆润庠为荣宝斋题写匾额，现仍然保留完好。新中国成立后著名画家徐悲鸿，著名书法家郭沫若、启功都曾为荣宝斋题写匾额。

同仁堂是全国最具影响力的中药店。同仁堂最早的匾额是康熙四十四年（1705）壬戌科状元孙岳颁题写。现匾额是启功先生题写的。

张一元茶叶店第一块匾额为清末进士冯恕所题，1982年书法家董石良重新题写了匾额。

鸿宾楼是清咸丰年创办于天津的著名清真菜馆，第一块匾额是开业当年两榜进士于泽久题写。20世纪50年代迁入北京。1963年，郭沫若先生题写了第二块匾额。20年过后，启功先生又为饭庄题写第3块匾额，溥杰先生写了"芙蓉"堂号赠送鸿宾楼。

中山公园来今雨轩创办于1915年，是著名茶楼和餐厅。它共有3块牌匾：第一块是创办初期徐世昌（1855—1939）题写。徐世昌，光绪十二年（1886）进士，1918—1922年任中华民国总统。第二块是1971年周恩来总理提议邀请著名教育家、学者、书画艺术家郭风惠先生（1898—1973）题写的，目前保存在饭庄。第三块是1983年赵朴初先生应邀题写，悬挂至今。

第三节　北京老字号名称的选字特色

字号既然是商家自我宣传的重要形式，是"名片"，它就不能不看重内容。由内容不当、用字欠妥造成的损失，无论多么高明的书法家、多么精美的匾额制作也难以弥补。字号就那么三五个字，没有闪展腾挪的余地，必须字字计较。相传清代有人曾排出老字号常用的一些表示生意兴隆、顺利、长久、如意的字，称为"字号诗"，即

> 国泰民安福永昌，兴隆正利同齐祥。
> 协益长裕全美瑞，合和元亨金顺良。
> 惠丰成聚斋发久，谦德达生洪源行。
> 恒义万宝复大通，春康茂盛庆居堂。

当然，这种概括很难做到全覆盖，还有另一个版本：

> 顺裕兴隆瑞永昌，元亨万利复丰祥。
> 春和茂盛同乾德，谦吉公仁协鼎光。
> 聚益中通全信义，久恒大美庆安康。
> 新泰正合生成广，润发洪源福厚长。

两个版本各56个字，大部分重复，扣掉重复的字，共计67字。

"字号诗"的概括来自店铺字号的真实用字，并非杜撰。我们不能因为北京有些传统老店的店名用字不在其中就否定这"字号诗"的价值，它毕竟是我们认识字号用字特点的向导。就老北京著名字号来看，自2006年商务部实施"振兴老字号工程"并开展"中华老字号"认定工作以来，截至2018年，北京市共有吴裕泰茶叶股份有限公司等百余家企业榜上有名。这百余家老字号的名称用字中，"字号诗"能覆盖的却并不像我们预想的那样多。这也可以视为北京老字号的一

个特点。

67个"字号诗"用字，在北京中华老字号中出现的次数以"顺"为第一名，高达7家。它们是：东来顺、南来顺、西来顺、又一顺、大顺斋、顺德西、龙顺成。对北京餐饮行业稍有了解的人一望而知，"顺"字如此之多，应该"归功"于第一个"顺"——"东来顺"。东来顺开业于1903年，其他几个"顺"就晚了很多年：西来顺1930年，南来顺1937年，又一顺1948年。北京餐馆太多，竞争激烈，能够顺利长年营业就很不容易，所以"顺"实际上最为妥帖准确地表达了商家的企盼。有东来顺开店在前，它又确乎比较顺，那么后来者当然就效仿，以至南来顺问世后，老北京就有了"老三顺"的说法。在"老三顺"之后的又一顺，位于西单路口，地理位置上不在城区北部，所以不能称"北来顺"。更重要的是，它并非"老三顺"之外的另一家饭馆，而是东来顺分支。东来顺饭庄创始人丁德山，在成功经营将近30年之后，积累了足够的资金和经验，于1930年之后陆续开设了天义顺、永昌顺和又一顺，它们与东来顺合称"四大顺"。其中天义顺和永昌顺，主要经营酱园、副食、粮食；只有又一顺是饭庄，在经营上保持了东来顺的传统。称"又一顺"，一是借老店东来顺的名声，二是避开了在字面上与"东来顺""南来顺""西来顺"比肩，低调又不失新的寓意寄托，非常得体、恰当。饭店开张后，北京有"东来西去又一顺，南来北往只一家"之说。饭店创始人丁德山出身贫寒，幼时受教育程度不高，且不论他的经营策略，单是语言文字的应用能力也堪称上乘。

北京老字号名称用字还有一个特点，就是"字号诗"里那些相对招摇、高调的字，使用次数很少，甚至不用。例如在两个版本的"字号诗"里都出现的也是被今人非常看好的"发""万""达""金"等字，老北京字号就一次也没有使用。这一点对我们认识北京老字号甚至北京城市文化都很有参考价值。

另外有两个字也很能说明问题。一个是"亨"，"亨"是顺利通畅的意思。但北京老字号不用。北京有一家很有名的钟表店，叫"亨得利"，也是老字号，但并非北京本土商家。亨得利钟表店1915年始创于江苏镇江，创始人是王光祖，浙江定海人。1927年亨得利进京。"亨"就是通，但北京方言里没有这个词。"万事亨通"只是个书面语的词，北京本地口语不说。江浙一带，"亨"可能是比较通行的。我们看到"亨得利"，很自然想起鲁迅先生笔下的"咸亨酒店"。鲁迅是浙江绍兴人。"亨"字虽是吉利，但历来不被北京本地商家看重。相比之下，北京商家更喜欢用"顺"，如上文所说东来顺、西来顺等。"顺"是北京口语的词，是大家常用的。

另一个是"利"。商家当然要追求利润，但是"利"在北京老字号中也很少用。在我们找到的中华老字号名称中，只有一家用到这个字，就是义利食品厂，取"重义薄利"之意。义利品牌产品还有糖果、饼干等等，以面包最为突出，在北京消费者中有极高的评价。而义利品牌也不是北京本土的，且有很深的西方文化背景。它最初是1906年由英国人詹姆斯·尼尔在上海创办的义利洋行。1951年义利从上海迁京。2001年，义利与外商合资成立北京义利面包食品有限公司。

老北京不太看重"发""金"等等过于彰显钱财的字，同时，老北京字号还有自己的偏好。比较突出的是"一"。北京百余家中华老字号中，带"一"的有五家，其中四家是："都一处烧卖馆""又一顺饭庄""张一元茶庄""一得阁墨汁"。前两个上文已有交代，不再赘述。张一元茶庄是北京著名老茶叶店，安徽歙县人张文卿于清光绪三十四年（1908）所创。张文卿年轻时来到北京荣泰茶庄学徒，后独立经营茶叶摊。他根据北京本地人口味，进行窨制、拼配，形成具有特色的小叶花茶。这种茉莉花茶窨制技艺被列入国家级非物质文化遗产保护项目。店名"张一元"取"一元复始　万象更新"之意。"一元复始"语出十三经之一的《公羊传·隐公元年（公元前722）》："元者何？君之始年也。春者何？岁之始也。"一得阁墨汁为湖南湘乡人谢崧岱（1849—1898）所创，距今已有100多年的历史。谢崧岱在同治年间来京参加科举考试落第，深感考场上临时研磨墨汁相当麻烦，占用时间过多，影响答题的连贯，耽误考试。他反复钻研，选用油烟，加上各种辅料，研制成了书写功能与现场研磨墨汁同等的即用墨汁，上市后大受欢迎。谢崧岱于是创办了专门生产墨汁的作坊，亲自题写"一艺足供天下用，得法多自古人书"的对子，"一得阁"店名和匾额都由此而来并沿用至今，匾额至今保存完好，仍挂在北京琉璃厂东街。北京商家虽然匾额数量难以胜数，但是这种不靠名人，店主自己创业、自己题写匾额且获得社会好评，经过百余年还在使用的匾额在整个北京商界实属难得，用"凤毛麟角"来形容也绝不夸张（见下图）。

北京老字号还有第五家带"一"的："壹条龙饭庄"，只是换成了大写，不过字面上的替换更能突出店名特色。这家老店原名"南恒顺羊肉馆"，创建于乾隆五十年（1785），位于前门大街，是北京比较早的清真涮肉馆。创办人姓韩，山东禹城人。相传光绪二十三年（1897）光绪帝慕名而来，由此饭店改名为"壹条龙"。用"壹"不用"一"，当然是为了显示天子的至尊无上。1921年，前清工部笔帖式（大致相当于今天的秘书）杨铎声题写了"壹条龙"牌匾，正式挂在门头至今。"羊肉馆"的牌匾和相传当年光绪皇帝曾经用过的铜锅现仍在店内珍存。

在全国范围内，提及老字号，人们总是看重北京。事实上也的确如此。商务部命名的"中华老字号"以北京份额为最大。但是严格追寻，北京老字号身后有着大量的外埠文化。首先，创始人中除个别店外，绝大部分是外埠人士或者祖上是外埠人士。例如全聚德创始人是河北冀州杨全仁，东来顺创始人是河北沧州丁德山，同仁堂创始人乐氏的祖籍浙江宁波。有些老字号名称本身就带有外埠印记。如曲园酒楼，北京著名传统湖南菜馆。它的前身是湖南长沙曲园酒家。曲园酒家于1911年开业，位于长沙市小四方塘。因此地在黄翰林的公馆花园内，园内小路弯曲围绕水塘，故名"曲园"。中华人民共和国成立以后，曲园进京，以地道的湘菜赢得北京消费者赞誉。峨眉酒家，著名川菜老字号餐馆，20世纪50年代来到北京。"峨眉"当然是四川峨眉山，在这里代指川味。西安饭庄，位于西城区新街口南大街东侧，是北京著名的西安风味饭馆，20世纪50年代特聘西安市老字号厨师料理。店名"西安"直接表现出饭馆特色，也叫"老西安饭庄"。华天延吉餐厅是北京一家专营朝鲜风味菜肴的老字号，以朝鲜冷面著称。"延吉"本是地名，这里用来表示饭店特色。店名上更为开阔的是中国照相馆。这是上海一家老字号，江苏人吴建屏始创于1937年，1956年迁到北京王府井大街南口路东。周恩来总理等党和国家领导人多次来此照相。"中国"二字就更不是北京本地文化能够涵盖的了。

当然也有用北京本地地名作为字号名称用字，例如大名鼎鼎的"北京饭店"，还有"隆福寺小吃店"。位于北京东四附近的隆福寺与西城区的护国寺齐名。又如"牛栏山二锅头酒"，牛栏山在北京顺义区北部，二锅头酒是北京传统白酒，牛栏山二锅头历史悠久，影响很大。

老字号名称用字中还有新中国红色文化：北京红星股份有限公司。其产品"红星二锅头酒"影响极大。所谓二锅头酒，是北京也是北方各地非常有影响的一种烧酒，度数较高，浓郁香醇，至少可以上溯到元代，旧时俗称"烧刀子"，因为工序问题，正式名称是二锅头酒，即蒸制时的第二锅。1949年，中央人民政府批准"红星"品牌收编了老北京几家著名的老字号"龙泉""同泉涌""永和成""同庆泉"等等，当年九月生产出第一批红星二锅头酒，迎接中华人民共和国成立，投放市场后深受欢迎。

第四节　北京老字号名称的文字结构

除去前面分析过的"顺"字之外，"字号诗"其他各字在北京百余家中华老字号名称中使用的频次是："斋"7次，如月盛斋；"居"5次，如同和居；"堂""大""和"都是4次，如同仁堂、大北、仁和；"德""隆""益""安""元""同""春"各3次，如德寿堂、懋隆、精益、永安堂、张一元、同升和、稻香春；"福""永""祥""全""丰""聚""宝""盛""仁""新""厚"各2次，如天福号、永丰、瑞蚨祥、全聚德、丰泽园、马聚源、荣宝斋、盛锡福、同仁堂、新路春、成元厚；"泰""兴""正""利""长""美""成""谦""义""通""瑞"各1次：如吴裕泰、天兴居、正隆斋、元长厚、工美、成元厚、谦祥益、义利、通三益、瑞蚨祥。

两版"字号诗"里不重复的字67字在北京百余家中华老字号用字中，并非全部出现，实际使用的只有36字，在全部67字中只占到53.7%。这36字一共出现了87次，平均每字2.4次，又以"顺"和"斋"为最多，每字7次。但是"顺""斋"二字是不可以相提并论的，因为它们在字号中所处的地位、起到的作用是大不同的。我们不能笼统地把字号的全部用字一样看待，要有所区别。

谈及这个问题时，一般用"专名（也有叫"属名"的）""业名""通名"这三个名词来区别。专名是指某个字号所特有的区别于其他字号的名词，例如"全聚德"。业名是指某个字号所从事的业务类型或经营范围，例如"烤鸭"。通名是字号本身的单位性质，例如"店""堂""铺"之类。这样，"全聚德烤鸭店"的组成就是"全聚德（专名）+烤鸭（业名）+店（通名）"。很明显，店名的这三段中，最能表现店的特点、店的经营理念和店主企盼的，就是位于第一段的专名。如果这个店经得住考验，在消费者中有了良好印象，那么专名后面的业名和通名就常被省略，例如我们很少说"全聚德烤鸭店"而只说"全聚德"，"吃全聚德去"意思就是去全聚德店吃烤鸭。

有了专名、业名、通名之分，我们就可以看到，虽然"顺"和"斋"在北京老字号名称中出现次数同样很高，但"顺"为专名，寄托了店主的企盼：盼望店里生意顺顺当当的。而"斋"字的地位就比较为难。"斋"是房屋的意思，特指书房或者学校的房舍。这样的房屋相对普通住房来说，干净、整齐、雅致。在这个意思的基础上，"斋"也常常用于商店名称，显出高雅不俗，最典型的莫过于字画古玩店"荣宝斋"。"斋"的这种高雅色彩当然不会被商家忽略，所以"斋"用于商家字号也就很多。严格说起来，"斋"跟"店""楼""庄""堂"都是一样的意思，用在店名上都是出现在尾部的通名。例如老字号"致美斋"，这是一家创办于清嘉庆年间的山东餐馆。店名中，前面的"致美"二字应该视为专名，后面的"斋"是通名。这"致美斋"和"全聚德烤鸭店"不同："全聚德烤鸭店"中有"烤鸭"，是业名，告诉我们这个店的经营方向或范围；而"致美斋"只有专名和通名，没有业名。随着时间的推移，城市管理日益正规化，这种缺少业名的店名也渐渐被改进，所以现在的"致美斋"全名是"北京致美斋饭庄"。这样一改，后面的"饭庄"就成了业名，前面的"致美斋"三字作为专名了。换句话说就是，"斋"从通名向前移动到专名之中了。北京百余家中华老字号带"斋"字的共有：桂馨斋、月盛斋、步瀛斋、荣宝斋、正隆斋、大顺斋、全素斋。这7个"斋"中，食品占5个，文物字画占1个，鞋业占1个。有意思的是这5家食品企业，没有一个是餐馆，桂馨斋是酱园，月盛斋是清真牛羊肉店，大顺斋主营糖火烧，正隆斋和全素斋都是素食店。

同"斋"字一样性质的还有"居"和"堂"，使用次数也不少。带"居"的有：六必居、柳泉居、砂锅居、同和居、天兴居；带"堂"的有：同仁堂、永安堂、鹤年堂、德寿堂。很明显，带"居"的除六必居是酱菜厂，其他都是餐馆；带"堂"的都是药店。"居"本来的意思是居住，引申为住的地方，也就是房屋；"堂"是比较高大的房屋。"同和居""同仁堂"中，"居""堂"本来都是通名，前面的"同和""同仁"是专名；随着时间推移，店家名气越来越大，整个"同和居""同仁堂"就整体成为专名，后面再追加业名和通名，于是就有了"同和居饭庄""同仁堂药店"这样"专名+业名"的全称。

除"斋""居""堂"之外，老字号名称中表示建筑物的字还有"园"：曲园、同春园、丰泽园；"轩"：戴月轩、来今雨轩；"馆"：听鹂馆；"楼"：鸿宾楼；"阁"：一得阁；"坊"：便宜坊；"房"：浦五房。放宽一点，还有"村"：稻香村、桂香村。过去北京餐饮业有所谓"八大楼"之说，指八家著名的山东风味菜馆，即"东兴楼、泰丰楼、致美楼、鸿兴楼、正阳楼、新丰楼、安福楼、春华楼"。

整个字号中，最重要、最彰显个性的当然是专名部分。北京的这些老字号用词文化内涵丰富，当然也就是表现在这部分。专名在内容上表达了企业经营特色、经营理念，表达了商家的内心企盼。在创作来源上有以下这几种类型。

第一种是借用古代典故或者成语，例如"鸿宾楼"借《礼记·月令》"季秋之月，鸿雁来宾"语句，"张一元"取"一元复始"，语出春秋三传的《公羊传》。更具文人色彩的是中山公园内的"来今雨轩"饭庄。店名取自唐代诗人杜甫的诗作《秋述》。杜甫来到京城长安，受唐玄宗赏识。有人争着与他结交。不久，诗人仕途坎坷，这些朋友也就不再与他来往。天宝十年（751），阴雨连绵，杜甫贫病交困，却有魏姓朋友冒雨前来看望。诗人感动之余，作诗《秋述》，表达感激之情。诗前小序有："秋，杜子卧病长安旅次，多雨生鱼，青苔及榻，常时车马之客，旧雨来，今雨不来。"意思是交友要重在情谊。由此，"旧雨""今雨"就代称老朋友、新朋友。"来今雨轩"就是结交朋友聚会一堂的意思。鲁迅先生曾多次来这里饮茶读报，与朋友聚会。1921年，现代中国文学史上极负盛名的团体——文学研究会即成立于此。

第二种是借用地名，如颐和园内听鹂馆餐厅因为就在颐和园听鹂馆，直接借用"听鹂馆"三字；丰泽园饭庄因为在开业前商讨时借用了中南海丰泽园为场地，于是就以该地"丰泽园"作为字号用词；白塔寺药店位于白塔寺附近，直接借用地名作为店名。

第三种是借用他人店名然后巧妙改装，如大名鼎鼎的"全聚德"。创始人杨全仁盘下了一家名为"德聚全"的店铺，改作自己的烤鸭店，店名就是把"德聚全"三字顺序颠倒过来，就成了今天的"全聚德"。

第四种是店家创新。这里又有文白之分。像"同和居"，取"同怀和悦"之意，即欢聚一堂，共享和悦，这个就是文言色彩较为浓厚的形式了。"一得阁墨汁"品牌名出自店主自创的对联"一艺足供天下用，得法多自古人书"，这个就更具文人气质。相比之下，"月盛斋"取"月月兴盛"之意，这个就比较贴近白话，容易理解。

第五种是以创始人姓名为店名。最突出的是戴月轩笔店。创始人姓戴名斌，字月轩，于是就直接用"戴月轩"做了店名。当然这里有个巧合，即"轩"字本身在古代汉语就指一种有围棚或帷幕的车，后来引申为有窗的廊子或小屋子。这个字拿来做店名，尤其是笔店，实在是再合适不过了。"马聚源"鞋店、"王致和"臭豆腐，也是直接使用创始者姓名，不过都不如"戴月轩"巧妙雅致。其他用店主姓氏作为店名的，因为经营的是食品，价格低廉，就显得平民化，如"馄饨侯""爆肚儿冯""小肠儿陈""烤肉宛""烤肉季"。它们都是在经营的品种名称后加上店主的姓。"白魁老号"是创始人姓名加"老号"，也是这个路数。"王麻子"有点另类，姓氏加生理特征，不过这不是店主自己有意为之，而是同行和顾客命名的，可以说在所有北京老字号名称用字中这是最为土俗的一个，但也显得独具个性，效果挺好。

第五节　国民经济发展与字号名称变更

"国民经济"这个题目似乎过大，但确实与你我他，与百姓的开门七件事紧紧地连在一起。今天五十岁以上的人都还记得，20世纪六七十年代的北京商家，尤其老字号，经历了怎样的疲软与萧条，进入80年代以后又是怎样的再次兴盛。八九十岁的长者都能说出，50年代中华人民共和国成立初期北京商家老字号迎来了怎样的繁荣。本书的内容不是关于经济学的，从本书关注的范围说，北京商业几十年间的起起伏伏，从商家字号名称上的演变上就可见一斑。换句话说，北京商业店铺名称用字的演变，在很大程度上，是商业服务业也是国民经济起伏状况的一个"示波器"。我们可以分几个阶段来回忆对比。

一、老字号与中国传统经济形态

今天所谓的老字号，例如商务部发布的"中华老字号"，大部分是民国以前创办的，其中以清代为主。清代又是以晚清19世纪同治光绪年间为多数；而所谓康乾盛世，即17世纪中后期到18世纪末的130年左右，并不是很多。总体来看，这些老字号创业的年代，国民经济形态比较复杂、多样，既有封建生产方式的主要形式——地主制经济，又有小农经济。经过清代初期、中期的社会发展，商品经济有了可观的积累，这在很大程度上拉动了城市商业服务业，商家字号纷纷问世，例如我们熟悉的"同仁堂""全聚德"等等。从名称上看，这段时间创办的字号，用词非常多样化，表现出的文化内涵都在中国传统文化范畴之内，如平安、吉祥、顺利、通畅、发达等。这些我们在前面已经多有叙述和分析，这里不重复。

二、计划经济体制下的字号用名

20世纪50年代中期，新中国百废待兴。为尽快修复多年战争给国民经济带来的创伤，发展社会主义国民经济，党和政府完成了包括工商业在内的社会主义三大改造，确立了社会主义计划经济，我国从此进入社会主义初级阶段，北京商业服务业有了充分的发展。一些濒临倒闭的老字号，在新社会安定的生活环境和相对丰富的物资条件中，恢复元气并且有了长足发展。同时，为方便广大市民生活，在政府安排下，大街小巷之中，或开新店，或老店更新，大批副食、百货、粮食、燃煤等等跟日常生活关系紧密的店铺纷纷出现，商业和服务业呈现新貌。在这种由政府领导布局的商业环境中，商业务工人员都属于全民或集体所有制企业员工，商家货源和价格都是政府统一安排的。商品价格统一，消费者不必担心各店价格差异，商品供应有最基本的保障。

但是另一方面，过度的政府管控也导致了商业竞争氛围明显降低甚至消失，因为经营的好坏与职工收入高低没有关联。这种局面对商店店名也产生了极大的影响。原有的"专名+业名+通名"结构中最重要的一部分——专名变得无足轻重，因为是计划经济，商店的业务活动本质上都是政府对市民生活供应工作的一部分，各店之间只有地理位置和营业规模的不同，没有商品质量与价格的竞争。同时，商品总量不足，市民能够买到每月供应的维持日常生活所需就已经满足了。"同仁堂""东来顺""瑞蚨祥""内联升"这类宣传文字已经没有存在的意义了。除沿袭几十年、上百年的著名老字号外，新建的或者从公私合营改造而来的新店，都采用了最一般化的命名方式：地名+业名+通名。我们试举几例。

计划经济时代，北京最著名的百货商店应该是王府井大街的百货大楼。它成立于1955年，有"新中国第一店"之称，规模巨大，商品丰富，建筑宏伟，各方面堪称一流。它的全称是"北京市百货大楼"，从商业角度看，这个店名真是毫无特色可言。这样结构的名称不单北京一地，全国各地都有，例如著名的"上海第一百货商店"，俗称"上海一百"。北京在计划经济年代，与王府井百货大楼并列的还有东安市场、东四人民市场、西单商场。这里"东安市场"沿袭了旧名，因为它不是50年代以后新建的。"西单商场"与北京百货大楼一样，用地名来命名。东四人民市场建于1952年，中华人民共和国刚刚成立，那时"人民"二字用于商家店名，对于一般市民来说还是很新鲜、很有吸引力的。但它毕竟不是专名也不是业名，很难广泛使用。

与这些大商场比，遍布大街小巷的规模较小的商店，店名就更加简单，都是地名+业名+通名。例如"新街口百货商场"，俗称"新百"，至今还常在北京电视台节目亮相。它的经营品种和经营方式还有六七十年代的特色，由此颇具吸引力。跟"新街口百货商场"名称结构一样的还有不少，如"菜市口百货商场"，俗称"菜百"，今天以黄金首饰经营而颇具知名度。几十年前，东城区的"北新桥百货商场""地安门百货商场"，宣武区的"永安路百货商场""虎坊路百货商场"，崇文区的"天桥百货商场"，等等，都是这种名称结构。

在吃的方面，北京在计划经济年代同样有号称四大商场的，即东城区的"东单菜市场""朝阳门内菜市场"，西城区的"西单菜市场"和原崇文区（今属东城区）的"崇文门菜市场"。在计划经济年代，衣食住行中当然是食最重要，所以这四大菜市场的影响其实超过了王府井百货大楼。四大菜市场的名称都是清一色的地名居首。这些菜市场名曰"菜"，其实经营范围很大，凡是与食品相关的，除去粮食，无一不有：猪牛羊肉，鱼类，鸡蛋，油盐酱醋调味料，豆腐及各色豆制品，青菜水果，糕点烟酒，等等。这些都是与所有家庭日常生活关系极为紧密的。在计划经济年代，这些商品有个统称，叫作"副食"，所以经营这些商品的店，通常并不叫"菜市场"，而是叫"副食品商店"。中华人民共和国成立前的老北京，这种店有个更通俗的叫法——"油盐店"。由于油盐店经营的都是居民每天不可或缺的东西，所以生意一般不会太差，于是就有一句老话儿来形容："没有不开张的油盐店"。油盐店以后就演变为"副食店"。

副食店经营的商品都是每天生活中离不开的，所以店的数量就远大于百货商店，几乎隔不到几条胡同就必有一家，地点也比百货店更加接近居民区。每个店的规模也不很大。有些规模很小的副食店干脆就在胡同内，它的左邻右舍就是居民院落。年深日久，这些店已经成为居民的邻居了。这样规模的店，在统一配货、统一销售价格的管理体制下，就更没有必要给自己配上一个特色鲜明的专名。用地名来命名，确实既方便附近居民又便于各店之间彼此区分。于是，大大小小的街巷胡同中，就有了许许多多的"×街/胡同副食店"。这样的店维持至今的当然已经很少，东城区鼓楼附近的赵府街副食店是其中之一。它设置于1956年，时至今日已经一个花甲了，生意依然很好，慕名而来者众多，网络上也有很大的知名度，被网友称为"坚守的""北京最后一家的"等。"赵府街副食店"就是当时的标准店名结构"地名+业名+通名"。

赵府街副食店，位于北京市东城区安定门内赵府街67号，1956年开始营业至今。这种店内店外保持几十年前面貌的国营副食店现在极为罕见

在计划经济的年代，同仁堂、全聚德等等老字号依旧经营，政府也多方设法帮它们解决一些困难，还从上海、天津等地调入一批老字

号来繁荣北京商业服务业。但由于商品经济不够发达，这些老字号也很难维持昔日的景象。从根本上讲，计划经济体制下，老字号缺少了往日那种商业竞争，而商业竞争是老字号得以诞生和发展壮大的土壤。到了60年代中期，"文化大革命"开始，这些老店名被停用，如"全聚德"改为"北京烤鸭店"，"同仁堂"改为"北京市中药厂"，"东安市场"改为"东风市场"，等等。"文化大革命"结束以后，老字号纷纷恢复传统店名。"北京烤鸭店"式的店名虽然使用时间不过十年，但毕竟是北京商业服务业历史上的一节。

三、改革开放环境下的字号新体

20世纪90年代，中国开始进入社会主义市场经济时代，那种简单的"地名+业名+通名"的命名方式和它们所伴随的计划经济销售模式逐步退出。新店如雨后春笋般涌现，其店名在市场经济条件下，自然回归"专名+业名+通名"的方式，但是与百年前北京老字号的措辞又有很大不同。新时代店名完全不在意"发达""恒久""财富""祥泰"之类传统意义上的吉祥话儿，例如，"郭林家常菜""大董烤鸭店""那家小馆""姚记炒肝店"，以人名为专名；"老北京炸酱面""阳坊涮肉""南门涮肉""基辅罗斯西餐厅"，以地名为专名；"眉州东坡酒楼"，以地名加人名为专名；"金百万烤鸭店""天外天烤鸭店"是表现店家技术高超；"西贝莜面村"是店家将姓氏"贾"

字拆开作为专名，同时与经营的西北风味中"西北"二字谐音。更有只用专名而不加业名和通名的，如"正院大宅门""花家怡园""白家大院""京兆尹"。有些专名在字面上与经营品种完全无关，如"大鸭梨烤鸭店""绿茶餐厅"。有些甚至故意让人猜想的，如"十三不靠""草料厂""很久以前只是家串店""付小姐在成都"等等。

从老字号到现在的时髦新字号，店名演变使我们获得了很多对北京商业演变的具体感受和认识。总体看，店名都是面向社会大众的，都是凸显地方文化的特殊名词，都是社会变迁的镜子。

第六节　与老字号名称相关的语文活动

汉语言文字有很多灵活的运用形式。对于老字号来说，除请名人书写匾额之外，另有一些与老字号名称或经营历史、服务特色相关的语文活动，也是非常值得我们关注的，例如藏头诗。所谓"藏头诗"，常见的就是每个诗句的首字相连能成为一个独立的诗句，这个诗句才是作者要表达的真实意义。这种形式也被人们用来称赞北京的老字号服务质量。

1963年的某一天，郭沫若先生来鸿宾楼饭庄用餐，题写了一首藏头诗：鸿雁来是风送暖，宾朋满座劝加餐，楼台赤帜红于火，好汉从来不畏难。每句第一个字连接起来就是"鸿宾楼好"，现在此诗句书法作品仍悬挂于客厅之内。2009年，中华老字号柳泉居饭庄进入北京市非物质文化遗产保护名录，中国食品科学技术学会副理事长、中国食文化研究会副会长、北京食品协会会长李士靖先生为饭庄题写藏头诗句：庆贺老点餐业兴，柳荫酒馆享盛名，泉涌京畿成古迹，居民期盼永传承。每句首字相连就是"庆柳泉居"。

另有一种是诗句中暗含老字号名称，例如郭沫若先生在北京著名川菜馆力力餐厅用餐后题写诗句：盘中粒粒皆辛苦，席上盘盘出火炉，食罢常思来不易，鼓足劲头莫踌躇。其中巧借古人诗句"粒粒皆辛苦"中，"粒粒"与餐厅名字"力力"的谐音。

周恩来总理曾多次邀请北京两大著名老字号烤鸭店全聚德和便宜坊接待外国来宾。1957年3月，周总理来到全聚德，出席北京市彭真市长为欢迎西罗基总理率领的捷克斯洛伐克政府代表团而举行的宴会。周总理向来宾解释"全聚德"三个字的含义：全聚德三个字文意上佳，全，全而无缺；聚，聚而不散；德，仁德至上。1958年，总理来到便宜坊店用餐，赞不绝口，以"便利人民，宜室宜家"八字为字号做出新的解释。[1]

汉语中有用数字来概括同类事物的表达习惯，如"三大纪律""燕京八景"等。这种表达方式适用于重要同时又字数较多的内容。北京餐饮业发达，老字号多，所以就产生了用数字概括著名餐馆的表达方式，例如著名的"八大楼"。这"八大楼"指八家著名鲁菜风格的餐馆，在老北京餐饮业和消费者心中享有极高的威望。具体说是：东兴楼、泰丰楼、致美楼、鸿兴楼、正阳楼、新丰楼、安福楼和春华楼，多分布在前门外大栅栏一带。东兴楼，开业于清光绪二十八年（1902），1944年12月停业，位于东安门大街路北。泰丰楼，开业于清同治十三年（1874），位于大栅栏煤市街。致美楼，开业于明末清初，原为姑苏菜馆，位于前门外煤市街。鸿兴楼，是一家以饺子出名的老字号，早年于菜市口开业经营。正阳楼，开业于清咸丰三年（1853），位于前门外肉市南口。新丰楼，清光绪年间开业于虎坊桥香厂路口。安福楼，开业于1940年，先在王府井，后在朝外关东店重新开业。春华楼，位于和平门五道庙。另有一楼为后起之秀，即萃华楼，开业于1940年，位于王府井八面槽，今迁至东华门大街路北。

① 全聚德第五代传人杨宗满：《对客人要诚、信、真》，在国家食品药品监督管理总局主办、中国经济网和新华网联合承办的"老味道、老故事、老品牌——坚守诚信的力量"研讨会上的发言，中国经济网，http://www.ce.cn/cysc/sp/info/201405/22/t20140522_2857606.shtml。

第四章

北京方言中的饮食文化

"民以食为天"这句话出自汉代司马迁的《史记》，原话是"王者以民人为天，而民人以食为天"。这虽然是两千多年前的文言，但是今天人们读起来还是完全能理解。类似的北京土语有"人是铁饭是钢，一顿不吃饿得慌"。文言也罢，土语也好，饮食的重要性可以说是不分古今中外，全人类一致认可的。就北京而言，作为全国的中心大城市和北方最大的消费城市，它的饮食文化当然是以北方餐饮习惯为主，同时也兼容了南北方各地的饮食特色。由于是首都，地处华北北部而与北方游牧民族在历史上有密切往来，千百年来，北京的餐饮文化中又融入了多民族和多地域的元素，在此基础上形成了自己的特色。例如几乎可以作为北京餐饮"名片"的北京烤鸭、涮羊肉和炸酱面，其实都不是直接从北京本地餐饮文化中诞生的。饮食文化的内容既然如此丰富，那么，我们在观察、分析一种语言或者方言时，在对比研究各地语言或方言时，就必须认真考察它们在饮食文化方面的词语，至少要发现其中的异同。同时，通过对比分析这些词语，我们又可以认识到不同语言或者方言所在地的饮食文化历史和特色，认识到相关的地域文化和民族文化，发现许许多多超出我们估计的深层次问题。本章将讨论北京方言中与餐饮文化密切相关的词语，分析其词义、读音、结构、演变以及对应的汉字书写等问题，从语言文字的角度，尝试探寻并分析北京饮食文化的来源与特色。同时，也尽可能把北京方言中记录饮食文化方面的词语与其他方言做出对比，从而更深入、全面地了解北京方言和北京饮食文化。

第一节 北京方言词语中对面食的偏重

北京地处华北平原北端，气候条件使得北京主要种植小麦和玉米，不以水稻为主要粮食作物，尽管历史上的京西稻品质极好。北京自元代以来，作为全国的政治中心、特大城市，人口数量庞大，需要大量粮食，而北京本地及山东、河北一带所产粮食并不足以维持北京城市的每日三餐，所以必须从南方各省主要以漕运方式长年向北京大量运送粮食。这些从南方调运的粮食，当然就以大米为主。日积月累，形成了北京人米面兼顾的饮食习惯。不过总体说来，北京普通居民的一日三餐还是以面食为主，在口味上也偏爱面食。清代夏仁虎《旧京琐记》中的记录是饭以面为主体，而米佐之。这种状况不难解释：一是地理因素。北京处在产麦区，北京市民以面食为主的饮食习惯，不会因为有外埠大米调入就发生根本改变。二是元、明、清三代北京虽然从南方调运大批大米，但主要是用作发给官员的俸米，究竟不能形成京城市民的主要口粮来源。清代以来，南方大米又是发放给数量庞大的八旗兵的俸米，并非广大市民的日常口粮，尽管有八旗兵私下买卖俸米。三是多年来进入北京的外埠人口中，尤其是普通百姓，毕竟是晋冀鲁豫产麦区一带的北方人占了多数。我们从一些民间谚语文字中就可以看出面食在北京日常饭食中的地位。例如对夏季饮食，老北京非常在意三伏天那段时间。因为天气潮湿闷热，食欲欠佳，就特别要注意适当吃些好吃的能够顺畅咀嚼吞咽的，民谚说头伏饺子二伏面，三伏烙饼摊鸡蛋。三个伏，三种对应的食品，都是从面粉上想办法。"冬至馄饨夏至面"，一年中白昼和黑夜时长转换的时刻，北京人想吃的还是面食。从没有听说过伏天应当如何做米饭的谚语。农谚就更直接了，如：头伏萝卜二伏菜，三伏种荞麦，白露早，寒露迟，秋分种麦正当时。

旧历新年，民国以后改称"春节"，俗称"过年""过大年"。这是中国人一年中最重要的节日。早在春节前十数日，甚至更早，人们就忙于做过年的各种准备工作。按照老北京说法，过了农历腊月初八就算进入过节周期了。北京与此相关的民谚是：二十三，糖瓜粘；二十四，扫房子；二十五，磨豆腐；二十六，炖上肉（也有说"炖大肉"或"炖锅肉"的）；二十七，宰公鸡；二十八，把面发；二十九，蒸馒头（也有说"馒首"的）；三十晚上闹一宿；大年初一扭一扭。很明显，直接跟过节相关的主食制作是"把面发"然后"蒸馒头"，可见对面食非常重视。

北京人偏爱面食还有个旁证：把粉末状态的东西称为"面儿"。如"胡椒面儿""花椒面儿""五香面儿""辣椒面儿"等。与之形成对照的是南方多地方言中，管这些粉末状的调味料统统叫作"粉"，如"胡椒粉"等。"粉"字是"米"旁，米经过研磨就是粉。南人好米，北人喜面，由此可见一斑。

一、从北京话看北京人的面条儿偏爱

北京人偏爱面食，各种面食之中，面条儿的地位又是至高无上的。老北京讲究人生有三次重大的面食仪式。第一次是"洗三面"。旧时婴儿出生后第三日要有个仪式，给小孩子洗个澡，亲友来祝贺，叫作"洗三"。这一天，亲友们要吃"洗三"面条儿，祝孩子健康成长，长命百岁。第二次是过生日的"长寿面"。当然，一个人一生多次过生日，这长寿面也就多次食用。最后是"接三面"。人去世后第三日，有祭祀仪式，叫"接三"，家里要用"接三面"招待前来吊唁的亲戚朋友，表示对死者的悼念。北京人喜食面条儿可能与北京的气候有关。北京总体上是北方干旱性气候，不比南方鱼米之乡，较难出产适合做下饭菜肴的青菜鱼虾等。而面条儿对于下饭菜肴几乎没有什么特殊要求，简单的调味汁儿拌一拌就能吃得满口爽滑生香。

北京面条儿的品种很多，最具代表性的、最常见的是炸酱面；再就是打卤面。这"两碗面"几乎占据了北京面条儿的大半江山。侯宝林、郭启儒两位先生的相声名段《抬杠》中有巧用这两种面条儿的精彩对话：

乙：今天这个节目啊是相声。

甲：相声？

乙：啊。

甲：相声这玩意儿怎么吃？

乙：啊，怎么吃？

甲：啊。

乙：一半儿打卤，一半儿炸酱。

甲：好啊，给我来两碗，两碗。

乙：来两碗？

甲：啊。

乙：相声啊，不论碗。

……

　　这段对话里，甲明知故问，非要把相声当成一种吃食不可；乙接过话茬儿：你既然当成吃的东西，我就顺着你说。天下吃食多得是，可乙非要往面食上靠，他用了两样面条儿——"一半儿打卤，一半儿炸酱"，都是北京人居家度日中常见的。我们从当年的演出录音中可以听到观众自然的笑声。

　　外埠朋友谈起北京的面条儿，印象最深的当然是炸酱面，打卤面就次之了。打卤面这种吃法在北京常见，但作为北京特色，它的资质就差了一点。这有几个原因。一是打卤面并非北京"专利"，在山东、山西、河北都很常见，北京打卤面其实是受了山东的影响。二是打卤面操作起来相比炸酱面要费事费时。三是打卤面不容易存放，一次做成的卤，最好是当时吃完，不似炸酱面的酱可以较长时间存放。

　　打卤一般是先用肉煮成汤，肉要切成厚片，加黄花儿、木耳、蘑菇及调味料，最后加入淀粉勾芡，表面再打上一些蛋花，这才制成卤，浇在煮好的面条儿上。蘑菇最好是产自内蒙古的口蘑。这种蘑菇品质上乘，过去都要经河北张家口运到北京，所以叫"口蘑"。北京话的"打"是个多义词，"打卤面"的"打"是搅拌的意思。在打卤时要加入淀粉勾芡，此时需要不断地轻轻地搅拌，使淀粉在锅中均匀分布，防止它凝固成块儿。中国社会科学院历史所研究员定宜庄于20世纪90年代末撰写的《老北京人的口述历史》一书中记载了老北京的一段童谣：我爷爷一吃面条就跟我们说这个："吃面吃面不搁醋，炮打西什库。吃面吃面不搁卤，火烧英国府。"就是那时候流行的俗语。这后半句当然是打卤面了。打卤面很好吃，它诱人到什么程度呢？我们看看老舍先生是怎样传神地给我们描绘的：四虎子对打卤面有种特别的好感，兹要一端起碗来就不想再放下。据他自己说，本来五大碗就正好把胃撑得满满的，可是必须加上两三碗，因为他舍不得停止吸面的响声；卤面的响声只能和伏天的暴雨相比，激烈而联贯。这段文字见于长篇小说《牛天赐传》，"四虎子"是店中的伙计，十几岁，正是身体发育特别能吃的年龄，"兹要"是北京土话，相当于普通话"只要"。老舍先生这个描写实在精彩，吃这种面，必须"武"吃，必须粗犷。李家瑞先生于20世纪30年代撰写的《北平风俗类征》里记录了打卤面的特征是浓汁粗面：南方食面，虽鸡鸭汁，必取清澄，故有提汤之法，宜细面。北俗多尚卤面，必以浓汁，谓之打卤面，细亦非所贵。

打卤面的卤通常用猪肉做，味道醇厚；其实羊肉做的卤，滋味更加鲜美。《儿女英雄传》中，土匪要加害于安公子，还讥讽安公子胆小：你瞧，那厨房院子里有一眼没底儿的干井，那就是你的地方儿！这也不值的吓的这个嘴脸，二十年又是这么高的汉子。明年今日是你抓周儿的日子，咱爷儿俩有缘，我还吃你一碗羊肉打卤过水面呢！

所谓"卤"，如果宽泛地理解，其实就是浇在面条儿上的比较浓稠的调味汁，不一定是打卤面的卤，如用西红柿、茄子等为主要材料也都可以做，这可以叫"西红柿卤""茄子卤"等。这样的食材一般是水分大、纤维质不高、炖煮后比较软烂，适合拌面条儿，好吃，做起来也比较省事。但是这样的面不能叫"打卤面"。

如果对"卤"再放宽一步，那就是是否勾芡。打卤面的卤，不能太过稀薄，所以都要用团粉勾上芡，使之浓稠一些。其实有些调味汁也可以不勾芡，如西红柿鸡蛋、茄子，这些食材都是可以不勾芡的，只要有汁水，都可以拌面吃。老北京还有一种"氽儿面"，不勾芡，没有浓稠的调味汁，在夏季给人一种十分爽口的感觉，可以增进食欲。有时甚至只是简单的花椒、葱花儿、蒜末儿，煸炒后加酱油、盐，也形成调味汁儿，叫"花椒氽儿"。

排在打卤面之后的应该是芝麻酱面。江苏籍作家汪曾祺先生短篇小说《晚饭后的故事》一开场就是这样描述主人公生活的：京剧导演郭庆春就着一碟猪耳朵喝了二两酒，咬着一条顶花带刺的黄瓜吃了半斤过了凉水的麻酱面，叼着前门烟，捏了一把芭蕉扇，坐在阳台上的竹躺椅上乘凉。这是何等潇洒、惬意、享受、舒适。芝麻酱面的历史有多长？很难考证。至迟，1908年出版的松友梅长篇小说《小额》中已有记录：这当儿老王问伊太太说："太太咱们今儿个吃什么呀？"伊太太说："吃芝麻酱拌面吧。"芝麻酱拌面是大众食品，老舍先生1933年的长篇小说《离婚》中给出了它的定位：西单，在另一方面，是国产布尔乔亚，有些地方——象烙饼摊子与大碗芝麻酱面等——还是普罗的。要特别注意，老舍先生的描述比清代小说的描述少了一个"拌"字，说明"芝麻酱面"已经形成了一个固定的词，说明这种面条儿已经普及了。要注意当中这个"麻"字，老北京口语中较少说清楚，通常的发音是仅仅闭一下嘴发个m音，后面的a不发音，整个词很少念成zhīma jiàng，而是zhīm jiàng。

芝麻酱，就是把芝麻炒熟加工研磨而成的酱，有浓郁的香味儿，北京人很喜欢吃。可以用来制作凉菜，也可以拌面条儿吃，尤其夏天，非常爽口。据作家汪曾祺先生的文章，在计划经济年代，物资供应困难，老舍先生在北京市人大会议的提案中提出要给北京市民供应芝麻酱。[1]芝麻酱似乎特别适合面食，如拌面条或者涂抹在馒头片上，如果与米饭一起就很难协调了。芝麻酱的历史可不算短。北魏贾思勰《齐民要术》已经有"胡麻羹"的记录。胡麻即芝麻，胡麻羹是用芝

---

① 汪曾祺：《汪曾祺散文》，人民文学出版社2005年版。

麻为主要材料做的一种小吃。明代高濂《遵生八笺·饮馔服食笺》中已经正式有了"芝麻酱"一词及制作方法。到清代，芝麻酱已经是相当普遍的调味料了。《儿女英雄传》第二十一回"回心向善买犊卖刀 隐语双关借弓留砚"就有确证：褚大娘子无法，只得叫人给她端了一碟蒸馒头，一碟豆儿和芝麻酱，盛着滚热的老米饭。书中人物"褚大娘子"是山东人，它端来芝麻酱是给"张老太太"吃的，这老太太是河南人。

再往下，就是热汤儿面了。"热汤儿面"是北京话的说法，普通话叫"汤面"。"热汤儿面"这个"汤"一定要带儿音，因为"汤"和"汤儿"完全不同。"汤"是精心熬制的，有"鸡汤""鲫鱼汤""排骨汤"，还有冷饮精品的"酸梅汤"；而"汤儿"是烹饪食物时附带产生的汁液，例如炒青菜时锅里有少量的水出现，炖肉熬鱼要加入少量的水，这些都是"汤儿"不是"汤"。热汤儿面，其实就是在煮面的水中加入调味料，面条儿熟了，煮面的水也就比较浓稠了，连这个汤儿带面条儿一起吃。只吃从锅中捞出的面条儿，不吃汤，这在河北、河南一带叫"捞面"或者"捞面条儿"。20世纪60年代，上海电影制品厂根据李准的小说《李双双小传》改编的河南农村题材电影《李双双》上映后反响热烈，获得百花奖多个奖项，其中就有"吃点儿捞面条儿"这句台词。吃捞面，所需面粉多，成本高，在粮食困难的时候就不容易做到，所以不能常吃。热汤儿面因为是汤汤水水一起吃，成本低，而饱腹感又很容易实现，当然就受欢迎，就经常出现在普通人家的餐桌上。它荤素皆可，也可以同时下些蔬菜，像大白菜、小白菜、菠菜、西红柿等。热汤儿面本身并无神奇之处，技术含量低，制作成本也低，是非常平民化的食品，尤其是在粮油短缺的年代。煮上一大锅热汤面，一家人围桌而食，在寒冷的季节中，这是平民度日的好方式之一，所以很受欢迎。老舍先生的自传体长篇小说《正红旗下》，描写穷苦旗兵家庭给新生儿办"洗三"典礼，既要省钱又要有一定的排场，于是就摆下了以热汤儿面为压轴大戏的酒席：酒过三巡（谁也没有丝毫醉意），菜过两味（蚕豆与肉皮酱），"宴会"

进入紧张阶段——热汤面上来了。大家似乎都忘了礼让，甚至连说话也忘了，屋中好一片吞面条的响声，排山倒海，虎啸龙吟。这里对吞咽热汤儿面的描写实在是太精准了。从老舍先生这段描述中，我们可以推论出来：虽然热汤儿面属于平民食品，但也不是天天都可以吃到的，否则各位非常讲究礼儿的旗人亲友们，怎么会虎啸龙吟般地吞食呢？老舍先生的著名话剧《茶馆》中的一句台词可以帮我们理解热汤面的珍贵。全社会经济萧条甚至凋敝，老茶馆到20世纪40年代实在难以维系，王掌柜孙女对美食的渴望是晌午给我作点热汤面吧！好多天没吃过啦！

当然，凡事都有高低之分。热汤儿面虽然档次不高，但如果认真细作，还是可以产生相对的精品的。鲜嫩的羊肉片儿，加葱花儿、姜末儿、酱油、盐、香油等，稍微腌制一会儿，锅开以后，将肉倒入，搅拌开，不使其粘连，很快就熟了。这样的热汤儿面当然就很好吃了。这种腌制方法，北京话叫作"煨"；把煨好的肉片迅速倒入锅中略煮即可，叫作"氽儿"。这样做出的面就是"羊肉煨氽儿面"。退而求其次，用猪里脊肉做也可以，但不及羊肉做得那样鲜美。

二、"面条儿"与"面条子"

相比之下，同样是面条儿，北方人和南方人的态度大有不同。面条儿在南方人餐饮中不是很重要，尽管陆文夫先生在他的名篇《美食家》中把清早的头汤面描述成了每天生活里高雅的开始曲。南方人吃面，不像北方人那样捧着大碗把面条儿当作一顿正餐吃。《红楼梦》第六十二回"憨湘云醉眠芍药茵 呆香菱情解石榴裙"中有个精彩表述：芳官道："藕官蕊官都不上去，单我在那里也不好。我也不惯吃那个面条子，早起也没好生吃。才刚饿了，我已告诉了柳嫂子，先给我做一碗汤，盛半碗粳米饭送来，我这里吃了就完事。"这位"芳官"是贾府为了迎接元春省亲从姑苏采买来学戏的女孩子，自幼长在南方，所以对面条儿的兴致极差，甚至有点反感。按小说情节，当天要给贾宝玉庆贺生日，自然要吃生日面，但芳官称其为"面条子"。

这个"子"充满了贬义，表现出说话人芳官很难接受这类北方食品，尽管这面条儿是贾府特为宝玉做的寿面，绝不可能粗制滥造，那也入不了这位来自姑苏的南方小姑娘的法眼。

看不上面条儿的似乎不止芳官一人。跟《红楼梦》作者曹雪芹同时代的安徽籍著名学者俞正燮在他的名著《癸巳存稿·卷十》中有"面条古今名义"一节：面条子曰切面，曰拉面，曰索面，曰挂面，亦曰面汤，亦曰汤饼，亦曰索饼，亦曰水引面。这里也是把面条儿叫"面条子"。

《红楼梦》尽管素有中国封建社会百科全书之称，但是就面条儿而言，它的记录和描写实是少得可怜、粗得可叹，与作者在全书中充分展现出的那种详细描写的行文风格极不相称。同是古代长篇小说，《金瓶梅》中的面条儿描写就完全是另一番景象了。第五十二回"应伯爵山洞戏春娇 潘金莲花园看蘑菇"，男一号人物西门庆招待应伯爵和谢希大二人吃"水面"：书童儿用方盒拿上四个小菜儿，又是三蝶儿蒜汁，一大碗猪肉卤，一张银汤匙，三双牙箸。摆放停当，三人坐下。然后拿上三碗面来，各人自取浇卤，倾上蒜醋。那应伯爵与谢希大，拿起箸来，只三扒两咽，就是一碗。两人登时狠了七碗。我们敢断言，如此诱人食欲的面条儿，即便两百年后大观园里"不惯吃""面条子"的芳官，也很可能控制不住食欲要吃上一碗呢。两部名著对面条儿的态度有天壤之别，原因很明显：《金瓶梅》作者兰陵笑笑生是山东枣庄一带人，山东是打卤面的发祥地。从《金瓶梅》这段描写中我们能强烈感受到作者对面条儿的好感。《红楼梦》作者曹雪芹生长于南京、扬州一带，在南方饮食习惯下成长，那里的面条儿只是点心性质，不入正餐的。

三、"清水下杂面，你吃我看见"

最后再补充一种面条儿——杂面。以上各种面条儿都是白面做的，而"杂面"不是。所谓"杂面"，其实比一般的面条儿更加讲究。它不是单一用面粉制作的，要加入绿豆面等杂粮。杂面在各地制作不尽相同，也有用豌豆面或黄豆面的。北京的杂面一定要掺入绿豆面，呈淡绿色。用绿豆或者豌豆、黄豆磨出的面，不论何时何地，价格都远高于小麦面粉，所以杂面的价格也就远高于一般的面条儿。北方、北京人喜食羊肉，杂面搭配羊肉，非常得当，所以老北京涮羊肉必搭配杂面。杂面起于何时，今不可考。不过在元杂剧中已经有了它的身影。元大都人秦简夫表现扬州生活的《东堂老劝破家子弟》中有你今日觅了多少钱？是一贯本钱，卖了一日，又觅了一贯。你就着这五百钱，买些杂面你便还窑上去。那油盐酱旋买也可足零沽？到清代《红楼梦》第六十五回"贾二舍偷娶尤二姨 尤三姐思嫁柳二郎"里，奇女子尤三姐痛斥贾珍、贾琏这些贾府中的纨绔子弟玩弄妇女的无耻行径：尤三姐站在炕上，指贾琏笑道："你不用和我花马吊嘴的，清水下杂面，你吃我看见。见提着影戏人子上场，好歹别戳破这层纸儿。你别油蒙了心，打量我们不知道你府上的事。这会子花了几个臭钱，你们哥儿俩拿着我们姐儿两个权当粉头来取乐儿，你们就打错了算盘了……我有本事先把你两个的牛黄狗宝掏了出来，再和那泼妇拼了这命，也不算是尤三姑奶奶！喝酒怕什么，咱们就喝！"尤三姐骂得真是解气！"清水下杂面，你吃我看见"这比喻太贴切太形象了。这里"杂面"已经用来作为比喻的材料，说明到清代中期，这是很常见的食品了。巧合的是秦简夫元曲描写的是元代扬州生活，几百年后《红楼梦》作者也是对扬州生活极熟。在北京，河北饶阳的杂面名气很大。

四、面条儿能成席

北京人对面条儿的偏爱不仅在平日，还表现在宴席上。在旧北京，比较讲究的中高档酒席，当然不会出现面条儿这种大众化食品。但是有一种低档酒席，面条儿是席中的关键角色。这种酒席，老北京话叫作"炒菜面"。对"炒菜面"这个词，万不能望文生义，它绝对不是炒菜加面条儿那么简单，更不是把炒好的菜扣在面条儿上拌着吃。

炒菜面作为一种酒席，虽然不属高档，但也有一定的内容和次序上的讲究，面也绝不是日常家里吃的那样简单。讲究一些的炒菜面，要先摆上四个冷盘，叫作"四压桌"，如酱肉、松花、小肚儿、拌海蜇；然后是四道炒菜，像酱爆肉丁、熘肉片、熘肝尖儿、炸丸子。面条儿当然是打卤面和炸酱面。可以用海参、虾仁、玉兰片的三鲜卤，也可以是家常的肉片、口蘑、黄花儿、木耳打卤。考究些的可以用里脊丁炸酱，也可以是一般的肥瘦肉丁炸酱。面条儿当然是抻面。此外，还要有两盘寿字馒头，即寿桃。酒席上有炸酱面和打卤面、馒头，这是老北京炒菜面酒席特色。前面一节我们举例说明面条儿的重要性，用了侯宝林、郭启儒二位先生的相声台词一半儿打卤，一半儿炸酱，那其实就是炒菜面酒席的程式。总之，炒菜面并不简单，远不是字面上的那个意思。这种酒席价位低，但是制作并不因此而粗糙，性价比较高，而且在用料与价格上可高可低，因而颇受欢迎。这种炒菜面酒席，多用于红白喜事，也用于小孩子过"洗三"、满月等纪念日。

由于炒菜面档次低，难免有人对此颇为不屑。老舍先生在《骆驼祥子》中就有描述。土混混出身的刘四爷开了车厂子，出租车辆收取车份儿钱，他自以为过上了体面的生活，已经混入高等人群，对勉强维持生活的车夫们十分蔑视。他给自己庆贺七十大寿，摆下酒席，要求租车的车夫们放弃出车来参加，并"慷慨"地表示礼金多少不拘。车夫们本就贫穷，能拿出的礼金不会丰厚。酒席过后，刘四爷发现客人们送来的寿礼中，现金很少，多是些寿幛、寿桃、寿烛等表面好看却没有实用价值而且价格不高的东西，他觉得自己宴请大家的热情没有得到回报，吃了个哑巴亏，很是窝火，贪婪的本性开始发作。书中的描写是：早知道这样，就应该预备"炒菜面"！三个海碗的席吃着，就出一毛钱的人情？这简直是拿老头子当冤大脑袋！从此再也不办事，不能赔这份窝囊钱！不用说，大家连亲带友，全想白吃他一口；六十九岁的人了，反倒聪明一世，胡涂一时，教一群猴儿王八蛋给吃了！老头子越想越气，连白天所感到的满意也算成了自己的胡涂；心里这么想，嘴里就念道着，带着许多街面上已不通行的咒骂。炒菜面的地位和作用由刘四爷的抱怨中可见一斑了。

五、炸酱面的最初文字记录

虽说北方人、北京人都很重视面食，尤其是面条儿，但是炸酱面在北京人一日三餐中的地位远非其他几种面条儿可比。论制作的简便，它优于打卤面；论吸取热量以扛住一天中体力的消耗，用北京话形容，就是"顶时候"［《现代汉语词典》（第7版）里"顶"有这个用法，注明了是方言。北京话实际发音是"dīng时候"］，它大大超过连汤带水的热汤儿面；论肉食含量，又远胜于芝麻酱面。在生活水平低下的年代，炸酱面可以用来待客，可以进入酒席。由于这些优点，炸酱面的地位在北京就成了面条儿的代表。时至今日，走在北京大街小巷，常常可以看到"老北京炸酱面"一类的饭馆招牌。

炸酱面在制作上固然谈不上神秘，成本也不是十分高昂；但是它有很强的地域性，它是北京饭食的专利。如果不是现代社会巨大的人口流动，炸酱面就很难具有山西刀削面那样高的知名度。炸酱面的关键食材是黄酱，有人觉得黄酱口味过咸就调入一些甜味的面酱。黄酱是以黄豆为主要材料酿制的。文献记载，早在汉代就有酿制黄酱的记录，北魏贾思勰《齐民要术》中已经有详细的黄酱制作流程记录。但是将猪肉与黄酱炒制成调味酱料拌面条食用，目前我们还没有发现详细的古代文献记录。这种在北京非常普及的平民面食，在相邻省份，河北、山西、山东以及大豆主产区的东北，却难觅踪影。事实上，东北、华北一带，人们普遍喜食黄酱或面酱，大葱蘸酱是很普通的北方吃法；但是喜食黄酱或面酱的东北、华北居民，除北京人以外，并没有吃炸酱面的传统与习惯。北京在河北"包围"之内，但河北人完全没有北京人对炸酱面的这种热情。这可能与河北人更加喜食面酱有关，而炸酱面必须以黄酱为基本材料。河北民谚说保定府，三宗宝：铁球、面酱、春不老。面酱是不能当作炸酱面的主要材料的。

"可怜"的炸酱面不但地域大受限制，时间上也经不起考问。不但《红楼梦》里没有记录，就是真正老北京旗人文康的名著《儿女英雄传》中也只字未提。《儿女英雄传》具体成书年代有争议，早不过清咸丰年间，晚不过同治年间，即19世纪中后期。全书以描写老北京旗人生活为特色之一，但未见任何关于炸酱面的文字。20世纪初，同样描写老北京旗人生活的长篇小说《小额》中，还是没有炸酱面的任何交代，却有涉及芝麻酱面的对话。文学作品以外，1937年商务印书馆出版了由李家瑞搜集整理成书的《北平风俗类征》，书中有大量从各个方面收集的清代北京日常生活材料。关于面条，只记录了打卤面，材料是清乾隆年谢墉（1719—1795，曾任江苏学政，吏部、工部、礼部侍郎）《食味杂咏》注。我们可以推断，直到18、19世纪，炸酱面还没有登上北京老百姓一日三餐的舞台。

现代文学史上，老舍先生是表现北京平民生活的大师，可是检索老舍先生的长篇名著，1928年的《老张的哲学》《赵子曰》，1931年的《二马》，1933年的《离婚》，我们还是看不到有关炸酱面的只言片语。直到1936年，在老舍先生的代表作《骆驼祥子》中，我们终于看到了炸酱面的元素——炸酱。书中原话是：他所不放心的倒是刘四爷拿着他的那点钱。马上去要，恐怕老头子多心。从此不再去见他们父女，也许虎姑娘一怒，对老头子说几句坏话，而把那点钱"炸了酱"。车夫祥子在车厂子主人刘四爷处存了自己的积蓄，因为担心刘四爷把这点钱扣住不给，想提前支取。老舍先生用"炸了酱"来比喻。炸酱时，可以把以前吃剩下的与新制作的混在一起加热。混在一起，就分不清新旧了。老北京话以此比喻扣住、吞没别人的东西钱财不归还。《骆驼祥子》全书14万字，与炸酱面相关的仅此一处。

北京作家、北京生活题材的文学作品中，真正开始正面、清晰地描写炸酱面的，是老舍先生1944年到1948年写成的《四世同堂》，是先生最长的一部作品，背景是抗战中沦陷的北京，以一户四世同堂的老北京祁姓人家为故事中心人物。书中祁老人的老友常二爷从德胜门外来看望祁老人。祁老人的孙媳主动为客人张罗饭食。常二爷说："别费事！给我作碗片儿汤就行了！"祁老人的反应是："片儿汤？……你这是到了我家里啦！顺儿的妈（孙媳），赶紧去作，作四大碗炸酱面，煮硬一点！"接下来是对吃面的描写，更加精彩、细致：他把四大碗面条，一中碗炸酱，和两头大蒜，都吃了个干净。吃完，他要了一大碗面汤，几口把它喝干，而后挺了挺腰，说了声："原汤化原食！"这里有面、酱，还要佐以大蒜，最精彩的是吃完面后还有喝面汤，完全是老北京的习惯（这个吃面细节在2017年播出的著名反腐败题材电视剧《人民的名义》中还被保留使用）。作者用"原汤化原食"这句民谚真是点睛之笔。1957年，老舍先生写出了中国话剧史上的名作《茶馆》，同样是以老北京人为中心。剧中有一句台词，一位北京老人感慨40年代后期物价飞涨，人民生活水平大为降低：要是有炸酱面啊，还能吃三大碗呢。

以上这两处还有个细节要注意："三大碗"和"四大碗"。普通人的食量，两大碗就足以饱腹了，三大碗显然是要加重对饭食的喜爱或是饭食的重要。1950年，著名电影演员、话剧演员石挥先生（1915—1957）根据老舍同名小说改编的电影《我这一辈子》，有句台词是"咱们当巡警的，就是吃不饱，也得挺着个肚子，楞像吃完三大碗炸酱面似的"。《四世同堂》里常二爷顺畅吃下的是四大碗！旧时北京市民的生活，郊区农民的生活，作者凝聚在食品中的家乡情，在这个细节中充分表现出来。

虽然炸酱面在北京话文学作品中直到20世纪40年代才真正出现，但是我们根据作品中的细节描写和其他材料，可以认定炸酱面占据北京面条儿主角地位的历史不会迟至40年代才开始。理由之一是30年代老舍先生《骆驼祥子》中就已经有了"把那点钱炸了酱"的侧面描写。这个侧面描写其实用"炸酱"来作为比喻中的喻体。从语言规律看，凡是可以作为喻体的都是大众极为熟悉的事物，如"他这人又高又瘦，往那儿一戳，跟电线杆子似的"中的"电线杆子"。老舍先生用"炸酱"做喻体，可见炸酱面已经是深入大众餐饮文化的了。

理由之二是40年代《四世同堂》中"原汤化原食"民谚的出现。理由之三是梁实秋先生在著名的关于老北京饮食文化的散文集《雅舍谈吃》对家庭炸酱面的描写中有我是从小吃炸酱面长大的一句。梁先生1903年生于北京，那么炸酱面在北京居民面食中的地位，至少从上世纪初期就已经非常重要了。理由之四是鲁迅先生1927年发表的短篇小说《奔月》中创造了"乌鸦炸酱面"一词，原句是：嫦娥将柳眉一扬，忽然站起来，风似的往外走，嘴里咕噜着，"又是乌鸦的炸酱面，又是乌鸦的炸酱面！你去问问去，谁家是一年到头只吃乌鸦肉的炸酱面的？我真不知道是走了什么运，竟嫁到这里来，整年的就吃乌鸦的炸酱面！"鲁迅先生是浙江绍兴人，江南水乡自然没有吃炸酱面的习惯。鲁迅1912年受蔡元培先生之邀，来到北京在教育部社会教育司工作。定居十五年以后他能写出带炸酱面元素的文学作品，当然是受到当时北京饮食文化和方言的影响。从这段描写中可以看出，鲁迅先生对北京人这个食品似乎没什么好感。

50年代，电影《我这一辈子》获文化部优秀影片奖。石挥先生一口浓郁的北京南城口音，将电影中"我"，一名在旧社会受到欺凌压迫的老警察扮演得惟妙惟肖。其中为女儿定亲的场面堪称神来之笔。缔结婚约的双方商议好娶亲的吉日后，女方父亲"我"（石挥饰

左图为石挥先生便装照，右图为《我这一辈子》剧照：订婚。左起："我"的女儿大妞；石挥饰演的"我"；"我"的同事、未来的亲家；同事的儿子，"我"未来的女婿

演）那句亲家，今儿没什么预备的，咱们今儿炸酱面了台词实在是京味儿浓郁。这里的信息是炸酱面有一定的礼仪功能，这当然也表现了当时北京普通人家的生活水平。

文学作品之外，文献上可资证明的是1919年林传甲先生的《大中华京兆地理志》的记载：炸酱面，京兆各县富家多食之。旅行各乡镇，便饭中以此为最便。这与文学作品和作家生活回忆都是一致的。

六、"过水儿面"的早期记录是杜诗

面条儿的吃法很讲究，方法不同，口感相差很多，这里既有个人习惯，更有天气和其他因素。除去炸酱、打卤这些调味之外，还要区分是否在拌面之前先将面条儿放在水中简单地涮一下。刚煮熟的面条儿，经清水一涮，面条儿表面的黏稠面糊大为减少，吃起来非常爽口，这在夏季是很让人增加食量的。这种吃法在北京话里叫作"过水儿面"。如果从锅中捞出，直接放入碗中拌食，不经过水涮，则面香气味更浓，这样的吃法北京话叫"锅挑儿"（"挑"字读第三声，"过水儿"和"锅挑儿"都必须加儿音）。这些吃法，从文献上看，已经不止千年了。最早的记录大概是唐代诗圣杜甫。他的《槐叶冷淘》中很清晰地描绘了过水儿面的吃法和口感：新面来近市，汁滓宛相俱。入鼎资过熟，加餐愁欲无。碧鲜俱照箸，香饭兼苞芦。经齿冷于雪，劝人投此珠。最后一句告诉我们，煮熟的面条经过冷水后，能够产生"冷于雪"的感觉！这在大汗淋漓的暑天实在是美食。明代万历年间，刘若愚《酌中志》一书记录了皇宫内夏日的很多活动：初五日午时，饮朱砂、雄黄、菖蒲酒，吃粽子，吃加蒜过水面。……六月初六日，皇史宬古今通集库晒晾。吃过水面，嚼"银苗菜"，即藕之新嫩秧也。书中两次提及过水儿面，还特别写明要加大蒜，与今天北京人吃面条儿的习惯完全一致。这也表现出到了明代后期，皇宫里已经是地道的北方口味了。

然而过水儿并不简单，要适应季节，调整温度，并非都像杜甫诗中那种"冷于雪"的感觉才好。为调整温度，确保口感，古代还

有"温淘""冷淘"之分。这在明万历年间蒋一葵的《长安客话·卷二皇都杂记》中有明确记录：今蝴蝶面、水滑面、托掌面、切面、挂面、馎饦、馄饨、饸饹、拨鱼、冷淘、温淘、秃秃麻失之类是也。（由于长安在历史上是汉唐盛世的首都，影响极大，所以后世往往用"长安"这个词来代指国家首都。《长安客话》写于明代，书名取"长安"二字，实际上指北京。）

再往后，清乾隆年间，北京人潘荣陛撰写了《帝京岁时纪胜》。书中"夏至"记录：夏至大祀方泽，乃国之大典。京师于是日家家俱食冷淘面，即俗说过水面是也，乃都门之美品。向曾询及各省游历友人……咸以京师之冷淘面爽口适宜，天下无比。谚云："冬至馄饨夏至面。"京俗无论生辰节候，婚丧喜祭宴享，早饭俱食过水面，省妥爽便，莫此为甚。可见这过水儿面受欢迎的程度，尤其在炎炎夏日。

七、"刀儿"切面的记录不晚于南宋

前面已经说过，面条儿在北京百姓日常生活中有特殊的地位。事实上，从制作方式上看，切面又占有特殊的地位。照道理说，切面不过是面条儿制作方法之一。切面以外，抻面（各地叫法不一，西北叫"拉面""扯面"）也是很常见的。但是切面好像优势最大。在今天的北京，如果买生面条回家煮食，基本上是切面。去餐馆吃，如果不是专门的面馆，一般也是切面；至多不过是店家强调他店里煮的是手工切面而不是通常的机器切面。论口味，切面绝对不是首选。但是切面的制作相对容易，家庭都能做到。而抻面就比较难，尤其是那种又细又长口感又好的抻面。另外切面可以存放，而抻面必须当时下锅。如果我们把范围稍微放宽，那么山西饮食中的代表作刀削面，其实也是一种切面，只不过面团不需要擀开。还有山西的拨面，其实也是切面，不同之处只是北京的切面单手持刀，山西的拨面要双手持刀，边切边把切出来的面条儿向前方拨动。

以上都是今天的情况，古代的情形怎样？古人也吃今天我们这样的面条儿吗？要搞清楚这个问题，我们需要下一番查检的功夫。

东汉刘熙所著《释名》是一部非常有影响的语文工具书，内容相当广泛。在《释名·释饮食》中有：蒸饼、汤饼、蝎饼、髓饼、金饼、索饼之属，皆随形而名之也。这里的"汤饼"指带有汤的面食，类似今天的面片汤。这类吃食，当然是冬季御寒的上选。所以唐代徐坚《初学记》卷二六引用晋代束皙《饼赋》：玄冬猛寒，清晨之会，涕冻鼻中，霜凝口外，充虚解战，汤饼为最。而"索饼"，后人推想可能就是北魏贾思勰《齐民要术》记录的"水引"法：挼（揉搓）如箸大，一尺一断，盘中盛水浸。宜以手临铛上，挼（揉搓）令薄如韭叶，逐沸煮。就是先把面揉搓成筷子粗细的条状，断成一尺长，在盘里盛水浸泡，再在锅边揉搓成韭菜叶薄厚，下到开水中煮。

到唐代，细长形状的面条儿终于有了确凿的书面记录。《新唐书·王皇后列传》关于唐玄宗王皇后的记录：后以爱弛，不自安。承间泣曰："陛下独不念阿忠脱紫半臂易斗面，为生日汤饼邪？"帝悯然动容。王皇后失宠，哭泣着向唐玄宗李隆基诉说当年情谊：陛下可还记得当年我父亲脱去半臂（唐代流行的半袖上衣）换来一斗面粉为你做生日面？可见中唐时已有吃长寿面的习俗。大诗人刘禹锡有诗《赠进士张盟》：忆尔悬弧日，余为座上宾。举箸食汤饼，祝辞添麒麟。诗中"悬弧"是生男孩儿的意思，"举箸"就是举起筷子的意思。诗句的意思是家中生了男孩儿，大家吃面庆贺。这个习俗延续至今，因为面条细长，象征长寿。如果这时的汤饼还是面片汤形状，那就无法与长寿相连，也就不必把筷子朝上举起来。

宋代是中国城市经济大发展的年代，在消费方面，多有创新。北宋初年，陶谷（903—970）的《清异录·卷下·馔羞》有描述：金陵士大夫渊薮，家家事鼎铛，有七妙：齑可照面，馄饨汤可注砚，饼可映字，饭可打擦擦台，湿面可穿结带，醋可作劝盏，寒具嚼着惊动十里人。这里"湿面可穿结带"是说面可以穿过来打个结，可见这种面已经是今天面条儿的长度了。这种面是切的还是抻的？作者没有详细说明。南宋程大昌（1123—1195）的《演繁露·卷十五·不托》记载：汤饼一名馎饦，亦名不托。……当晋之时，其谓汤饼者皆手搏而擘置汤中煮之，未用刀几也。……不知何世改用刀几而名不托耳。这里"几"读第一声（北京话四个声调阴平、阳平、上声、去声，也可以叫作"一声、二声、三声、四声"），是小桌子的意思，今天还有"茶几"的说法。刀，加上小桌子，这分明是切面的标准配套工具。这样，我们可以有把握地说，至迟到南宋，已经产生了跟今天常吃的切面一样的用刀切出而不是用手搓成或者拉成的面条儿了。

切面一旦问世，就势不可当，因为既容易操作，又可以存放。特别是大型场合，比如几十位亲友庆祝生日等等的聚会，抻面如何来得及，切面却可以事先做好备用。再如，老北京生日礼物之一，就是把切面盘成圆桃形，叫作"寿面"。这种寿面，用抻面是不容易加工制作的。更重要的是，进入20世纪，机械化生产的工具进入北京城市，切面也完全可以实现机械化生产。尽管人们直到今天还抱怨，机器压出的切面口感欠佳，但是它毕竟成本低速度快，能够较好地适应现代城市生活。这在20世纪20年代庄荫棠先生的《都市丛谈》（署名"逆旅过客"）中就有记载，以"机器切面"为题。时至今日，高科技如此发展，我们在压制切面的机器以外，已经见识了机器制作山西刀削面的情景，但是机器抻面还未曾领教。附带说一句，梁实秋先生曾说，"用切面吃炸酱面，没听说过"。可能他生活的那个年代，北京确实鲜有用切面做炸酱面的。

第二节　从词语看面食种类之丰富

北京作为北方产麦区的大城市，面食花样自然繁多，远不止面条儿。我们从游戏说起。翻饼|烙饼，油炸|馅儿饼，翻过来|掉过去，瞧——瞧，这是几十年前北京小孩儿非常普遍的一个肢体加歌谣的游戏。规矩是参加者两人，面对面站好，各自伸出双手拉着对方双手，一人掌心朝上，另一人掌心朝下，二人都十指弯曲与对方十指相扣，念前面两句时，四只胳膊左右甩起来，或者说是荡起来，到了喊出"瞧——瞧"时，二人同时举起手臂，甲举右臂、左臂跟随，乙举左臂、右臂跟随，谁也不能松手，钻过去，结果是两人成了背对背，四只手还是不能松开，只是交叉到身后了。这个游戏要是在南方主食大米的地区，绝不会用什么"翻饼烙饼""油炸馅儿饼"作为游戏的节拍标记词。

烙饼是地地道道的大众食品。"饼"原本的意思是用水把面粉归并起来，也就是今天说的"和面"。北京的饼多是在饼铛上加温烙熟，当然也可以有其他方法，如蒸制，那就是蒸饼。如果在水中煮，古人叫"汤饼"，类似今天的汤面。烙饼由于是把饼直接贴在铛上加热，所以水分很少。这样便于用手直接拿着吃，也比较经得住消耗，用北京话说就是"顶时候"，所以烙饼尤其受到重体力劳动者的欢迎。《儿女英雄传》第十四回"红柳树空访褚壮士 青云堡巧遇华苍头"中描写车夫脚夫中途休息的饭食是：每人要了一斤半面的薄饼，有的抹上点子生酱，卷上棵葱；有的就蘸着那黄沙碗里的盐水烂蒜，吃了个满口香甜。这是典型的北方体力劳动者的吃法。类似的情景在《骆驼祥子》中也有：极寒的天气，茶馆中，车夫们获得了短暂的休息，有的拿着碗白干酒，让让大家，而后慢慢的喝，喝完一口，上面咂着嘴，下面很响的放凉气。有的攥着卷儿大饼，一口咬下半截，把脖子撑得又粗又红。

附带说说煎饼。煎饼其实跟烙饼相当接近，也是在饼铛上烙制，也属于面食。最有名的当数山东煎饼，"煎饼卷大葱"是标准吃法。20世纪60年代的电影《红日》中，苏北的解放军转移到山东作战，战士们根本不知煎饼为何物，于是班长带头儿吃，要战士们尽快适应当地生活。电影里用特写镜头显示，一尺多长的山东大葱整体卷到大煎饼里，大口咬下，何等爽快！进入餐饮行业，煎饼就要讲究一些，最有名的是天津的"煎饼馃子"，这里卷入的不是大葱而是油条或"薄脆"。薄（báo）脆也是一种油炸面食，烙饼大小，很薄很脆，表面有些小孔；天津话叫"馃箅儿"，因为外观很像箅子。

煎饼和烙饼都是烙制，但烙饼是白面的，煎饼用杂粮。典型的是小米面，也有加入绿豆面或黄豆面的，还有用高粱面或者白薯面制作的。语言上也不一样。"烙饼"的"饼"读第三声，而"煎饼"的"饼"必须读轻声。煎饼在城市极少有人家自己做。这种食品在20世纪六七十年代很少有售。80年代改革开放后，个体饮食摊位雨后春笋般出现，摊煎饼就很常见了。

煎饼虽平常，但历史悠久，不容小觑，至少在晋代已经出现正式记录，换句话说，煎饼至少有一千六七百年的历史了。最早的记录，据本书作者检索，当在东晋的王嘉（？—390）所作志怪小说《拾遗记》中，也叫《王子年拾遗记》。书中有：江东俗称，正月二十日为天穿日，以红丝缕系煎饼置屋顶，谓之补天漏。相传女娲以是日补天地也。这段话并未直接说如何做怎么吃煎饼，而是说江东有个风俗，正月二十天空被穿破，用红色丝带把煎饼拴好放在屋顶，这叫"补天漏"，女娲就是这样补天的。这个记载透露的信息是煎饼在当时的江东已经是日常食品了，很常见。进入正史的记录是二十四史之一的《辽史·礼志六·嘉仪下》：人日，凡正月之日，一鸡、二狗、三豕、四羊、五马、六牛，七日为人。其占，晴为祥，阴为灾。俗煎饼食于庭中，谓之"熏天"。但是这些记录中的"煎饼"和今天北方常见的用杂粮在鏊子上摊制的食品是不是同一个东西，还不敢断言。坐实的关于煎饼的记录是元代皇庆二年（1313）王祯所著《王祯农书·谷谱二》的记载（荞麦）治去皮壳，磨而为面，摊作煎饼，配蒜而食。这里的记录非常详细，就是今天的摊煎饼。北京城市关于煎饼的最早记录是明代万历年间沈榜的《宛署杂记》：用面摊煎饼，熏床炕令百虫不生。煎饼在这里与熏炕驱虫关联起来，这是我们怎样也想不到的。

煎饼是摊制的，这种方法接近烤。与蒸煮相比，汉族人群不擅长烤制。煎饼是否从其他民族传入，尚未有确切证据。说煎饼是从其他民族传入汉族的，也与一般读者的感觉不符，但有一条史料容易让人产生这个想法。隋代侯白所撰《启颜录》有这样一段描写：北齐高祖尝宴近臣为乐。高祖曰："我与汝等作谜，可共射之；卒律葛答。"诸人皆射不得。或云："是髋子箭。"高祖曰："非也。"石动筒云："臣已射得。"高祖曰："是何物？"动筒对曰："是煎饼。"高祖笑曰："动筒射着是也。"高祖又曰："汝等诸人为我作一谜，我为汝射之。"诸人未作。动筒为谜，复云："卒律葛答。"高祖射不得，问曰："此是何物？"答曰："是煎饼。"高祖曰："我始作之，何因更作？"动筒曰："承大家热铛子头，更作一个。"高祖大笑。高欢是北齐政权事实上的创始人，被后代尊为高祖神武皇帝。这段记录是他与大家猜谜语玩乐。谜面是"卒律葛答"，谜底是"煎饼"。高欢是汉人，但是长年作为北魏重臣，他应该受到很多鲜卑族语言文化影响。君臣间的对话毫无障碍，可见当时这个"卒律葛答"是大家都熟悉的食品和名词。最后还说到"热铛子头"，高欢大笑，更能说明大家对此物是相当熟悉的。

煎饼好吃，但是火候不容易掌握，很少有人自己做。烙饼要在制作中添加油盐，因而成本偏高。普通市民更常见的面食不是煎饼也不是烙饼，是馒头。馒头在过去也有叫"馒首"的。从文学作品看，"馒头"这个词至迟可以上溯到唐代。当时一位叫王梵志的诗人曾写道：城外土馒头，馅草在城里。一人吃一个，莫嫌没滋味。世无百年人，强作千年调。打铁作门限，鬼见拍手笑。这里"土馒头"代指坟墓，因为二者外形太像，可见当时馒头已经是常见食品了。这首诗很有影响，几百年后被南宋诗人范成大化用。范成大的《重九日行营寿藏之地》诗中有句：纵有千年铁门限，终须一个土馒头。这句话再经几百年又传到了清代《红楼梦》，第六十三回"寿怡红群芳开夜宴 死金丹独艳理亲丧"由邢岫烟转述妙玉的评论：他（指妙玉）常说："古人自汉晋五代唐宋以来皆无好诗，只有两句好，说道：纵有千年铁门槛，终须一个土馒头。"诗句的大意是：不管今日多么红火，人生的最终结局都是进入坟墓。曹雪芹这个引用是暗示贾府的结局。明清小说里，"馒头"这个词就屡屡出现。《西游记》《水浒传》《金瓶梅》《儒林外史》《红楼梦》《儿女英雄传》都曾用到这个词，且次数不少，20世纪的作品就更不必说了。《红楼梦》里还有个"馒头庵"，书中的解释是：原来这馒头庵就是水月庵，因他庙里做的馒头好，就起了这个诨号。

馒头和面条儿虽然都是平常食品，都不是高档货，但是在老北京习俗中，它们都可以在寿礼中出现。把馒头做成桃儿的形状，捏出一个尖儿，点上一点红色，这个就是"寿桃"；将切面（要有两三斤以上）盘成一盘，上尖下圆，叫作"桃儿面"。面条儿象征长寿，这个礼物很应景。

馒头是蒸制的，同是蒸制的又很普遍的食品是花卷儿。花卷儿的制作比馒头就要多耗费些材料和时间。一般是把发面团擀成大片，加些油盐，卷起来成圆筒状，切成两寸左右的段，然后捏住两端翻卷成螺旋状，蒸制而成，所以叫"花卷儿"。北京话中，这个词必须带儿音，因为它是个名词。讲究一点儿的，还可以加入芝麻酱和糖，那就是"糖花卷儿"，很好吃。

在语言上要注意，这个食品的名字必须是"花卷儿"，书面上为了省事也有不写"儿"的。但是绝对不能写成"卷子"。这是因为"卷子"在北方指另外一种面食。馒头花卷儿都是发面做的，卷子不是。做卷子是先把面团擀大擀薄，涂抹上油盐，也有加些花椒面儿或者十三香一类的浓厚调味料，卷起来，依次切成条状，然后拉长到十几厘米，并排四五个。先做好一锅熬菜，如猪肉熬白菜加粉条等，开锅后将卷子一排排放在上面，炖煮一会儿，饭菜同时煮好。现在在北京东北部平谷区还有保留这个吃法的。

烙饼、馒头、花卷儿等等都是比较正规的主食，消耗粮食较多，吃的时候还要搭配一些副食菜肴，做起来比较麻烦。其实北京还另有一些做起来、吃起来比较省事，又消耗粮食较少的面食，例如"拨鱼儿"。这是把面粉加水在碗中搅成面糊，锅中烧开水，用筷子将碗中的面糊沿着碗的边缘逐次划入水内，在开水中迅速凝固结成两头尖的长条儿形状，在水流带动下"游动"，看着像鱼，所以叫"拨鱼儿"。吃的时候连汤水带面鱼儿一起吃。这与山西剔尖其实是一路，只是做工没有山西的讲究。"拨鱼儿"一定要带儿音。附带说一句，拨鱼儿虽然不登大雅之堂，但是来头也不小。至少明代万历年蒋一葵的《长安客话》一书已经将它与馄饨、饸饹等等并列了（见上文（一）"北京方言词语中对面食的偏重"的第六节）。

"疙瘩儿汤"也是常见的汤类面食。把面粉中加入少量的水，搅拌，产生面疙瘩，然后倒入汤中煮熟。这种食品看似简单，实际并不容易把握。水少了就是干面粉，水多了就成了面团儿，要恰到好处才能形成疙瘩。"疙瘩"二字的标准发音是"gēda"，但是疙瘩汤中"疙瘩"二字发音必须带上儿音，是"gēdar"。北京话带上儿音的指小而可爱的东西，否则就是反面。例如受了风凉，或吃了海鲜，有人出现过敏反应，身上就出现肿起来的突出物，这个只能叫"疙瘩"，不能叫"疙瘩儿"。听了过于刺激的话，反应不良，北京话叫"吓得我浑身直起鸡皮疙瘩"，不能说"鸡皮疙瘩儿"。

拨鱼儿和疙瘩儿汤都是煮的，北京面食还有烙制的。烙饼是最常见的，还可以有加上馅料的各种馅儿饼，我们在下节再议。这里先说另外一种，不是馅儿饼又要在面粉里添加其他食材的面食——糊塌子。这可以算是一种真正老北京吃法。将西葫芦用礤床儿擦成丝儿，加盐，杀出水，就着这个水加入面粉、鸡蛋，调成糊状，在锅里放油煎制而成。这种吃食做起来不费事，用油不多，香软可口，很受欢迎。口重的人也喜欢蘸些醋蒜吃。但是在语言文字上颇有争议。本书作者见过"糊塌子""瓠溻子""瓠子"三种写法。"糊"有焦煳的意思，未必合适。"瓠"是另一种瓜类，与西葫芦相差很多。"溻"是汗水湿透衣服，与这个词关系也不大。既然放在锅上煎熟，当然是写成火字旁的"煻"比较合理，但是这个字极少有字典收录，《康熙字典》《汉语大字典》等权威工具书中均未见，电脑录入也有困难。这个词的发音也有争议，"糊"有的书标为第二声，也有标第四声的。本书作者个人感觉读第四声与实际生活更相符。

第三节　北京方言里的"馅儿活"

北京方言里有个词——"馅儿活"。所谓"馅儿活"就是指把肉和菜做成馅料包在面皮中制成的食品，最典型的就是包子和饺子。北京地处产麦区，又是接纳各地文化的中心城市，所以北京的馅儿活就比较发达，花样品种繁多。但从原料上看，北京馅儿活的主要成分无外乎猪牛羊肉加时令蔬菜，与南方动辄虾仁海鲜、竹笋茭白相比，略显单调。这很可能是受制于北京的地理气候条件，物产不及南方丰富。给饺子包子等起个专门的名称"馅儿活"，表现了北京人对这类食品的重视和喜爱程度。

"馅儿活"是名词，相应的动词是"吃馅儿"，指正餐吃包子饺子等带馅料的面食。胡同里常有这样的客套话，"今儿个吃什么啊？""吃馅儿。"吃馅儿操作起来比较麻烦，需要时间，由此又出现一个对应的动词"过阴天儿"，意思是阴天下雨不能外出，正好可以吃些费力费时的饭食。《儿女英雄传》第二十四回"认蒲团幻境拜亲祠　破冰斧正言弹月老"中有：一日，正遇着阴天，霎时倾盆价下起大雨来。舅太太道："瞧这雨，下得天漆黑的。咱们今日歇天工，弄点甚么吃，过阴天儿罢。"

一、"饺子""扁食""煮饽饽"

各种馅儿活里最负盛名的当数饺子。上至招待国宾，下至百姓家常便饭，饺子都可以出现。北方人过年，无论贫富，都离不开饺子；它几乎成了阖家团圆、吉利祥和的最佳象征。老北京还讲究在过年时吃素馅儿饺子。关于饺子的民间谚语也有很多。最具代表性的大概是：舒服不过倒着，好吃不过饺子。当然，这个话欠缺积极的生活态度。还有：茶壶煮饺子——倒不出来，比喻人的学识好却口才差。哑巴吃扁食（饺子）——心里有数，比喻嘴上不说而内心完全清楚。为亲友送行接风，叫作：上马饺子下马面。结婚是人生大事，婚礼上的一对儿新人要经过重重"考验",其中一个就是要吃子孙饽饽长寿面。这个"饽饽"是旗人的说法儿,后来渗透到整个老北京方言,就是饺子。新婚仪式上的饺子故意煮成半生不熟的。这个"恶作剧"的关键环节就是诱使新人说出"生"字,以生熟的"生"和"生育"的"生"谐音,祝愿早生贵子。20世纪50年代侯宝林、郭启儒先生的相声《婚姻与迷信》中用过这个生活细节。这一风俗,就连皇帝结婚这样的国家级盛典中也要实践一次。据徐珂编撰的《清稗类钞》记录,清同治十一年(1872),十五岁的皇帝载淳与阿鲁特氏大婚:俟皇上、皇后坐龙凤喜床,食子孙饽饽讫。由福晋四人,率内务府女官请皇后梳妆上头,仍戴双喜如意,加添扁簪富贵绒花,戴朝珠,乃就合卺宴……至晚,皇上、皇后用长寿面,大婚礼成,宫中设合卺宴。末代皇帝溥仪在回忆录《我的前半生》中讲述了他本人的大婚仪式。当时虽已进入民国,但仍然沿用清皇室礼仪,吃"子孙饽饽"是婚礼中不可缺少的。

饺子在今天北京话就是叫"饺子",南北各地方言里,也多是叫"饺子"。山西太原话叫"扁食"。清代北京话受到旗人影响,也有叫"饽饽"的。北京本地并非没有"扁食"的记录,只不过汉字写法略有不同。明代《宛署杂记》,给我们今天研究北京话留下了宝贵资料。其中"民风"一节讲述元旦拜年:晨起当家者,率妻孥,罗拜天地,拜祖祢,作匾食,奉长上为寿。可见在明代北京话中还有"匾食"的叫法。再往前,元末明初编写的供朝鲜人学习汉语的以元大都话为基础的教材《朴通事》里已经出现了你将那白面来,捏些匾食。

饺子通常是在水中煮熟的,所以也有叫"水饺儿"的。蒸制的饺子就叫"蒸饺儿"。包饺子要把面粉和成面团,通常是加温水;但是加热开水将面粉烫一下再和成面团也是一种方法,这样做出的饺子叫"烫面饺儿",风味独特。跟饺子外形非常接近的是锅贴儿,有人干脆包成饺子形状,也有人在两端不收口儿。锅贴儿是煎熟的,类似上海生煎馒头的做法。

北京话里,"烫面饺儿""蒸饺儿""锅贴儿"都一定要带儿音,且"烫面饺儿"和"蒸饺儿"也绝对不能说成"烫面饺子"和"蒸饺子"。

二、形象化的名称

另一种接近锅贴儿的是褡裢火烧。名曰"火烧",其实就是小规模肉饼,长条形状,看上去很像旧时外出者背在肩上的褡裢。"褡裢火烧"中第二、四个字,一定是轻声的。

褡裢火烧看似简单,制作起来并不容易,鲜有家中自制的。家常做的是肉饼,也可以算一种馅儿活。北方生活条件差,吃肉饼是改善生活。肉饼其实跟馅儿饼是相通的,只是个儿大,肉的比例大,通常加入大葱以减少油腻。馅儿饼多是以菜为主,加肉或鸡蛋,素馅儿也可以。对于低收入家庭,吃顿馅儿饼也是改善伙食的一个不错的选择。民间谚语有"天上不会掉馅儿饼",讽刺幻想不需努力就会成功的人。还有一种馅儿饼,外观比较厚,装馅儿很多,北京话叫"盒子"。典型的盒子以鸡蛋韭菜为馅儿料。《儿女英雄传》第二十九回"证同心姊妹谈衷曲 酬素愿翁媪赴华筵"中,舅太太说:我不坐了,我那里给你们烙的滚热的盒子,我才叫人给褚大姑奶奶和那两位少奶奶送过去了。比肉饼要简单许多,勉强挤入馅儿活行列的应该是"懒龙"。所谓"懒龙"其实类似花卷儿的做法,将发面团擀成厚片,铺上一层肉馅儿,卷起来蒸熟。出锅时,约一尺长短,两寸粗细。也有叫"肉龙"的。"懒龙"妙在一个"懒"字,因为做懒龙确实比包包子要省很多工序。

三、"馄饨""抄手""云吞"

跟饺子接近的馅儿活当然是馄饨。馄饨个儿小、皮儿薄,必须连汤一起吃。在北京的家庭生活中,饺子比较常见,加上它特有的象征性意义,一年之中要吃多次。馄饨的地位就差了很多,也可能是因为馄饨必须是肉馅儿,还讲究汤的质量,一般人家不容易做好。馄饨要连汤吃,不适宜作为正餐,尽管老北京也有"冬至馄饨夏至面"这么一句说法。"冬至馄饨夏至面"这个说法至迟在清代就有了。乾隆十一年（1746），潘荣陛的《帝京岁时纪胜》中有：夏至大祀方泽，乃国之大典。京师于是日家家俱食冷淘面，即俗说过水面是也，乃都门之美品。向曾询及各省游历友人，咸以京师之冷淘面爽口适宜，天下无比。谚云："冬至馄饨夏至面。"

饺子在南北各地方言中的名称差不多，相比之下，馄饨的名称就复杂多样，五花八门。我们在本书一开始就有叙述，这里不重复。"馄饨"一词的出现，不晚于唐代。段成式（803—863）《酉阳杂俎·酒食》中有"萧家馄饨"的记录。馄饨在北京是常见的面食，有著名的中华老字号"馄饨侯"餐馆，旧时还有沿街叫卖的，老舍先生的《骆驼祥子》中叫"馄饨挑儿"。不过总体看，馄饨在南方饮食中的地位要高于北方，各种外形、馅料，非常丰富，这可能受益于南方物产的丰富。仅从名称上看，四川人的"抄手"就令北京人完全想不到，而广东人的"云吞"更是让北京人完全晕了，甚至觉得带几分神秘色彩。其实"云吞"就是"馄饨"，只是"馄饨"二字不在常用字范围之内，而"云吞"在广东话里跟"馄饨"同音，所以顺着音找字，就把"馄饨"写成了"云吞"。不客气地讲，这其实是写别字。但时间久了，大众认可了，反而成了地方语言的文字特色。粤方言"云吞"念成"wantan"，这个发音影响很大。今天"馄饨"在日语是"ワンタン"，发音为"wantan"；在越南语里"馄饨"发音是"vằn thắn"，都跟粤语"云吞"发音接近。中国周边只有朝鲜语跟北京方言类似，"馄饨"是"훈돈"，发音是"honton"。

四、几个不容易写对的馅儿活名称

馅儿活的另一个主要成员是包子。先说说这个食品的汉字写法。著名语言学家李荣先生举了一个挺有意思的例子：有的食堂把"包子"写成"饱子"，有的食品厂把"面包"写成"面饱"。[①]这个当然

---

① 李荣：《汉字演变的几个趋势》，《中国语文》1980年第1期。

有点可笑，"包"写成"饱"是犯重了。要是不犯重，还真可能造成这个字。像"婀娜""玛瑙""蜈蚣"古人都是写成很简单的"阿那""马脑""吴公"的。可是太简单又容易与另外的字词犯重，可见语言文字不是简单的事情。

包子对馅儿料的要求不高，手里拿着吃也很方便，所以很受欢迎，比饺子更多了一个快餐的功能。著名的天津"狗不理"包子其实就是快餐起家。包子可荤可素，可大可小。市民家自制的，往往不很讲究。比较上档次的包子是肉馅儿的，做起来比较讲究，个头儿也不是很大。于是就有了歇后语肉包子打狗——一去不回头；包子有肉不在褶儿上。前一句形容得不到某人的消息、回音儿，后一句形容事情重在实质而不是外表。

《骆驼祥子》中，车夫祥子平时非常节省，甚至他自己都觉得过分了。可是遇到车夫老马，严寒天气没钱吃饭而晕倒在茶馆，祥子非常难过。小说里的描写是：听到老车夫说肚子里空，他猛的跑出去，飞也似又跑回来，手里用块白菜叶儿托着十个羊肉馅的包子，一直送到老者的眼前，说了声：吃吧！小说中这样的包子，是典型的快餐。"用块白菜叶儿托着"，极具北京特色——大白菜有的是，价格低，扯一片叶子的成本可以忽略。为什么是羊肉馅儿的？因为老北京卖羊肉的铺子往往同时经营包子、烧饼之类快餐食品。从羊肉铺买羊肉馅儿包子应急，这个细节老舍先生在《正红旗下》中又写了一次，可见他印象很深。

包子通常是蒸制的，但是也可以有其他方法。常见的是油煎，用少量的油慢慢煎制而成，另有风味。这种做法相当普遍，山东、河南，多地都有，其中河南开封的更是有名。北京叫"水煎包儿"，也叫"煎包儿"。上海人爱吃得不得了的"生煎馒头"其实也在这个系列。煎包儿在西北更受欢迎，尤其是回族民众。在新疆，维吾尔族因为有吃烤馕的习惯，所以包子也是烤制的：馅儿料是羊肉切成肉丁，加洋葱、孜然调味，更有特点。不同的是汉族和回族的煎包儿是发面的，维吾尔族的烤包子传统上是不经过面粉发酵的。

外形跟包子接近的，在北京是烧卖（也有写成"烧麦"的。"麦"或"卖"都必须读轻声）。最负盛名的烧卖当然是前门外都一处烧麦店的，因为传说清代乾隆帝对此店烧卖曾大加赞赏，还为之题写了匾额。烧卖虽然外形与包子接近，但它是烫面制成，不是发面的，皮薄，包的时候顶端不能捏合，还要有很多皱褶。由于它的制作技术相当考究，家庭很难做出做好，所以它的普及程度也就比包子差了很远。烧卖的历史有多久，这需要再考证。"shāomai"这个词虽然元末明初已经有文献记载了，但是用汉字写出来却是五花八门。例如《朴通事》里有：官人们各自说吃甚麼饭。羊肉馅馒头、素酸馅稍麦、匾食、水精角儿、麻尼汁经卷儿、软肉薄饼、饼、煎饼、水滑经带面、挂面……芝麻烧饼、黄烧饼、酥烧饼、硬面烧饼都有。明代中晚期《金瓶梅》中有每人吃一大深碗八宝攒汤，三个大包子，还零四个桃花烧卖，只留了一个包儿压碟儿的记述。清乾隆年间的《儒林外史》第十回中有"席上上了两盘点心，一盘猪肉心的烧卖，一盘鹅油白糖蒸的饺儿"的记述。今天的权威工具书《现代汉语词典》（第7版）把这种馅儿活写成"烧卖"，并说明"烧麦"是俗写。古代文献还有"稍麦"，也有写"捎卖"的，仿佛是捎带着卖的意思。

实际生活中，馅儿活主要是白面制作的，也有用棒子面儿做的。最典型的棒子面儿馅儿活是菜团子。将馅料备好，可以用菠菜、韭菜、大白菜等大路蔬菜，放些虾皮鸡蛋之类，拌馅儿，手心上放些和好的棒子面，呈小饼状，把馅儿料放在这上面，左右手倒替团裹而成。这是典型的低收入家庭吃法，所以馅儿料不甚讲究。菜团子虽然不够讲究，制作起来却很不容易，非有经验的中老年主妇不行，远比包子、饺子或者南方的汤圆要难以把握。其次是hūbing，这个做起来很简单。把棒子面调成浓糊状摊入平锅成为饼状（老北京用饼铛效果更好），事前备好韭菜馅儿，可以加鸡蛋虾皮等，将馅儿料铺在饼上，待饼成形后即可铲出装盘了。bing读轻声，写字当然是"饼"。hū的写法却有些伤脑筋。极少工具书收入hūbing一词，本书作者只见到一本书收录了"烀饼"一词，但解释为蒸烙而成的饼，且没有提及馅儿料。这个显然不是我们这里说的hūbing。权威工具书《现代汉语词典》（第7版）把"烀"解释为"加少量的水，盖紧锅盖，加热，半蒸半煮，把食物弄熟"，举例是"烀白薯"。这显然与我们这里说的hūbing没多大关联。本书作者认为应该写成"糊饼"。"糊"，《现代汉语词典》（第7版）解释是"用较浓的糊状物涂抹缝隙、窟窿或平面"，举例是"用灰把墙缝糊上""往墙上糊了一层泥"。这样的动作与做hūbing是相似的。补充一句，摊制糊饼的过程，老北京话也叫"打糊饼"。

五、"馒头"指带馅儿的蒸食

本节的题目，估计很多北京本地读者会感到奇怪：馒头怎么会有带不带馅儿的问题呢？现在北京的习惯，馒头当然没有馅儿，有馅儿的是包子。可是从古代文献看，馒头带馅料的问题并不简单。上一节提到馒头时，我们引用了一首唐诗，里面说城外土馒头，馅草在城里。什么是"馅草"？"馅草"就是填在馒头里的菜馅儿。也就是说，唐代所谓"馒头"其实是带馅儿的，相当于今天北京话的"包子"。事实上，馒头带馅儿在古代是常规。北宋孟元老在靖康二年（1127）所著的《东京梦华录》叙述首都东京汴梁城（今河南开封）的吃食，书中有：沙糖绿豆、水晶皂儿、黄冷团子……羊肉小馒头、龟儿沙馅之类。南宋吴自牧著有介绍都城临安（今浙江杭州）的《梦粱录》，书中提到街上售卖的面食：且如……糖肉馒头、羊肉馒头、太学馒头、笋肉馒头、鱼肉馒头、蟹肉馒头……。元末明初，供朝鲜人学习汉语的课本《老乞大》中有这样一句：这肉都煮熟了，脖项骨、脖皮、肋扇、前膊、后腿、胸子，却怎么不见一个后腿？馒头馅儿里头使了。这些"馒头"都是带有馅料的。从地理上说，这种带馅儿的馒头范围很大，有北方的开封、北京，也有南方的杭州。到清代中期这一状况有所改变。乾隆年间，安徽全椒人吴敬梓的著名长篇小说《儒林外史》中对馒头的描述与上面大不同，看两个例子。第二回"王孝廉村学识同科 周蒙师暮年登上第"中是：厨下捧出汤点来，一大盘实心馒头，一盘油煎扛子火烧。第十八回"约诗会名士携匡二 访朋友书店会潘三"中是：还要买些肉馒头，中上当点心。这里出现了两种馒头，作者为了区别，分别加上了"实心"和"肉"。"肉馒头"就是上面那种带馅儿的，而"实心馒头"显然是相对而言，是没有馅儿的，所以才叫"实心"。"实心馒头"这个词在今天苏州话里仍然在用，就是指北京这种不带馅儿的馒头。还有今天的温州话，管这种不带馅儿的馒头叫"实心包"。今天上海人爱吃的"生煎馒头""小笼馒头"，其实都是《儒林外史》里"肉馒头"这一类型的。

北京是不是就绝对没有带馅儿的馒头呢？的确，今天不论是饭馆、单位食堂还是家中自制，北京话里提起"馒头"都是实心的，不带馅儿的。但事情并不这么简单。我们试举几例。

两百多年前，也就是吴敬梓写《儒林外史》的时代，清乾隆年间，北京人潘荣陛写出了《帝京岁时纪胜》。此书一直被奉为研究北京城市和民俗的必备参考。书中对于大年初一有汤点则鹅油方补，猪肉馒首，江米糕，黄泰饦的记录。这里的信息是，第一，唐代以来的"馒头"在清代的北京也可以叫"馒首"；第二，馒头可以带馅儿。这两条都与今天的北京话表述的不同。

其实，老北京所谓"馒头"也是多样的。旗人过年一向就有蒸"肉丁馒头"的习惯。一般用猪五花儿肉做馅儿，切成肉丁，加入葱、姜、香油、黄酱等等调味品，包好，上锅蒸制而成。这里的"馒头"一词当然是指带馅儿的。

再有就是"三角儿馒头"。用发面包上糖馅儿在内，传统做法讲究用红糖，然后捏成一个三角形再上锅蒸熟。这是很普通的家常蒸食，因为是三角形，所以多是叫作"糖三角儿"。但是正如馒头、花卷儿一样，这些一日三餐常见食品也有小贩专门制作出售的，他们管糖三角儿叫"三角儿馒头"，也有叫"三角馒首"的。著名作家梁实秋先生在他的散文集《雅舍谈吃》里也提及了"三角馒头"，还有"混糖馒头"。

总之，"馒头"这个词在今天北京话里，通常是指不带馅儿的纯粹用面粉制成的食品，但是偶尔也可以指带馅儿料的。带馅儿料的发面蒸食，如果用菜或肉做馅儿，通常叫"包子"。这个"馒头"和"包子"两词的界限有必要划清，因为北京地理上与河北省市县相邻，饮食习惯和语言难免互相影响。例如紧靠北京西南房山区的河北省涿州市、易县，当地"包子"一词其实相当于北京话的"馒头"，不带馅儿；而带馅儿的叫"馅儿包子"。保定往南的蠡县、博野，把包子和馒头合并起来都叫"卷子"，而把枣泥或豆沙作馅儿的叫"馒头"，把带菜馅儿或者肉馅儿的叫"包子"。北京南边的河北省固安县则把馒头称为"包子"。再远一些的山西、陕西、河南，还有个更普遍的叫法"馍"。这"馍"的范围也是有大有小，各地不一。馍里还有"黑馍""黄馍""白馍""蒸馍""烙馍""烩馍"等细微区分，不一而足。

六、"馅儿"还是"馅子"

本节题目既然是"馅儿活"，就应该给馅儿料本身的叫法儿来个"正名"。今天的北京话中，对于放在包子饺子中的肉和菜都是叫"馅儿"。吃饺子，不论在家还是在饭馆，总是要问"什么馅儿的"。不过从相关的文学作品看，却未必都是称"馅儿"。尤其是在直接描写普通市民的作品中，关于馅料有两个词："馅儿"和"馅子"。我们知道，北京话里带"儿"和带"子"的词，往往有褒贬之分，如同样是称呼老年男子，"老头儿"是比较可爱的，"老头子"就很让人厌恶。那么"馅儿"和"馅子"也有这样的区别吗？我们看实例。（作家有时也把"馅儿"写成简略形式的"馅"，就像把"一会儿"写成"一会"）

《红楼梦》全书涉及馅料的一共有三处。第十一回"庆寿辰宁府排家宴 见熙凤贾瑞起淫心"中，王熙凤去看望久病的秦可卿，秦可卿致谢，书中有：秦氏说道："婶子回老太太，太太放心罢，昨日老太太赏的那枣泥馅的山药糕，我倒吃了两块，倒像克化的动似的。"第四十一回"栊翠庵茶品梅花雪 怡红院劫遇母蝗虫"，刘姥姥二进荣国府，酒席间歇时有点心，书中说：贾母因问什么馅儿，婆子们忙回是螃蟹的。第七十五回"开夜宴异兆发悲音 赏中秋新词得佳谶"中，贾家过中秋节，贾政讲个笑话哄老太太一乐：这个怕老婆的人从不敢多走一步，偏是那日是八月十五，到街上买东西，便遇见了几个朋友，死活拉到家里去吃酒，不想吃醉了，便在朋友家睡着了，第二日才醒，后悔不及，只得来家赔罪。他老婆正洗脚，说："既是这样，你替我舔舔就饶你。"这男人只得给他舔，未免恶心要吐。他老婆便恼了，要打，说："你这样轻狂！"唬得他男人忙跪下求说："并不是奶奶的脚脏，只因昨晚吃多了黄酒，又吃了几块月饼馅子，所以今日有些作酸呢。"两相对比很明显，用"馅儿"是一般的或褒义的叙述，用"馅子"是贬义的。

这个差别到将近两百年后的《四世同堂》里一样存在。书中描写：小顺儿的妈……建议吃一顿茴香馅的饺子。这本是好事，但是婆婆对儿媳的烹饪有些担心，说：搀我起来，我帮她拌馅子去；她拌馅子老太咸！老北京常二爷按老规矩过年：每到元旦，他在夜半就迎了神，祭了祖，而后吃不知多少真正小磨香油拌的素馅饺子……吃过了素馅饺子，他必须熬一通夜。北京人过端午节要吃粽子，但是并不喜欢南方口味的：这种粽子并不十分合北平人的口味，因为馅子里面硬放上火腿或脂油……真正北平的正统的粽子是（一）北平旧式满汉饽饽铺卖的，没有任何馅子，而只用顶精美的糯米包成小，很小的。老舍先生的语言习惯告诉我们，"馅儿"用于一般叙述或者褒奖，"馅子"用于一般叙述或者贬损。合并起来就是："馅儿"的褒奖意义大于"馅子"，或者说"馅子"的贬损意义大于"馅儿"。

第四节 "窝头""棒子""棒子面儿"

虽然北京人的饮食习惯偏于面食，但是天天顿顿吃白面，在旧时代，对于普通人家来说并非易事。对于"骆驼祥子"阶级的人来说，更是近乎奢望。原因也很简单，一言以蔽之就是个"穷"字。顿顿吃馒头、面条儿、包子、饺子等等，不是底层人民的消费水平能够达到的。老舍先生早年长篇小说《赵子曰》里，卖煮白薯度日的没落旗人小贩"春二"评价下雪：我告诉您说，十月见雪，明年必是好年头儿！盼着啵，穷小子们好多吃两顿白面！从这个感慨就可以看出，吃上白面不是件轻松的事。

吃不起白面，那么玉米面，北京话叫"棒子面儿"（一定要带上儿音），自然就成了低收入市民家庭的首选。棒子面儿可以煮成糊糊，北京叫"棒子面儿粥"。粥当然不经消耗，体力劳动者还是要吃用棒子面儿做的干粮，即窝头，也有叫"窝窝头"的（第二个"窝"读轻声）。把棒子面和好蒸制，大致呈上尖下圆的圆锥形，七八厘米高，七八厘米粗细的底部。底部留一个凹陷的小"坑"，有两三厘米深，叫作"窝窝"，它可以缩短蒸制的时间。"窝头"这个叫法就是从这里来的。

窝头相对馒头，价格便宜，同样可以顶时候，只是颗粒粗、口感差。虽然不好吃，但是旧时的北京，穷人能天天有窝头吃，总可以度日了。然而这样的生活也不是随随便便就可以有的。民国时代夏仁虎先生《旧京琐记》里有"窝窝头会"的记录就能够说明问题了：窝窝头会始于清末，慈善团体之一也。京师贫民搏黍屑蒸而食之曰窝窝头。此会专为救济贫民，故以名焉。不过这里的窝头还不是通常所说的，因为它不是玉米面的。所谓"黍"就是黍子，其中的籽粒是黄黏米，不是玉米。窝窝头会的影响非同小可。20世纪二三十年代，姜妙香、朱桂芳、侯喜瑞、许德义、余叔岩、杨小楼、梅兰芳、程砚秋等著名演员发起或参加，其他演员纷纷跟进，每逢年末举行大规模演出，演出所得全部用来购买玉米面，帮助困难的艺人和穷苦市民度过寒冬腊月。

窝头通常是用玉米面做成的。现在学界都认可，玉米是明代才传入中国的。传入不等于普及，玉米从传入到端上普通市民的餐桌还需要时间。明万历年小说《金瓶梅》中已经有了玉米的身影。第三十一回"琴童儿藏壶构衅 西门庆开宴为欢"中有：正说着，迎春从上边拿下一盘子烧鹅肉、一碟玉米面玫瑰果馅蒸饼儿与奶子吃。这里是用玉米面做成点心。

从文学作品看，至迟到清咸丰、同治年间的《儿女英雄传》中有了"窝窝头"。第十七回"隐名姓巧扮作西宾 借雕弓设局赚侠女"中有：褚一官早张罗着送出饭来，又有老爷、公子要的小米面窝窝头，黄米面烙糕子，大家饱餐一顿。这里虽有窝窝头但不是棒子面而是小米面的，且是"老爷、公子要的"，既然是客人专门要的，当然不会难吃。这时对玉米已经有了"棒子"的说法了。书中第十五回"酒合欢义结邓九公 话投机演说十三妹"有：这地方要找绍兴坛子大的倭瓜，棒槌壮的玉米棒子，只怕还找得出来。

窝头绝不是什么美食，但在旧时，因为价格低廉，它是市民维持基本生活的上佳选择，所以在文学作品中对它就有大量的描写。老舍先生在《四世同堂》中描述了北京普通人家对付战争等动乱的方法。小说主人公祁家，七十五岁的祁老人饱经沧桑，他对北京市民度过灾难的态度和办法是：咱们这是宝地，多大的乱子也过不去三个月！咱们可也别太粗心大胆，起码得有窝头和咸菜吃！棚匠刘师傅要去投军抗日，他的家小就只好交给邻居照看：可是家里必定得一月有六块钱！按现在的米面行市说，她有六块钱就足够给房钱和吃窝窝头的。《我这一辈子》中的描写是：巡警和洋车是大城里头给苦人们安好的两条火车道。大字不识而什么手艺也没有的，只好去拉车。拉车不用什么本钱，肯出汗就能吃窝窝头。梁实秋先生《雅舍谈吃》里概括了一句话非常准确：总而言之，窝头是穷苦的象征。

窝头不好吃，穷人舍此又无其他，所以"窝头"也就成了描绘穷人生活的一个特殊词语。《骆驼祥子》中车厂主刘四爷的女儿虎妞嘲笑车夫祥子是：地道窝窝头脑袋。除了拉车"出臭汗"，挣辛苦钱，不会干别的。可是另一方面，窝头便宜，有窝头吃就有了基本的生活保证，也就不需再努力，连小富即安的境界都没有了。这样的人生观当然太过消极，但在北京的城市文化价值观里也是一个类型。汪曾祺先生在《胡同文化》中就曾毫不客气地借用北京土语批评道：北京人易于满足，他们对生活的物质要求不高。有窝头，就知足了。大腌萝卜，就不错。小酱萝卜，那还有什么说的。"您多余操这份儿心。粮店还卖不卖棒子面？""卖！""还是的。有棒子面就行。"

窝头当然也可以精制。老字号饭庄仿膳的代表作之一就是掺有栗子面的小窝头，香中带甜，口感极好。相传当年慈禧太后遭八国联军之乱，向山西陕西逃跑，路上吃到民间的窝窝头，由于饥渴，感到十分香甜可口，回宫后要御膳房制作。厨师当然不敢做"正宗"的棒子面窝头，于是就有了这种栗子面儿的窝头。这则传说和这个糕点，颇有西方现代文学中所谓"黑色幽默"的效果。

窝头以棒子面儿的最为常见，也有小米面的，像前边我们引用的《儿女英雄传》里安家父子点名要的。大众化的窝头还有一种，是用杂和面儿做的。这个在梁实秋先生《雅舍谈吃》里写得很清楚，把它与小米面贴饼子并列。对于今人来说，困惑在于什么是"杂和面儿"。顾名思义，它与白面、玉米面、小米面都不同，不是单一粮食品种加工的。据一些老北京人回忆，这种叫作"杂和面儿"的，其实是玉米面为主，掺入一些小米面、黄豆面，口感上好于单一的玉米面。但是各种成分各自多大的比例，全由粮店自行决定。杂和面儿也属于穷苦大众的主粮。老舍先生话剧《茶馆》第三幕，老裕泰茶馆生意萧条，生活困难。孙女想吃碗热汤儿面都做不出，只好弄点"杂和面疙瘩汤"。石挥先生根据老舍同名小说改编的电影《我这一辈子》，洋车夫辛苦一天，给家里挣出来的也就是这个杂和面儿。

棒子面儿不好吃，人们就要开动脑筋想办法改善，摇尜尜儿是一种常见的改善口感的吃法。所谓"尜尜儿"（gágar），也有叫"面尜余儿"的，就是把棒子面儿用热水烫过，搅拌均匀，然后平摊在案板上，压实，切成小方块儿，色（shǎi）子大小，再在面盆里撒上一些白面，把切好的棒子面儿小方块儿放在盆里来回地摇，这样就可以裹上白面，形状也变圆了。下锅煮熟捞出，加一些简单的拌料就可以吃了。还有一种蒸食，叫"金裹银儿"，像做花卷儿那样，将发面团擀开成饼状，铺上一层薄厚相同的棒子面儿，然后卷起，切成两寸左右的段儿，上锅蒸。蒸熟后，它的横截面是一圈儿银白一圈儿金黄，所以叫"金裹银儿"。不过严格说起来，这名字不合实际情况，因为最外一层肯定是白面才能裹住，叫"银裹金"才更真实。"金裹银儿"名字很好听，吃起来比窝头要好多了，还可以节省一些白面。旧时代人们发明这些食品纯粹是为了减少生活开支以度日，不像今人满脑子都是饮食健康理念。这也说明我们的生活从吃饱转向了吃好，现在转向要吃得健康。

第五节　北京话的"米""饭""粥"

北方气候干燥，缺少水源，所以不适宜大面积种植水稻，较少吃大米。但北京情况特殊，它是首都所在地，人口太多，吃粮绝非本地能够自足，所以自元代开始就从南方调运，当然主要是大米。因此，相比北方其他地区，北京一日三餐中，大米比例较高。北京话中关于"米"的词汇也就相应较多。其中的城市文化成分非常值得探讨。

一、老米

从南方调粮进京必须储存入仓。直到今天，东城区朝阳门内南小街路东还有明清两代留下的"禄米仓"胡同。调运的粮食对京城的粮食供应有多大价值呢？《儿女英雄传》第三十三回"申庭训喜克绍书香 话农功请同持家政"中，安老爷对从河南初到北京的亲家公说：亲家，你这一句话就不知京城吃饭之难了，京里仗的是南粮。清代由于八旗驻军数量庞大，从南方调运的大米数量也就相应增加。史料记载，到清乾隆年间，一年的运量达四百万石。[①]按每石粮食100斤计算，折合四亿斤，大致可以满足百万人口一年之需了。那时的物流不可能做到精准计算，稳妥起见，尤其在所谓"康乾盛世"或丰年，大米运到北京会积压，要在仓库里储存多年，逐年倒换才发放到八旗兵手中。这种经过仓储积压多年的大米，品质当然发生了极大变化，必然直接影响外观和口感。对这种经过存放而变质的大米，北京话有个专门的词，叫"老米"。由于这种米是专门用来发放给八旗兵用作俸禄钱粮的，所以也就叫"俸米"或"禄米"。

"老米"并非徒有虚名，它确乎很老。据吃过老米的老北京人回忆，这种陈米颜色略泛红，也有略显黄色的，吃惯了普通的米，会觉

---

① 刘凤云：《俸米商业化与旗人身份的错位——兼论商人与京城旗人的经济关系》，《中国人民大学学报》2012年第6期。

得老米有一股异味。但是老米也有自己的特色，它能吸水，从生米到熟饭，膨胀较大，北京话管这种现象叫"出饭"。口感也比较筋道，吃惯老米的人反而觉得普通大米不对口味。这对于今天讲求营养和养生的人们来说，实在不可思议。有趣的是，民国以后，政府不再向旗兵发放钱和米，北京不再有大批"南粮"，老米逐步退出日常生活，反而成了稀罕之物。老北京旗人吃惯了老米，老米断供，他们就舍不得吃，老米成了待客的美食。

老米不但是普通旗兵人家的主食，也是皇帝御膳中的基本成员。末代皇帝溥仪在《我的前半生》里有这样的回忆：太妃们为了表示对我的疼爱和关心，除了每餐送菜之外，还规定在我每餐之后，要有一名领班太监去禀报一次我的进膳情况。这同样是公式文章。不管我吃了什么，领班太监到了太妃那里双膝跪倒，说的总是这一套："奴才禀老主子：万岁爷进了一碗老米膳（或者白米膳），一个馒头（或者一个烧饼）和一碗粥。进得香！"可见老米和白米不是同物异名，根本就是两种食材。

时光流逝，今天的北京城市里真正吃过老米的老北京人，已经为数不多了。对老米，不应该简单地视为一种变质大米。它在北京最近几百年历史上，是个很特殊的标记。我们只要看看民国以来记述北京旗人生活的报道和文学作品，就能理解老米的地位。老米和几两银子是政府按期保证发放的，有了老米和钱就可以度日，由此又有了一个名称——"铁杆儿庄稼"。可以想见，大部分北京市民对于这"铁杆儿庄稼"没有不羡慕的理由。《儿女英雄传》第十五回"酒合欢义结邓九公 话投机演说十三妹"中，山东茌平县好汉邓九公，给从北京来的安老爷讲述当年一场紧张比武说：老弟，那个当儿，劣兄到底比周三多吃了几年老米饭，一看他那光景，断非寻常之辈，不可轻敌，才待合他讲礼。山东茌平到北京直线距离也有700多里，邓九公不在领老米行列，但是依然用老米来比喻自己资深。

二、炒饭

生米做成饭，一般是蒸或焖。蒸饭相对简单，焖饭的技术含量就高了很多。火大了，要煳锅；火小了，表层熟了，里面半熟，就是所谓"夹生饭"了。还有一种是"捞饭"。米在水中稍微煮一下，开锅即捞出，再蒸熟。这样的米饭，比较爽口，米汤也很好喝（注意："米汤"在老北京话，"汤"是要读轻声的）。这种做法适合于南方籼米。籼米米质较硬，煮一下，使它吸足水分，口感会柔软一些。北方吃小米饭也有用这个办法的。吃剩的米饭，第二天就会变硬，一般是加少量的水煮一下。如果过油炒一下，就是"炒饭"，味道当然好。现在生活水平高了，没人把炒饭当成上档次的食品。可是旧时生活水平低，食用油对于底层市民来说，也是笔不小的开支，能省就省。《儿女英雄传》第二十二回"晤双亲芳心惊噩梦 完大事矢志却尘缘"中，安家老仆人张进宝，看不上年轻一代仆人，认为他们不懂规矩，就抱怨道：如今这些才出土儿的奴才，都是吃他娘的两天油炒饭就瞧不起主子了。可见炒饭并不简单。鲁迅先生名篇《故乡》中也有炒饭的记录，似乎很轻松：母亲问他，知道他的家里事务忙，明天便得回去；又没有吃过午饭，便叫他自己到厨下炒饭吃去。这是给乡下来的老友"闰土"的午饭安排，无须客气，炒饭足矣。不过，小说中描写的是大户人家。再者，背景是富庶的江南，与北方又大不同了。

三、机米、粳米、江米、好米

上面说到籼米的口感，"籼米"是正式的说法，北京口语中没有这样说的。这种产自南方、长粒儿、口感较硬的米，北京话叫"机米"。老话说"机米子饭，赛枪子儿"，就是形容籼米饭一粒一粒的，很硬，口感差。这种大米现在北京市场已经很少有售了。与此相对的北方大米，米粒呈椭圆状，脂肪含量较高，口感柔软，煮粥效果尤其好。这种大米叫"粳米"。侯宝林、郭启儒先生的著名相声《改行》就有一段唱，模仿著名大鼓书艺人刘宝全先生的腔调和唱法，唱词有：粳米粥贱卖，俩子儿一碗。极负盛名的天津小站稻就是这个类型，老北京人非常喜欢。北京自产的粳米，最有名的就是海淀的京西稻。京西稻品质好，据说得益于玉泉山一带的上好水源。"粳"字不常见，很多人也不敢贸然读出，甚至误读为gěng。因此一向有人干脆把"粳米"写成"精米"，从纯文字学角度看，也不是没有道理。

机米、粳米都是可以用来作为一日三餐的，江米则不然。江米黏性大，主要用来包粽子、做年糕等等。"江米"是北京土话的说法，普通话叫"糯米"。北京市面出售的糯米，在旧时代都是来自江南的，所以才有"江米"之称。今天天安门广场东路向东到崇文门内大街，有一条乱中取静的东西方向街道，叫"东交民巷"，清代是外国使馆集中的地方。这里过去叫"江米巷"，因为从元代起这里就是漕运粮食的一个重要结点，这其中当然就有南方的江米。

关于大米的词汇中，"好米"是文化背景最奇特的一个词。

字面上，"好米"不难理解，就是好吃的大米。但是对今天五十岁以上的北京居民来说，这里有一段难忘的记忆。所谓"好米"，在几十年前，是特指北方人爱吃的粳米。在票证时代，物资供应紧张，这样的大米只有过年过节才能买到，一年两次：一是国庆节，二是春节。当然限量，如每人二斤或者每户五斤等。价格也比平日供应的机米高出不少：最高的是每斤0.213元，最低的是每斤0.197元。这种米做出的饭特别对北方人的胃口，但是从小吃惯机米的南方人却未必喜欢。有的南方家庭不买，但是购买权很难得，放弃了太可惜，于是就送给亲友。著名学者、作家、翻译家钱锺书、杨绛夫妇是江苏无锡人，有典型的南方饮食习惯。杨绛先生晚年回忆，钱锺书先生曾特意给亲家母写过一张便笺，告知自己家里二月（春节所在月）的好米送给亲家购买，还特意加了着重号说明"我家无需要"，并附上购粮本，因为当时没有购粮本是不能买粮食的。这购粮本是按户发放的，每月凭此领取购买粮食的粮票。"二月""好米""购粮本"，都是学者笔下票证时代北京居民家庭生活的精准写照。[1]

四、米粥

"粥"字当中是"米"，可见米是粥的基础。北京话里提到粥，都是指大米粥。如果不是大米，那就要特别说明了，比方"小米儿粥""绿豆粥""棒子面儿粥"等。

前面说过，大米在北京又分粳米和籼米。粳米黏性大，是熬粥的上品，所以有"粳米粥"之说。《儿女英雄传》第三十三回"申庭训喜克绍书香 话农功请同持家政"中，有这样的场景描述：闲话少说。却说安公子这日正在书房里温习旧业，坐到晌午，两位大奶奶给送出来滚热的烧饼，又是一大碟炒肉炖疙瘩片儿，一碟儿凤肉，一小铫儿粳米粥。这里"铫"读diào，是一种很小的带盖儿带把儿的锅，类似砂锅，专用来煮少量的汤或粥。

米有多种，对应的粥也就有多种。用大米熬制的是"大米粥"，用小米熬制的是"小米儿粥"。熬粥时还可以加入其他成分，常见的是各种豆类。《骆驼祥子》里描述祥子拉车后的晚饭是"十二两肉饼，一碗红豆小米粥"。夏天加绿豆的是"绿豆粥"，这是北京夏季最常见的粥品。

一年之中最具仪式感的粥当数阴历腊月初八的"腊八儿粥"。相传这一天是佛祖释迦牟尼成道之日，所以腊八儿粥就有了宗教文化成分。北京著名寺庙，如雍和宫，在这一天要熬制大量腊八儿粥。旧时，雍和宫熬制的腊八儿粥用来供奉佛祖，也供给皇宫和皇亲国戚。腊八儿粥以大米为主，杂以各种粮豆，并无一定之规，一般有小米、江米、高粱米、红小豆、绿豆、豌豆、黄豆等各色杂粮，花生、大枣、核桃、葡萄干等各色干果。这样的粥，当然以甜味为宜。清代受满族饮食习惯影响，粥内还要加奶油、羊肉。阴历腊月，北京正值寒

---

① 便笺原文和照片见杨绛《我们仨·附录二》，生活·读书·新知三联书店2003年版。

冬，喝上一碗热乎乎的腊八儿粥，感觉确实很好。按旧时习俗，这腊八儿粥不但自家享用，亲友们还要相互馈赠。这个风俗，至少在明代后期已有。万历年间《宛署杂记》记录：十二月造腊八粥：宛俗以十二月初八为腊八，杂五谷米并诸果，煮为粥，相馈遗。

从语言上看，北京人有大量的儿音加入名词，"腊八儿粥"是其中之一。腊月初八还有泡"腊八儿醋"的习惯。将大蒜瓣放入醋内泡，到除夕晚上，醋有蒜香，蒜带醋酸，就饺子吃再好不过了。不论粥、醋、蒜，都冠以"腊八儿"，这个一定要带上儿音。最近二十年，为便于推广，普通话中把没有分辨词义作用的儿音限制在最低程度。这样，"腊八儿粥""腊八儿醋""腊八儿蒜"就成了"腊八粥""腊八醋""腊八蒜"。这种不带儿音的"腊八×"，在北京话中，其实很难接受。记得先是中央电视台把"腊八儿粥"去掉了儿音，继而北京电视台跟上，于是在播音中就大量出现不带儿音的"腊八粥"等。事实上，为了省事，大家在书面上常常不写上"儿"，但是在北京口语中，直到今天，也是要带上儿音的。

五、甜浆粥是什么粥

以上各种粥都是可以在家中熬出来的，可是下面这种粥，不管多老的老北京也很难在家中自制，因为它的人工成本太高，需要熬上几个小时才行。这种很多老北京人想念的粥品叫"甜浆粥"。这里的"甜"，并不是加糖使之变甜，而是粮食自身经长时间熬制而产生的香甜；"浆"也不是今天普遍常见的豆浆。据梁实秋先生在《雅舍谈吃》中回忆，甜浆粥其实是用碎米经长时间熬制而成的一种米汤，几乎看不到米粒，却有一种奇特的米香，配上炸麻花儿、烧饼、焦圈儿等作为早餐，非常好吃。甜浆粥起于何时？至迟，清代嘉庆年间杨米人作《都门竹枝词》中已经有了明确记录：三大钱儿卖好花，切糕鬼腿闹喳喳，清晨一碗甜浆粥，才吃茶汤又面茶。老北京专有出售米粥的店，叫粥铺。粥铺都是上午甚至早上营业，卖完当天的粥就不再待客，所以有一句歇后语，叫"粥铺的买卖——就热闹一早儿"。老舍先生的《骆驼祥子》中，描写主人公祥子在腊月里不得已打了一宿的地铺，清早又打扫了全院的积雪，又冷又饿，另一名车夫老程招待他吃早饭：待了会儿，老程回来了，端着两大碗甜浆粥，和不知多少马蹄烧饼与小焦油炸鬼。"没沏茶，先喝点粥吧，来，吃吧；不够，再去买；没钱，咱赊得出来；干苦活儿，就是别缺着嘴，来！"天完全亮了，屋中冷清清的明亮，二人抱着碗喝起来，声响很大而甜美。谁也没说话，一气把烧饼油鬼吃净。

如此美味的甜浆粥为何今天无处寻觅？听老辈人讲，20世纪50年代开始，北京人慢慢转向了早餐时喝豆浆，以豆浆油条为早餐的标配。这使得本是很普遍的甜浆粥逐步减少以至仅能保留在老辈人的回忆之中了，可能是因为豆浆的人工成本较低而取代了甜浆粥。据梁实秋先生回忆，他14岁以前就没喝过豆浆。先生生于1903年。由此我们可以推想，到20世纪20年代前，北京人还没有早餐喝豆浆的习惯。

第六节 饮食名称面面观

孔子说过，"必也正名乎"。可见在中国传统文化里，名称是很重要的。中国地大物博，气候物产各不相同，生活习惯各有特点，这就使得各地的饮食文化中的名称有不少差异。不了解这些名称里的大大小小"暗流"，就无法真正认识当地的饮食文化。这方面，北京方言里有些东西很值得一说。

一、名实不符

所谓"名实不符"，就是字面的意思与词的真实含义并不相符，人们从字面上获得的信息与这个词实际指称的对象相差很多，用北京话说，就是"对不上号儿"。

先说各种粥。"大米粥""小米儿粥"最为常见，它们的名称与实际材料是名实相符的。可是加入了豆类，问题就复杂了。比方夏天在北京有喝"绿豆粥"的习惯，认为绿豆清热解暑；可"绿豆粥"不是以绿豆为主，绿豆也煮不出黏稠的粥。绿豆粥还是以米为主。跟这个平行的是"小豆粥"，煮粥时加入红小豆（也有叫"赤豆"的），也是以米为主。盛夏天气闷热，老北京讲究喝荷叶粥。"荷叶粥"当然不能以荷叶为主，而是在煮熟的粥上趁热覆盖一张新鲜荷叶，过一会儿粥的颜色呈淡绿色即好，粥中有荷叶的清香。不过，"豌豆粥"在名称上虽然与"红豆粥""绿豆粥"平行，但其实不是家常喝的，而是一种小吃，它真是以豆为主的。

再说小吃。"驴打滚儿"是颇具代表性的北京小吃名称。传统方法是用黄黏米面制作。黄黏米面是黍子的籽粒磨出的面，黍子是低产作物。现在市售的驴打滚儿改用糯米粉，北京话叫"江米面"。把面蒸熟，当中裹上豆沙或红糖馅，卷起，外表辅以炒熟的黄豆面，切成小段，黏、香、甜，非常可口。黄豆面呈黄色，裹在外面，仿佛干活后放松的驴在沙地上打滚儿后的外观。这种比喻，从字面上是怎么也看不出来的。

北京还有两样甜食深受各地人士好评，也是名实不符的，一是"炒红果儿"，二是"冰糖葫芦儿"。这两样食品都是用山楂做成的。山楂在北京话里叫"山里红"，"里"读轻声le。通常说"炒"是指炒菜，必须放油，炒红果儿是将山楂去核放入冰糖水中小火炖制，与油无关。"冰糖葫芦儿"并非葫芦，而是将七八个去核的山楂用竹扦穿成串，在熬制的冰糖液中翻转，裹上糖液后取出晾凉，上面一个个相连的球状山楂果看上去呈葫芦状。这两样食品酸甜适口，开胃，真正是老幼咸宜。

北京小吃中，最为外埠人士难于接受甚至诟病的，非豆汁儿莫属。这不单是因为豆汁儿的酸馊味儿让人难以接受，还因为"豆汁儿"这个名称也颇具"欺骗性"，容易让人误解为豆浆一类。豆浆是黄豆经过泡发研磨而制成的液体，颜色白里带黄，熬煮而成。豆汁儿是制作绿豆粉条后的剩余残渣经过发酵而做成的，是淡淡的暗灰色。现代各地语言习惯中，"豆"如果不特别说明，一般都是指黄豆，最典型的莫过于"豆腐"，还有"豆腐干""豆腐皮""豆制品""豆油"等，"豆浆"也是其中之一。北京的"豆汁儿"，名称上虽也有个"豆"，却是绿豆制品的残渣经发酵而成，名实不符了。附带说一句，豆汁儿还有个奇怪之处：分布范围极小。旧时，出了北京城（大致相

左图为豆汁儿；右图为炒好的麻豆腐，内中有水发青豆，上面是炸辣椒

当于今天的二环路内）到郊区就没有什么人喜欢这一口儿了。关于豆汁儿味道的评价，刘心武先生在长篇小说《钟鼓楼》中有精彩描述：未学会饮用者，特别是南方迁入北京的居民，往往仅啜一口便不禁作呕，然而老北京们却视它为最价廉物美的热饮，许多人简直是嗜之入迷。百年后的今天，北京仍有不少人酷爱此物，甚至有那漂洋过海侨居国外多年的北京人，虽然早已遍尝世上各种美味佳肴，但一旦回到北京，提出的首批愿望之一，便是："真想马上喝到一碗热豆汁！"

说到豆汁儿，就不能不提到他的"街坊"——麻豆腐。这麻豆腐与豆汁儿一样，有很大的"欺骗性"，因为它与豆腐没有任何关系，只是徒有"豆腐"之名。说它是豆汁儿的"街坊"，是因为它同样是绿豆制品的下脚料。旧时北京生产绿豆淀粉的加工作坊，先把绿豆泡发，然后加水碾压，形成液体。这种带有绿豆的液体，上层是精华，用来做淀粉，底层沉淀是豆汁儿，中间层稠糊的浆水加热后，滤掉水分就形成一种淡绿色渣末状的东西，这就是麻豆腐。按老北京口味，要用羊油，加入黄酱和青豆嘴儿（泡发的青豆刚刚发芽）炒熟这个麻豆腐，再淋上一点儿辣椒油即可。这种食品也是老北京人非常喜欢吃的，佐餐下酒都很合适。本书作者个人的经验是，麻豆腐的可接受程度要大大高于豆汁儿，南方朋友初次尝到并不拒绝，还有给出正面评价的。

说到麻豆腐，就不能不提"酱豆腐"。"酱豆腐"是北京话的说法，《现代汉语词典》（第7版）对这个词的解释是"豆腐乳"。其实"豆腐乳"是南方话，北京人不懂。豆腐乳通常是黄白色，质地相对松软，北京酱豆腐是暗红色的，有浓郁的酒曲香味。二者真的不能相互替代。"酱豆腐"这个词南方朋友颇不以为然，认为根本不是"酱"和"豆腐"的组合。北京人听了这个抱怨，也只好一笑了之。

跟酱豆腐相提并论的是"臭豆腐"，最有名的是"王致和"臭豆腐，早已跻身于"中华老字号"行列。北京臭豆腐是佐餐的，跟酱豆腐异曲同工，直接入口的，无须油煎，味儿咸，质地紧凑，"臭"气浓郁，根本不能在公共场合出现，家中吃了臭豆腐也恨不得赶快开窗通风。它完全不是近十几年来在北京盛行的湖南那种需要煎炸的黑色臭豆腐系统的。南方朋友初闻北京也有臭豆腐，满怀兴致品尝，一望之下充满疑虑，嗅到吃到之后断难接受。他们又一次感到了名实不符的厉害，因为南方臭豆腐跟北京这个比，实在不够"臭"。

还有一种与豆腐相关的小吃，叫"老豆腐"，这也是名实不符。从字面看，它应该很老，其实正相反，它很嫩很嫩，必须用勺儿吃，趁热儿，浇上各色调味料。老舍先生《骆驼祥子》中有精彩描写：醋，酱油，花椒油，韭菜末，被热的雪白的豆腐一烫，发出点顶香美的味儿，香得使祥子要闭住气；捧着碗，看着那深绿的韭菜末儿，他的手不住的哆嗦。吃了一口，豆腐把身里烫开一条路；他自己下手又加了两小勺辣椒油。一碗吃完，他的汗已湿透了裤腰。半闭着眼，把碗递出去："再来一碗！"

跟"豆"有关的名实不符的北京菜还有个"豆儿酱"。这个"酱"很容易让人想到黄酱甜面酱芝麻酱一类，其实全不相关。所谓豆儿酱，是过年时老北京家庭必备的一道凉菜。用肉皮加水长时间温火熬制，再加入黄豆、胡萝卜、水疙瘩（即腌制的芥菜头）、豆腐干儿，都切成丁儿，跟黄豆大小搭配，煮好晾凉，凝结成冻儿。吃的时候切成小块儿，可以依个人口味再加些腊八醋等。豆儿酱和"芥末墩儿"（用芥末、白糖、醋、大白菜做成的凉菜）是老北京年菜中不可或缺的重要成员。它有豆儿，无酱，却非叫"豆儿酱"不可。不知者还以为是肉皮冻儿，老北京们听着也只能一声叹息了。

之所以名实不符，有时是为了避开忌讳之词。例如本书第二章"北京话中的礼儿"曾举出"木须肉"的例子。"木须"是"木樨"的讹音，实际上是桂花，可北京人所谓"木须肉"并不是桂花炒肉片，而是鸡蛋炒肉片。"蛋"在北京话里是骂人的话，张口就是"蛋"是非常粗野的。饭馆为避开这个糙话儿把"鸡蛋"改称了"木樨"。由鸡蛋引发的麻烦不止于这个"木须肉"。这个习俗，至少在清末民初就有详细记录，徐珂《清稗类钞》中有：北人骂人之辞，辄有蛋字，曰浑蛋，曰吵蛋，曰倒蛋，曰黄巴蛋，故于肴馔之蛋字，辄避之。鸡蛋曰鸡子儿，皮蛋曰松花，炒蛋曰摊黄菜，熘蛋曰熘黄菜，煮整蛋使熟曰沃果儿，蛋花汤曰木樨汤。木樨，桂花也，蛋花之色黄如桂花也。蛋糕曰槽糕，言其制糕时入槽也。而独于茶叶所煮之鸡蛋，则不之讳，曰茶鸡蛋。（附言："黄巴蛋"应该是"王八蛋"。徐珂是杭州人，吴语口音中w音与h音不分）

有的名实不符与普通话有关系。本章开始部分提到，北方人好说"面"，南方人好说"粉"。可是北京话里"富强粉"是个例外。它明明是小麦磨成的，却叫"粉"不叫"面"。现在50岁以上的北京人都还记得，这筋道、白细、好吃的富强粉，80年代以前，非到年节是吃不到的。旧时，面粉生产标准分1、2、3、4号。20世纪50年代，改为一、二、三等级，命名为富强牌、建设牌、生产牌，"富强粉"由此得名。质量相当于旧时的2号面粉。称面为"粉"，这显然是受了普通话里"面粉"一词的影响。"面粉"其实是面，不是粉。

最后再说个小东西，也是家庭做菜时很常见的：虾皮，也有叫"虾米皮"的。它物美价廉，用来增加菜肴鲜度。"虾皮"这个词，顾名思义是指虾的外壳。可是"虾皮"个头儿很小，如果去掉其中的虾肉只保留外壳，其人工费用和技能不可想象，机械处理未曾听闻。其实，所谓"虾皮"根本不是虾的外壳，而是虾的整体。这是一种很特别的海虾，它长不大，正式名称是"中国毛虾"，经过晾晒，略带些潮气就上市出售。是整虾，不是虾之皮。管它叫"虾皮"，是典型的名实不符。

二、"汤圆儿"与"元宵"

改革开放以来，人们生活水平大为提高，眼界也大为开阔。以元宵节而论，本书作者小时只见过元宵，用个大筲箩，将色子块儿大小的馅儿芯过水放入筲箩，筲箩里有干的糯米粉，北京叫"江米面儿"，手工晃动大筲箩，让馅儿芯蘸裹上江米面；馅儿芯再过水，再次放入筲箩摇动，蘸裹江米面，反复多次而成。这个叫"元宵"，它外表略带潮湿，沾满江米面，下锅煮，这些面部分脱落，造成汤水黏稠，有浓郁的江米香气，所以吃元宵必喝元宵汤。马三立先生有个相声名段《吃元宵》就是用元宵汤作为素材的。

这种"干"的元宵与现在超市中常见的"汤圆"大不同。汤圆，也有叫"汤团"的，是湿面粉包裹馅儿芯而成，外表完全潮湿，下锅煮不会有江米面脱落，所以是清汤。吃汤圆从不以汤水为重。改革开放之前，北京除了峨眉酒家等等四川风味的饭店现做现卖，市面上见不到汤圆。总之，"元宵"和"汤圆"有很多相同之处，但毕竟是两种食品。

关于元宵，有段往事不能不提。"元宵"中的"元"与"袁"同音，"宵"与"消"同音，于是就产生了一段袁世凯禁用"元宵"而下令改称"汤圆"的传说。袁世凯做了83天的"洪宪皇帝"，对清朝遗老遗少来说，这是叛臣贼子；对革命党人来说，这是倒退历史回到封建帝制。他称帝以后，很快成为全国共讨之的对象，于是取消"元宵"改称"汤圆"的说法应时而生。雷梦水、潘超、孙忠铨等编纂的《中华竹枝词》有民国时"首都杂咏·元宵"（署名"黍谷山樵"）：才看沉底倏来漂，灯夕家家用力摇。卖去大呼一子两，时当洪宪怕元宵。定宜庄1999年撰写的《最后的回忆：十六位旗人妇女的口述历史》也有类似的民间记录：我妈还净说袁世凯的事。袁世凯要做皇帝，所以不允许说"元宵"，卖元宵的也不许说这两个字，就说汤圆。袁世凯登基不到一年是不是？很快就消灭了是吧？

但时至今日，并未发现袁氏本人发过这个指令的任何正式记录。相反，袁世凯女儿袁静雪女士的回忆文字《我的父亲袁世凯》指出，这个传说根本不成立。作为当年的亲历者，袁女士说：那时我父亲和我们家里人都仍然把汤圆叫作元宵。有人把外间叫作汤圆的说法告诉了我父亲，他还说："袁""元"两字，音同字不同，有什么可忌讳的。[1]

---

① 全国政协文史委员会编纂：《文史资料选辑》（74），文史资料出版社1981年版。

三、"饭庄""饭馆""饭铺"的一字之差

北京的大城市生活环境和消费水平，是餐饮业发展的上好条件。由于消费群体不同，消费需求不同，北京餐饮店铺也就迎合需要，分工较为精细。在名称上也很有讲究，一字之差，在经营方针、对象、价位上大有不同。有几个名称是旧时北京非常在意的，虽然按照今天的标准，可以统称为饭馆。

第一类是"饭庄"。其特点就是个"大"字。它规模大，专门接待一定规模的酒席。在名称上，往往带"堂"字，如老北京有名的会贤堂、福寿堂、庆寿堂、庆和堂、惠丰堂等等所谓"八大堂"。这里的消费者主要是达官显赫、王府贵族等。用今天的称呼分类，勉强可以叫作"大饭店"。到这里消费，一般需要预订。换言之，它不接待散客。由于不接散客，预订者又不会接二连三，所以在平日就显得冷清。这种冷清当然不是生意萧条的表现。不过毕竟是平日人少，所以这种饭店也叫作"冷庄子"。

第二类是"饭馆"。老北京话应该加儿音，叫"饭馆儿"。饭馆是常见的，规模和档次低于饭庄。代表性的著名饭馆有东兴楼、会元楼、万德楼、致美楼、泰丰楼、新丰楼、富源楼、庆云楼等所谓"八大楼"；还有同和居、泰丰居、万福居等"八大居"。饭馆儿的规模虽然不能跟饭庄比，但是饭菜质量绝不差，因此颇有口碑。北京话管够一定档次的在外用餐叫作"下饭馆儿"。可见饭馆类影响之大。

第三类是"饭铺儿"，以过去所谓"二荤铺"为代表。"二荤铺"这个名称今天已经不复存在。虽然档次低，但是由于看准服务对象，所以另有生存之道。"二荤"究竟何指，也很难确认。有种说法是这类饭铺只经营猪肉和羊肉[①]；另一种说法是这种饭铺的肉类原材料，既有店里备下的，也可以接受顾客自己带来的。二荤铺属于低档的，经营的品种不多，一般也只是熘肉片、炒肉丝、炸丸子、熘肝尖

---

① 梅兰芳述，许姬传、许源来记：《梅兰芳回忆录·舞台生活四十年》，东方出版社2013年版。

等，都是价位不高的家常菜。二荤铺物美价廉，颇受欢迎，尤其是那些打算改善饭食又没有多大消费实力的人，如学生、低层职员等。梁实秋先生的《雅舍谈吃》、邓云乡先生的《燕京乡土记》中都有细致描写，都是盛赞的口气。

现代北京话的"饭店"指更加高级的餐馆，如大名鼎鼎的"北京饭店""四川饭店"。另外"饭店"也指高档旅馆。

最后再补充一个今天年轻读者很容易误会的词"（大）酒缸"。字面的意思是装酒的缸，但是老北京提到"酒缸"时首先想到的不是储存酒的缸，而是卖酒的小店。这种店规模不大，店内埋有大缸储存烧酒，缸埋入地，地面露出两尺左右，缸口盖上石板，刚好可以作为小饭桌。《水浒传》中"武松醉打蒋门神"一段极为精彩，那里就有描写：里面一字儿摆着三只大酒缸，半截埋在地里，缸里面各有大半缸酒。这个描写与老北京酒缸格局完全一致。顾客多是围坐在缸的四周边饮酒边闲聊。店家当然也出售一些低档酒菜，如花生米、豆腐干、煮蚕豆、拍黄瓜之类。有些"酒缸"卖饺子，顾客边吃边喝，兴致很高。店家还代为顾客到附近饭馆购买荤菜。这种店演变到后期，已不再有缸，各种酒菜也大为减少。到20世纪60年代"文革"开始，这类酒店逐步消失了。

李滨声先生为金受申先生《老北京的生活》一书画的插图，内容就是大酒缸

四、北京有"烤鸭"吗

这个题目让不少读者觉得很奇怪。今天，北京烤鸭名闻天下，几乎成了北京餐饮特色的代名词。经过英语翻译Beijing Roast Duck，北京的"烤鸭"更是扬名海外。怎么能怀疑北京有没有"烤鸭"？

认真地说，老北京话语里并不用"烤鸭"这个词。例如梁实秋先生《雅舍谈吃》里"烧鸭"一节，开宗明义就是：北平烤鸭，名闻中外。在北平不叫烤鸭，叫烧鸭，或烧鸭子，在口语中加一子字。这个解释实在精准。一是认可有"北京烤鸭"这个说法，二是指出北京口语并不这样称呼这道享誉中外的美食。在《读〈中国吃〉》一文中，他又再次说明：北平不叫烤鸭，叫烧鸭子。《现代汉语词典》（第7版）解释"烧"："烹调方法，就是烤。"可见"烧"和"烤"是同义词。例如今天人们常说的"烧鸡"，广式"叉烧肉"，其中"烧"都是"烤"的意思。还有北京话的"火烧""烧饼"，都是"烧"当"烤"讲。现在北京街头多有卖"烧烤"的，其实就是烤制的各种食品。

烤鸭叫"烧鸭子"是个传统叫法，并不止梁实秋先生一位的作品中有这个记录。清末民初徐珂《清稗类钞》中有：填鸭之法，南中不传。其制法有汤鸭、爬鸭之别，而尤以烧鸭为最，以利刃割其皮，小如钱，而绝不黏肉。老舍先生1925年的长篇小说《老张的哲学》有：请客的酒菜屡进，惟恐不足；作客的酒到杯干，烂醉如泥。这是第四关。押阵的烧鸭或闷鸡上来，饭碗举起不知往那里送，羹匙倒拿，斜着往眉毛上插。1928年老舍先生描写中国人在伦敦生活的《二马》有：在干净地方少吃一口饭的身体倒强，在脏地方吃熏鸡烧鸭子的倒越吃越瘦……。老舍最后一部小说《正红旗下》也是这样称呼：旗下分给的住房，也早被他的先人先典后卖，换了烧鸭子吃。1988年，何冀平编剧、以北京全聚德烤鸭店为背景的话剧《天下第一楼》问世，剧中"烧鸭子""烤鸭"并用，数量几乎相等。但是在第一幕的舞台说明里有这样一段文字：最有代表性的，要数声噪京城的烧鸭子（直到新中国成立前后才叫作"烤鸭"）。老字号"福聚德"，就坐在这肉市口里。1961年中央人民广播电台录制、播放了马季、刘宝瑞、郭启儒三位先生表演的相声名段《扒马褂》，其中多次提及烤鸭，既不用"烤鸭"，也不用"烧鸭"，而是"烤鸭子"。从语言学上分析，"烤鸭"大不同于"烤鸭子"。前者是个词，是语言中固有的备用成分；后者是个词组，词组是说话人临时的组合。整个段子中有一句用了"烧鸭子"，出自三人中年岁最大的老演员郭启儒先生之口。

五、旧日生活的艰辛

今天，人们已经不再为温饱发愁，很难理解旧日生活的艰辛，甚至有人还浪漫地以为老北京一日三餐是多么精彩。事实上，对于大部分人而言，旧日的物质生活，尤其是基本的衣食住行，实在没有多少值得留恋的。如上节所述，即便是低档的二荤铺，也与大部分城市人口的日常生活无紧密关联。千百年来，吃饭这个民生的最基本问题，即便是生活水平很高的大城市北京，也是相当艰难的。我们从有关饭食的词语中尚可窥见一斑。

"棺材板儿"，是一种低档咸菜，用极为廉价的大萝卜，切成厚片，加盐和酱腌制而成。除咸之外，再无其他。这是穷人饭桌上的日常副食品，只能下饭，毫无营养与口味可言。副食如此，主食自然就是窝头了，所谓"窝头咸菜"。窝头主要用棒子面儿蒸制，颜色金黄，于是穷苦人就苦中求乐，给窝头起了个雅号"黄金塔"。

"小米子饭"，口感相比棒子面窝窝头要好，不过毕竟不如大米好吃。北京口语里带"子"的往往是相对来说不招人喜欢的，如"老头儿/老头子""脸蛋儿/脸蛋子"。"小米子"当然不是褒义词。《儿女英雄传》中安家商议如何雇用短工来织布，张亲家公的主意是：等着咱多早晚置他两张机，几呀纺车子，就算你家这些二奶奶们学不来罢，这些佃户的娘儿们那个不会？找了他们来，按着短工给他工钱，再给上两顿小米子咸菜饭，一顿粥，等织出布来，亲家太太，你搂搂算盘看，一匹布管比买的便宜多少！小米子饭是个什么地位，这段话再清楚不过了。

"钱儿油"，字面的意思是一钱油，5克。实际上完全不是这个意思。"钱儿"是过去流通的硬币,也叫"铜钱儿",南方叫"铜板",直径大约3厘米,外圆内方,当中有个方孔。旧时生活艰难,食用油是不可常吃的,非吃不可的时候,为节省,用一个铜钱,当中的方孔上拴一根绳线,手握这根线,将铜钱送入瓶中,蘸上一点油后即拉出,将铜线带出的油滴在锅里碗里食用。这样,一瓶油能够维持很长时间。这样的吃法,叫作"钱儿油"。这也是为生活成本所迫,不得已而为之。

"瞪眼儿食",这个名词不但费解还有几分神秘:难道是吃饭的时候一定要瞪眼吗?是的,一定要二目圆睁,也有叫"扒眼儿食"的。旧时,人们生活水平低下,难得吃到肉食,而体力劳动者又需要一些肉食,于是有人做起这个生意。他们找到饭馆淘汰的不成样子的生肉,加上心肝肚肺等等,即所谓"下水",不成一定形状,大小杂乱不一,一锅煮熟。顾客围着大锅,每人盯着锅中的大小肉块,挑好的吃,付账时按块儿数结算,吃的块儿越大当然就越划算。于是吃者就瞪大双眼在锅中寻找,卖者就紧盯着顾客计数他们每人吃了多少。虽然肉块不成形,味道也不会太好,但毕竟是肉,价格极低,所以仍受欢迎。来吃的人还可以带上饼子、窝头等干粮,就着锅中的肉块儿大吃一气,也是不错的一顿饭。

李滨声先生为金受申先生《老北京的生活》画的插图,表现瞪眼儿食现场

"油渣儿"，这个词今天还有，指动物脂肪经过提炼榨取后，锅内剩下的小块状的残渣。旧北京所谓"油渣儿"跟这个很接近，作为食品出售，也叫"炖油渣儿"。一般是卖家从肉铺或饭馆收购了大量的不成形的肥肉，间或有猪油，反复煎熬榨取，剩下的油渣儿再切成大块，加盐、花椒大料葱姜等，下锅煮。吃的时候还可以加辣椒油、韭菜花儿等重口味的调味料，搭配窝头、火烧等干粮。这对于收入低、吃不起一般肉食却又需要补充油水儿的重体力劳动者来说，也是个不错的选择。

六、名称中的地理成分

中国地大物博，南北东西各不相同，既有取长补短，又难免有些狭隘的地域观念。这在与餐饮相关的名称中能够看得很清楚。

前面说过，北京作为大城市，每年要消耗很多用于制作小吃的糯米。旧时北京吃的糯米完全从南方运入，北京话里就把糯米叫作"江米"，意思是产自江南的米。

北京话里有个很特别的词："伏地"，也有带上儿音的"伏地儿"。"伏地"本来的意思是趴在地上，它另有个意思是"本地出产的"。例如小贩在推销青菜时常常喊道"买蒜苗啦，伏地儿的"。言下之意就是，本地产的好吃。与"伏地"相对的当然就是外地的。小贩的推销并非随意吆喝，伏地的青菜粮食等，确实好吃。

北京本地每年出产很多大白菜，还要从山东、河北等地大量运入。这是北京人最喜欢的青菜品种。除了吃鲜菜，大白菜还可以腌制成各种咸菜。有一种口味儿很特殊的咸菜，叫"冬菜"：把白菜切碎、晾成半干，然后配上食盐等腌制，有特殊的口味，做汤或撒放在馄饨汤中，效果尤其好。这种冬菜在北方主要有京冬菜和津冬菜。津冬菜当然产自天津，京冬菜却产自山东日照，因为在清代曾供皇帝食用而名声大振。《儿女英雄传》第二回"沐皇恩特授河工令 忤大宪冤陷县监牢"，主人公安老爷去拜见上司就以冬菜为礼物：那门上家人看了看礼单，见上面写着不过是些京靴、杏仁、冬菜等件。没想到礼物太轻，送了不如不送呢。

冬菜可以入汤，其实汤料中还有个特别重要的角色——蘑菇。蘑菇各地都有，老北京最看重的是"口蘑"。做打卤面，口蘑是必备食材。"口蘑"的"口"指河北张家口，但是口蘑并非产自张家口当地，而是产自内蒙古锡林郭勒盟的东乌旗、西乌旗和阿巴嘎旗、呼伦贝尔市、通辽等地。张家口是重要集散地，通过这里运往山西、河北、北京、天津等地，所以叫"口蘑"。

"郎家园儿枣儿"质量极好，是清代贡品，可惜产量极低。"良乡栗子"是栗子中的精品。"庞各庄儿西瓜"产自北京南郊大兴庞各庄镇，几乎是北京最负盛名的本地瓜。"卫青儿"是产自天津的青萝卜，甜脆而不失萝卜的辣气。因为天津自明清以来一直称作"天津卫"，所以这种萝卜叫"卫青儿"。这个词一定要带儿音，不能读成"卫青"（卫青是汉武帝时第一流的军队统帅，抗击匈奴的名将）。"苏造肉"传自清宫，也是老北京著名小吃，肉炖至软烂香甜，汤汁浓厚，配以火烧。今已不多见。"苏"一般认为是苏州。

江米、口蘑等都是向北京输入。说起输入，就不止中国境内了。例如大蒜，目前世界最大产地和消费地都是中国，它是汉代张骞通西域时引入的。还有葡萄、苜蓿、石榴、核桃、芝麻等。从词语上看，今天的"西红柿"带有明显外来标签的名称，"西"指西洋。"西红柿"，北方也有叫"洋柿子"的，南方广东、上海叫"番茄"。西红柿原产南美洲，经西班牙人带到世界各地。在汉语中，"洋""番"都是指外来的。紧靠"西红柿"的是"西瓜"。明代著名药学家李时珍在《本草纲目》中引用五代后晋胡峤《陷虏记》峤征回纥，得此种归，名曰西瓜的话，认为西瓜由此进入中原。附带说一句：西红柿现在已是大众食品，几乎没有人不接受。但20世纪初，至少在北京，西红柿还只是在西餐中出现，一般人难以接受。我们只要看看老舍先生1927年的长篇小说《赵子曰·第四·3》中的描写就明白了：吃完了一口西红柿要赶快喝半杯凉水往下送，且没有勇气再吃第二口。

北京话还有个"洋葱",名字中带"洋",跟山东那种长茎的大葱相对。"洋白菜"也是带"洋"的,学名叫"卷心菜",跟北京人冬季那个当家菜——大白菜相对。洋白菜、洋葱大规模进入中国都是在明代。有意思的是对应的翻译。中国人是在汉语名词基础上给外来的菜上加个"洋",区别于自己原产的。外语也是同样的思路。比如"洋白菜",英文是cabbage。中国的大白菜在英文里就是Chinese cabbage,意思是"中国的cabbage"。"洋葱"的英文是onion,中国产的长茎大葱在英文里就是green onion,意思是"绿色的onion"。

有些地域内容在词中是暗含的,如"鬼子姜"。它原产自北美洲,17世纪传入欧洲后传入中国,是一种地下块茎,含大量的淀粉、菊糖等,北京人多是用来腌制咸菜。"鬼子姜"也叫"洋姜",显然是跟中国本地自产的姜相对。"鬼子"不表示方向,但是可以表示外国的,有些贬义。

七、语音问题

北京话语音相对于普通话来说,有两大突出问题:轻声与儿音。北京话带轻声或儿音的词,数量上要大大高于普通话。所以我们讨论北京话,就必须留意轻声和儿音问题。

首先是儿音。儿音多,这是北京话的特点,可是不等于随随便便每个词都可以带上儿音。因为带不带儿音会有不同的意思,例如"球"是大的,"球儿"是小的;"汆"是动作,"汆儿"是一种烹调方法;只能说"白面"不能说"白面儿"("白面儿"是毒品)。我们需要认真对待。以下是例词:

调料:花椒盐儿　胡椒面儿　辣椒面儿　花椒面儿　五香面儿
　　　葱花儿　葱白儿　蒜瓣儿　姜末儿　腊八儿蒜　腊八儿醋
　　　韭菜花儿

面食:面条儿　馄饨皮儿　饺子皮儿　饺子馅儿　馅儿饼
　　　片儿汤　热汤儿面　小碗儿干炸　面包圈儿　煨汆儿
　　　汆儿面　板儿条(一种抻面)炸油饼儿　汤包儿　菜码儿

过水儿面　锅挑儿（面条不过水，直接挑入碗中）　棒子面儿

杂和面儿　烫面饺儿　糖三角儿　金裹银儿　门钉儿肉饼

水果：黑蹦筋儿（一种西瓜）　香瓜儿　鸭儿梨　鸭儿广梨

葡萄干儿　脆沙瓤儿　枣儿　小枣儿　大枣儿　蜜枣儿

大红枣儿　桃儿　杏儿　高桩儿柿子

青菜：小白菜儿　小葱儿　土豆儿　绿豆芽儿　黄豆芽儿

菜花儿　卫青儿、心儿里美（一种萝卜，外青色内粉红色）

香椿芽儿　豌豆苗儿

粥品：小米儿粥　腊八儿粥　棒子面儿粥

油脂：小磨儿香油　菜籽儿油

干果：半空儿（一种低价炒花生，有很多空壳）　转儿莲（葵瓜子）

瓜子儿　南瓜子儿　西瓜子儿　花生仁儿　（核）桃仁儿

杏仁儿　松子儿

菜品：焦熘肉片儿　芙蓉鸡片儿　辣子鸡丁儿　宫保鸡丁儿

熬黄花儿鱼　酱猪蹄儿　炖爪尖儿　焦熘肥肠儿

水晶肘儿　肘花儿　肉皮冻儿　豆儿酱　芥末墩儿

小吃和糕点：豌豆黄儿　柿饼儿　豆汁儿　驴打滚儿　豆腐脑儿

焦圈儿　芸豆卷儿　硬面儿饽饽　冰棍儿　汽水儿

糖葫芦儿　果冻儿　大八件儿（八种糕点）　小八件儿

京八件儿　江米条儿　枣泥儿　五仁儿　酥皮儿

汤圆儿　八宝儿饭　炒肝儿　羊肉串儿　烤串儿

爆肚儿　油炒面儿

饮品：小叶儿茶　高末儿（高级花茶的碎末）　白干儿（白酒）

果汁儿　榨汁儿

蛋类：鸡蛋白儿　鸡蛋清儿　鸡蛋黄儿　红皮儿的　白皮儿的

腌鸡子儿

其他：豆腐干儿　豆腐皮儿　豆腐丝儿　白薯干儿　果子干儿

萝卜干儿　黄瓜条儿（牛臀部的腱子肉）　粉条儿　粉丝儿

酱瓜儿　棺材板儿（一种低档咸菜）　酒菜儿　八宝儿菜

黄花儿（干黄花菜）

再一个语音问题是轻声。常见的几种瓜：西瓜、黄瓜、（老）倭瓜、冬瓜、南瓜、香瓜儿。这几个词读音基本是后字"瓜"要读轻声，只有"香瓜儿"因为后面有儿音跟随，所以其中"瓜"不读轻声。国家曾推广普通话，开展全国范围的"普通话水平测试"活动。然而普通话不是从天而降，要有人去设计它的操作标准。最初，1994年，规定除"黄瓜"的"瓜"读轻声以外，其他"×瓜"不读轻声。这个规定引起很多麻烦，不论是北京人还是其他地方考生，都表示很难把握，对讲好普通话也没有太大的价值。2004年修订标准，改为"黄瓜"轻声与否都可以。可见语音问题并不简单。然而有一种"瓜"没有进入这个轻声序列，那就是"苦瓜"。"苦瓜"之"瓜"读第一声，不读轻声。原因可能是这种南方瓜菜进入北京时间还不长，北京人还没有完全接受它的苦味儿，所以就没有按照北京话语音规律注音。①

北京方言的读音与普通话不一致的还有两个词："韭菜""香椿"。这两样菜都有些特别的气味儿，喜欢吃和不喜欢吃的，都是由此而起。但它们确实有资格作为春季北京青菜的上品。头茬儿韭菜，鲜美无比，用来做馅儿、炒菜，都很好。香椿更不必说了，香椿芽儿拌豆腐，香椿摊鸡蛋，都是老北京美食。从语音上说，却有点麻烦。据本书作者多年的观察，这两个词的"菜"和"椿"，在北京话里都是要读轻声的。可是《现代汉语词典》中，"韭菜""香椿"的后字都不读轻声了。词典注音分别是jiǔcài和xiāngchūn。这样的读音，从北京话的语感来说，实在是别扭。尤其是"韭菜"，如果"菜"字不读轻声，很可能跟"酒菜"相混淆。

北京话是普通话的语音基础，但是个别字与普通话读音不一致。例如雪里蕻，这是各地都很喜欢吃的一种咸菜。"雪"应该读第三声，

---

① 关于轻声的变更，详见国家语言文字工作委员会普通话培训测试中心编制《普通话水平测试实施纲要》相关词条，商务印书馆2004年版。

跟"下雪"的"雪"同音。可是实际情形并不简单，很多北京人把"雪里蕻"的"雪"读成第一声，读xuē。这让我们想到《红楼梦》里讽刺贾王史薛四大家族的那几句顺口溜：贾不假，白玉为堂金做马；阿房宫，三百里，住不下金陵一个史；东海缺少白玉床，龙王来请金陵王；丰年好大雪，珍珠如土金如铁。最后一句用"雪"影射薛家。曹雪芹这样写法，不排除当时"雪""薛"二字同音的可能性。从古音看，二字都是入声。曹雪芹小时在南京长大，南京方言保留了古代入声读法。今天北京口语中"雪里蕻"的"雪"读"薛"，可能就是这种读音的保留。

八、文字问题

明确了词的读音，接下来还有个怎么写的问题。像前面提及的"木须肉"，其实是别字，正规写法是"木樨肉"，但是这个正规写法根本行不通，写了也很少有人能正确读出来，只好作罢。这里再举出几个例子。

第一是羊蝎子。最近十几年，这种吃食大受欢迎。"羊蝎子"是一种形象的称呼，准确说是羊的脊椎骨。这东西肉不多，所以旧时它的价格不及普通羊肉的一半。但是最近十几年人们口味大变，不愿意过多吃肉，于是羊脊椎骨就大受欢迎。因为它的外形有点像蝎子，所以就叫"羊蝎子"，既有依据，又很传神。但是常有餐馆写成"羊羯子"。"羯"读jié，意思是公羊，特指骟过的公羊，跟羊脊椎骨完全是两回事。之所以写别字，是被"羯"的左偏旁影响了，以为既然是羊的一部分，写起来当然从"羊"。这种过分类推其实是常见的，比如"菠菜"的"菠"有草头，而"韭菜"的"韭"是没有草头的。于是有人推论，菠菜韭菜同属青菜，仿照"菠"硬给"韭"加草头，写成"菲"。今天视此"菲"为异体字，不规范。

第二是烤肉的"烤"。这个字不陌生，可是它的问世实在出人意料。不要说汉代《说文解字》、宋代《广韵》《集韵》这些历史悠久的工具书，直到清代《康熙字典》，还是没有这个简单的"烤"字。

一般说法是20世纪40年代，著名画家齐白石应友人之邀，前往北京著名烤肉店"烤肉宛"用餐。老人对饭菜质量非常满意，回家后欣然命笔，只写了一个"烤"字送给店家。老人笑称此字无来历，是"齐璜杜撰"（白石老人讳"璜"）。从此这个字就传开至今。[①]不论这段传说是否属实，"烤"字确实没有古代书证。

第三是"黄瓜"的"黄"。黄瓜这种果类菜，物美价廉，可以入菜，也可以搭配北京人最爱吃的炸酱面、打卤面、芝麻酱面等，拍黄瓜又是最理想的酒菜儿之一；所以黄瓜极受欢迎。"黄"是常用字，人们会写会念。问题是这个瓜究竟叫什么瓜。话从老舍先生作品说起。

老舍先生是地道的老北京，他的名作都是围绕普通北京市民生活展开的，所以像黄瓜这类普通青菜应该出现在他的作品中。然而我们翻遍了老舍先生的作品也没有看到"黄瓜"这个词。老舍先生没吃过黄瓜？这当然不可能。我们在老舍先生两部重要作品中，百万字的长篇巨作《四世同堂》和未完成的自传体长篇小说《正红旗下》，都找到了与"黄瓜"很接近的另一个词——"王瓜"。我们试举几个例子：①听他讲话，就好象吃腻了鸡鸭鱼肉，而嚼一条刚从架上摘下来的，尖端上还顶着黄花的王瓜，那么清鲜可喜。②菜只是香椿拌豆腐，或小葱儿腌王瓜，可是老人永远不挑剔。他是苦里出身，觉得豆腐与王瓜是正合他的身分的。③夏天的饭食因天热而简单一些，可是厨房里的王瓜是可以在不得已的时候偷取一根的呀。④到十冬腊月，她要买两条丰台暖洞子生产的碧绿的、尖上还带着一点黄花的王瓜，摆在关公面前。以上前三句出自《四世同堂》，第四句出自《正红旗下》。①④两句，明显是优质黄瓜的外形，北京话形容是"顶花儿带刺儿"。②中是典型的北京夏季凉菜——黄瓜腌葱。③是十足的童趣。几句中的"王瓜"都可以用通行的"黄瓜"替换。

就本书作者能够查找的范围看，除老舍先生作品之外，关于老北

---

① 吴宗祜：《齐白石与烤肉宛》，《食品科技》1980年第12期。

京生活的各种材料里，都是写成"黄瓜"的。这里有：元末明初朝鲜人学习汉语的读本《老乞大》和《朴通事》，明万历年间记录北京生活的《宛署杂记》，清同治年间北京题材小说《儿女英雄传》，同治年间李静山编纂的《增补都门杂咏》，清末民初徐珂《清稗类钞》，末代皇帝溥仪的回忆录《我的前半生》，梁实秋先生的回忆文章《雅舍谈吃》，李家瑞20世纪30年代收集编写的《北平风俗类征》，20世纪50年代侯宝林、郭启儒相声名段《改行》，2009年定宜庄先生采录的老北京材料《老北京人的口述历史》。以上材料共11种，时间跨度六百余年，可信度很高了。

归结起来，"王瓜""黄瓜"是同物异名，以"黄瓜"为常见。这里关键是w与h的关系。这两个音，在今天北京话里有严格的分界。但是江南吴语中，"王""黄"不分是很常见的。对"王瓜""黄瓜"的这个语音问题，早在清代道光十二年（1832）谢墉撰写的《食味杂咏》就有过专门分析：王瓜，或云以先诸瓜生，故名王瓜。犹鲥鱼称王鱼耳。京城出尤早，今南人皆呼"王瓜"，北人皆名"黄瓜"。"王""黄"音近，南人不分，传讹既久，遂不能改。

从材料上看，老舍先生没有长期江南吴语区的生活经历，不会受到吴语影响。就北京语音材料看，也有个别w/h互换的实例。今天北京地安门内有一处很有名的街道：黄化门。它东西走向，东起地安门东的东板桥西侧，西到地安门内大街东侧，长度400米左右。据文献记录，清光绪年间这里的地名是"黄瓦门"。这个地名可以上溯到清乾隆五十三年（1788）《日下旧闻考》，当时以"黄化门""黄华门"为俗称。1947年正式改称"黄化门大街"，沿用至今。

最后说鸭儿广梨。这鸭儿广梨与鸭儿梨大不同。鸭儿梨个大皮儿薄味儿甜。鸭儿广梨外形没那么好看，个头儿小，果肉多有小颗粒，真正是皮糙肉厚。但是它味道独特，多汁。由于颜色上有点接近鸭子羽毛，所以叫"鸭儿黄梨"。但是由于"黄""广"二字的声母，h和g，发音部位接近，容易混淆，加上儿音作用，这个"鸭儿黄"就被误读为"鸭儿广"了。这个音变在1961年出版的《燕京岁时记》（作者富察敦崇）中有详细记录：鸭儿广，梨属，形如木瓜，色如鸭黄，广者，黄之转音也。

九、词的结构

餐饮行业厨艺技能性很强，厨艺技能是生意好坏的关键因素。老北京有很多著名餐饮店铺，用它们制作的小吃名称加上姓氏，形成一种很特别的称谓形式，例如，"爆肚儿冯"，本名冯天杰，清光绪年间从山东临清来京，在东华门大街经营爆肚，做工精细，爆肚脆嫩。"豆腐脑白"，清光绪年间白石光开始经营，到1935年"豆腐脑白"第二代传人白玉山、白成山昆仲在京城门框胡同正式租下一间门脸，生意日渐红火。"小肠儿陈"，擅长卤煮火烧，老店在宣武门外南横街。后因拆迁几次变更店址，但名声更大。"炸糕辛"，清末辛俊元所创，炸糕外焦里嫩，口感好馅料足，赢得赞誉，总店在前门。"茶汤李"，清咸丰年间李同林所创，同治年间为两宫皇太后慈安、慈禧制作茶汤。民国时期改为去庙会经营。今总店仍设在天桥附近。"豆汁张"由张殿臣、张进忠父子创业经营，长年设摊，在南新华街一得阁墨汁老厂前的老槐树下，质量上乘，经营有方。传说著名京剧演员言慧珠女士曾专门来此处购得豆汁带去上海看望梅兰芳大师。"烤肉季""烤肉宛"是北京最负盛名的两家清真烤肉店，分别由季姓和宛姓创始。"烤肉季"今总店在后海银锭桥东，"烤肉宛"总店在宣武门内大街，有"南宛北季"之说。"馄饨侯"，20世纪50年代王府井东安市场附近有多家经营馄饨的地摊。1956年，公私合营成大趋势。馄饨摊儿主们商议成立了合作组，以店面形式经营。他们是侯庭杰、梁寿山、王俊孝、闻光新、张子元、陈清安、张世兰。众人推举侯庭杰为合作组组长，店铺称为"馄饨侯"。还有"豌豆粥赵""烤肉刘""爆肚儿满""爆肚儿马""馄饨刘""羊头马""奶酪魏""豆汁儿吴"。单是年糕一项就有"年糕钱""年糕王""年糕孟""年糕张""年糕李"等，林林总总，很难计数了。

这种称谓形式可能北京人不觉得有什么奇特之处，可是对比一下就发现问题不这么简单。同样是大城市，同样重视餐饮文化，四川成都就是截然相反的路数。当地是把姓氏放在前面，把菜肴名称放在后面，如著名的麻婆豆腐店是"陈麻婆"，豆花儿（类似北京豆腐脑）以"谭豆花"最为有名，汤圆要吃"赖汤圆"，腌卤味有"廖排骨""王胖鸭"。包子饺子是北方人的最爱，成都人也喜欢吃，最有名的是"韩包子"和"钟水饺"。

简言之，按汉语语法，这类组合都是前偏后正，用前边的字来修饰、说明后面的字；后面是整个组合的中心。例如"电话"，意思是电传送的话，用"电"修饰"话"。北京把姓氏放在后面，重点在人；成都把品名放在后面，重点在物。我们不由得想到，杭州菜有个"宋嫂鱼羹"，名气很大。从构造看，跟成都的"陈麻婆"等等是一个类型。但是北京话这种构造也不孤单，因为我们可以在《水浒传》里找到同类。梁山泊好汉的"双鞭呼延灼""大刀关胜""没羽箭张青""轰天雷凌振"等等，也是人在后而物在前的结构形式。

十、比喻

各地都有很多美食和土特产，大家都想法子给它们起一个别致的名字。于是，各种修辞手法就纷纷上阵，最常见的是比喻，即把没有实质关联的事物扯在一起，然后在甲乙两物之间想法子找到共同点。这种办法可以把难以形容的抽象的内容讲得具体、好懂，给人留下深刻印象。我们看看餐饮名词中的比喻。

"棺材板儿"，这是一种低价咸菜，是用大个儿的萝卜切成厚片腌制的，不好吃，但是便宜，旧时底层百姓常常吃这个。可能是自嘲吧，用不吉利的棺材来比喻，二者外形上都是厚厚的片状。"鞭杆儿红"，一种胡萝卜。与其他品种相比，这种胡萝卜外形细长，能长到30厘米左右，很像鞭杆儿，颜色暗红。"象牙白"，一种白萝卜，约一尺长，略弯曲，外形像象牙，白色。"鸭儿广梨"，外皮呈现鸭黄色，"广"是"黄"的误读音。"懒龙"，也叫"肉龙"，约一尺长的一个面卷儿，里面有肉馅儿，趴在笼屉内，无精打采的样子，像条发懒的龙。"磨盘柿子"，产自房山，直径大大超过高约十厘米，像个磨盘。"门钉儿肉饼"，一种肉饼，直径七八厘米，高度同直径差不多，外形很像皇宫宫门或王府大门上的门钉儿。"褡裢火烧"，一种长条形的肉饼，很像旧时人们外出放在肩上的褡裢。"羊角葱"，上一年的大葱没留在地里，春季刚刚发芽取出上市，它的新叶很像羊角。"虎皮冻儿"，就是肉皮冻儿，熬制后肉皮看似虎皮。老北京旧习俗，阴历二月初二为"龙抬头"，这一天要吃"龙鳞"，实为吃春饼，吃"龙须"即吃面条，吃"龙耳"就是吃饺子。

十一、名人效应

北京作为文化古都，群贤毕至，名流会聚。文人雅士当然离不开一个"吃"字。这样，以人名菜的事情就会发生。

国画大师张大千先生与北京八大楼之一（八家著名的鲁菜餐馆）的春华楼掌柜白永吉交往深厚。大千先生来京，必来春华楼，白掌柜必亲自下厨。[1]相传1934年，张大千在北京参加一次书画展后，来到春华楼用餐，传授一道鱼菜，店家仿制，以后以"张大千鱼"传开，成为一道名菜。

据北京著名民俗专家金受申先生回忆，北京大学教授胡适曾去王府井大街著名饭店安福楼用餐，这里也是八大楼之一。胡博士提出把鲤鱼肉切成小块儿，加入三鲜丁（肉丁、鸡丁、笋丁），稀汁清鱼而成为鱼羹。后来就叫"胡适之鱼"。[2]

这两道以人名菜的菜肴究竟如何烹制，味道怎样，现在已不得而知。相比之下，"马连良鸭子"就相当明确了。老北京著名清真饭庄"西来顺"厨师褚祥，早年在"又一村"饭庄掌勺儿。一天晚上，京剧大师马连良先生来此用餐。进餐之际，店内大乱，有恶势

---

① 刘松岩：《张大千与春华楼白掌柜的书画情谊》，《北京晚报》2008年4月25日。
② 金受申：《老北京的生活》，北京出版社1980年版。

力在此争斗，威胁要砸掉饭馆。马先生挺身而出，好言相劝，平息了此事，饭馆得以保全。后来褚祥转到"西来顺"饭庄，为报答当年之恩，借鉴鲁菜中香酥口味菜肴烹制方法，加淮扬菜汤料，为马先生特制了香酥鸭，得到马先生高度评价。"马连良鸭子"由此而生，保留至今。①

---

① 唐莹莹、严学明：《马连良鸭子：那段复活的历史》，《烹调知识》2012年第21期。

第五章

北京方言与地名文化

地名是生活中不可缺少的，没有地名，我们就不可能绘制地图，我们就没有了现代化的交通。上至国家大事、世界大事，下到老百姓日常生活，我们每天都要使用大量地名。北京作为特大城市，一国之都，政治、经济、文化中心，城市规模宏大，历史悠久，人口众多，地名也就相对复杂。进入互联网时代，各种电子导航设备给交通运输和人们的出行带来了极大方便，这就更需要地名的整齐、精细、周全与规范。地名是今人的宝贵财富，又是古人留给我们的丰厚遗产。从文献上看，自明清两代、民国时期、中华人民共和国成立以来，北京地名发生了不少变更。变化的原因和方式纷繁多样，社会发展过程中的大事小情，本地的土著文化，各地的移植文化，都会融入其中。北京在城市历史上又融入了大量的少数民族文化和语言，这样的多民族、多文化共处的中心城市，使得北京地名的文化内涵更加丰富，很值得我们多方面探讨。

第一节　先为老北京城市正名

地名看似平常，其实它的文化内涵极为复杂、广博，常常出人意料。今天提及北京，不论哪一省哪一地，不论在海峡两岸的哪一侧，甚至海外，只要是说汉语的人群，就会毫不犹豫地用"北京"。当然，也有人能记起1928年到1949年这个城市曾称为"北平"。可是上溯到清末民初，人们又是如何称呼北京呢？恐怕今天任何一位"老北京"都无法用亲身经历来说古了。我们引用一位跨世纪老人的话来回答这个问题。

这位老人是中国现代史上享誉海内外的著名语言学家赵元任先生。先生生于清光绪十八年（1892）。先生晚年在《汉语地名声调的社会政治色彩》一文中回忆：家人每逢提到北京这个都市时，既不称之为北京，也不称之为北平，而是叫它 ching^1-cheng^2（京城）意即"首都城市"。从1900年起，北京这个名字，意思是"北方的首都"，才渐渐叫响。"京城"这个称呼我们今天已经不再使用，但是这个称呼才是最能突出北京特色的。因为，"北京"在字面上只是"北方的首都"，与"南京"对等的，无非北南之差而已，唯有"京城"才是独一无二的。据史料记录，改"北平"为"北京"是明成祖朱棣在登基第一年永乐元年（1403）实行的。他大概没有想到，这个钦定的城市名字竟然要500年后才逐渐叫响。

称北京为"京城"还有其他材料可以为证。清末民初徐珂在《清稗类钞》中如此描写北京清末的文化生活：既而以《滚楼》一剧，名动京城，观者日千余人，六大班顿为之减色（《清稗类钞·优伶类》）。庚子以前，京城之戏园戏班，分而为二，戏园如逆旅，戏班如过客（《清稗类钞·戏剧类》）。咸丰、同治年间北京话长篇小说《儿女英雄传》中也大量使用"京城"一词来指北京，例如主人公北京人安老爷给来自河南的亲家解释北京的粮食供应说：亲家，你这一句话就不知京城吃饭之难了，京里仗的是南粮。"京城"这个称谓可以上溯元末明初。当时专供朝鲜人使用的学习汉语的教材《老乞大》中有：辽东城里住人王某，今为要钱使用，遂将自己元买到赤色骟马一匹，年五岁，左腿上有印记，凭京城牙家羊市角头街北住坐张三作中人，卖与山东济南府客人李五永远为主。其中"羊市"很可能是今北京西城区西四的羊肉胡同，或再往北几十米的阜内大街东段。

第二节 "胡同"虽小，来头势大
——地名中的借词

所谓"借词"是指从外民族语言中借用过来的词，例如汉语"沙发""坦克""麦当劳""巧克力"等。与此相对，语言中原有的词称"固有词"。汉语多数借词来自英语，且时间不长，"洋味儿"十足，一望而知是舶来品。但也有些外来词进入汉语已经有很长的历史了，甚至有两千多年了，早已跟汉语自己的词语融到一起，使我们想不到它们的外来身份，如"葡萄"和"苜蓿"。这两种水果和牧草原产自西域，司马迁《史记·大宛列传》中就有清晰的记载。一般来说，借词表示本民族原本没有的事物的名称，事物本身是从外民族引进的，名称当然也就随着外民族语言来到了。

按这个道理，地名中就不该有借词。我们既然长期稳定地居住在这里，怎么会不知道这里是什么地方叫什么名字，还需要从外国、外民族去寻找借入一个称呼吗？可是事实上，地名中不但有借词，且并不少见。如美国的州名"加利福尼亚""俄亥俄""康涅狄格""佛罗里达""内华达""科罗拉多""明尼苏达"等都是借自西班牙语，而西班牙语的这些地名中又有不少是借自北美洲原住民印第安人的语言。

汉语地名中也有不少借词，例如黑龙江省会"哈尔滨"，这三个字的字面意思讲不出，其实是借自满语，意思是"晒鱼网的地方"，也有学者主张是"天鹅"的意思。有的地名从汉语看似乎有讲，如"吉林"。其实这个"吉林"是满语"吉林乌拉"的压缩，意思是"沿江"，不能按照汉字字面望文生义地理解为"吉祥的林子"。

北京地名中一样存在借词。其中大名鼎鼎的要数崇文门，元代叫"文明门"，据清代于敏中等《日下旧闻考》，明代正统年间改为"崇文门"，以后清代一直沿用。不过事实上元代以来北京口语就一直延续一个非正式名称——"哈达门"。据元代熊梦祥《析津志·城池街市》记录：文明门，即哈达门。哈达大王府在门内，因名之。可见元代"文明门"是汉语的，"哈达门"是借用蒙古语的。明万历年间谢杰撰《顺天府志》也有记录：崇文门，俗沿元称曰哈达门，或讹海岱。汉字书面上也有写为"哈德门""海岱门""哈忒门"的，其中"哈"，今北京口语要读上声不读阴平，"德"字轻声。1919年英美烟草公司以"哈德门"在中国注册商标，投入大量人力物力，几十年间，成了极有影响的香烟品牌，行销至今。可见这"哈德门"在北京的影响力，一点不逊于对应的正式名称"文明门""崇文门"。常规的做法是借重"崇文门"这个大地名给自己的生意壮声势，比方在崇文门附近开个小零售店就叫"崇文门商店"。但这个"哈德门"相反：偌大的城门反而要借重这位哈达大王，实在不合常理。

借自蒙古语的地名形式中，最有影响的是"胡同"。"胡同"不是一个具体的地名而是通名，但这个词覆盖了北京全城。东西南北任意地点，到处有胡同。胡同，其实就是不长不宽的街道，汉语传统叫"巷"，北京也确有不少叫"××巷"的地名，如最近几年名声极大的"南锣鼓巷"。但"巷"不是北京最有代表性的地名用词，它的数量也远不及"胡同"。对北京本地出生长大的人，有个蔑视性的称呼叫"胡同串子"，可见"胡同"的影响。旧北京胡同数量，由于多种原因，已经很难精准统计，所谓"大胡同三千六，小胡同赛牛毛"并非夸大之词。当时的市政管理不可能达到今天的精准程度，一些比较偏僻短小的胡同没有正式的名称。

从语言学上分析，"胡同"如同"哈尔滨"，在汉语字面上无从解释。著名语言学家张清常先生在20世纪80年代发表了许多论文和专著，证明汉语"胡同"来自蒙古语（xuttuk），意思是"水井"。元大都是北京历史上第一次作为全国政治中心，城市规模巨大，人口众多，饮用水就成了大问题。因为北京没有很大的河流过境，提供不了足够的地表水。解决问题的途径就是打井开采地下水。水井当然不会布局于野外荒郊，而是人群聚居的大街小巷，即胡同。元代蒙古族社会地位高于其他民族，汉语中融入了蒙古语成分，蒙古语的"水井"就进入了汉语。[①]胡同必有水井，水井必在胡同内。水井就成了胡同的一个特征。假以时日，人们不再称呼居住地为"巷"而是称其特征水井，即"胡同"。清代朱一新《京师坊巷志稿》显示得很清晰，书中记录每条胡同都标明"井一""井二"等数字。这在语言上其实是一种借代：用事物的特征称呼事物本身，例如称少先队员为"红领巾"，对一天到晚手机不离手的人称为"低头族"。

更有意思的是，北京有些街巷直接用"井"命名，如"苦水井""大甜水井""炕眼井""柳树井""龙头井""三眼井""高井""南井""七井""沙井""金井""井儿"等，最负盛名的当然是位于东城区的著名商业街"王府井"。顾名思义，这里应该有一眼王府的井。2009年改造下水管道，果然在街北部挖掘到清乾隆年间的一口水井，"王府井大街"终于名实相符了。

附带提一句，北京人民艺术剧院20世纪80年代上演了一出很有影响的京味儿话剧《小井胡同》，剧名就带"井"字。

当然，其他城市称街巷为"胡同"的也常见，尤其是在北方，如天津、河北、内蒙古、辽宁、吉林、黑龙江、河南、山东都有"胡

---

① 张清常：《释胡同》，《语言教学与研究》1985年第4期。"胡同"来自蒙古语"水井"一说，已经为北京大学历史系《北京史》（北京出版社1999年增订版）所采纳。

同"，南方就很少见到。"街""巷""里""道""路""坊"才是全国各地城市街道的通用词语。单纯从数字上看，北京的"胡同"并非全国之冠。天津称"胡同"的街巷数量就大大超过北京，考虑到天津老城区面积仅为北京的三分之一，就更可以看出天津胡同的稠密程度。据张清常先生统计，从街巷名称比例看，用"胡同"命名的街巷在城市全部街巷中所占比例，数字最高的是黑龙江齐齐哈尔，全市55.8%的街巷以"胡同"命名，其次是河北沧州、河北承德，大城市天津、北京只是排名第十、第十一。①北京胡同论数量论比例都不是最多的，它之所以成为胡同文化的代表，与北京整体的文化优势地位有很大关系。"胡同"在全国明显北方多于南方，这也可以间接看出，蒙古语对南方影响较小。

认识到"胡同"的外来词身份，并非从现代开始。"胡同"的词义，是无法从汉语自身上得到支持的。什么是"胡"？什么是"同"？加在一起怎么就表示"小巷"？这样的困惑从汉语的字义词义都无法解释。明代沈榜的《宛署杂记·卷五街道》对北京胡同的数量、分布、名称有精确的记录，对"胡同"一词的起源和词义这样解释：衚衕本元人语，字中从胡从同，盖取胡人大同之意。然二字皆从行。迨我朝龙兴，胡人北徙，同于荒服，亦其谶云。作者明确地指出了"胡同"的外语来源，可惜对词义的分析竟是望文生义的："胡人大同""胡人北徙，同于荒服"，这种猜灯谜式的思路与语言学分析已经脱节。沈榜是当时北京顺天府宛平县知县，《宛署杂记》全书材料非常详细。他的错误并非疏忽大意，也并非个案。清代乾隆年北京地理专著（吴长元撰）《宸垣识略·卷五内城一》也有这样的记录：京师人呼巷为衚衕，世以为俗字，不知《山海经》已有之："劳水多飞鱼，食之已痔衕"。注：音洞。独衚字未经见。这段记录虽是在沈榜以后将近两百年，但是基本思路没变，一定要在汉语范围内"硬挤"，结果当然只能是牵强附会、望文生义了。

---

① 张清常：《再说胡同》，载《胡同及其他》，北京语言学院出版社1990年版。

从文献上看，元代以前北京没有"胡同"一词。"胡同"最初亮相是在元杂剧，这是以元大都为主要生产基地的舞台艺术。元大都剧作家关汉卿《单刀会》第三折：你孩儿到那江东，旱路里摆着马军，水路摆着战舡，直杀一个血衚衕。这里"血胡同"当然是个比喻，意思是杀出一条突围的血路。同样的比喻也见于元代话本《三国志平话》中：张飞着力杀上血湖洞，入去到于城中。这里"湖洞"是"胡同"的另一种写法。元代另一位剧作家李好古的杂剧《沙门岛张生煮海》第一折中张生的家童与龙女的侍女梅香有一段台词：

> 家童词儿："梅香姐，你与我些儿什么信物！"
> 侍女词儿："我与你把破蒲扇，拿去家里扇煤火去！"
> 家童词儿："我到哪里寻你？"
> 侍女词儿："你去那羊市角头砖塔胡同总铺门前来寻我。"

这里的"砖塔胡同"可说是中国戏剧中第一次把胡同名称明确写入台词。今天北京市中心西四路口犹存砖塔胡同。胡同东口矗立一座青砖古塔，万松老人葬骨所在。万松老人是金代高僧，元代名臣耶律楚材的老师，1246年去世。台词中"羊市"可能是今砖塔胡同北面仅70米远的羊肉胡同，更大的可能是指再往北几十米的阜内大街东段。[①]请注意，这"砖塔胡同"和"羊市角头"可不简单，不但在中国作家的元杂剧中提到，元末明初专供朝鲜人学习汉语所用的汉语教科书中同样提及了此地：我羊市里前头，砖塔胡同里，赁一处房子来，嫌窄，今日早起表褙胡同里赁一所房子。（自《朴通事》）恰才出去了，往羊市角头去了。他说便来，你且出去，等一会再来。既他羊市角头去时，又不远，我则这里等。（自《老乞大》）

由于是外来词，古代又没有今天这样严格的语言文字规范意识，

---

① 据郑奇影、杨柏如编制《北京市街道详图》（亚光舆地学社1950年版，中国地图出版社2004年8月复制），阜内大街东段称"羊市大街"。

所以汉字写"胡同"这个词就有多种形式了，如衕通、火弄、火疃、火巷、火衕、胡洞、衙衕、衚衕、忽洞、湖洞等。这种现象其实常见，像"葡萄"自汉代从西域引进，来自大宛国语言，古代写成"蒲桃、蒲陶、蒲萄"等。上面提及的明代沈榜《宛署杂记》中对"胡同"的想当然释义，很可能就是吃了文字不够规范化的亏，硬是从字形上牵强附会去揣测外来词词义。

前文举出元曲例子中有"血胡同"，这当然是比喻，显出关云长的勇武。这里再补一例，却没有这么正面了。清末民初徐珂的《清稗类钞》里有一段用胡同来比喻的：和珅当国，一时朝士趋之若鹜。和每日入署，士大夫之善奔走者皆立伺道左，惟恐后期。时称为补子胡同，以士大夫皆衣补服也。或以诗嘲之云："绣衣成巷接公衙，曲曲弯弯路不差。莫笑此间街道窄，有门能达相公家。"古代官服胸部附有一块织物，上绣多种图案，以禽兽图样来区分官员的品级。这种做法始于唐代，沿袭到清代。这块织物叫作"补子"。清乾隆年间，权臣和珅位高权重，众官员对他恭迎路上，唯恐落后，于是排成人墙，形成了一条充满补子的"胡同"，实在是丑态毕露了。

第三节　移民的脚印

为什么地名里会有借词？很显然，北京哈达门、胡同各个例子，其实都与移民有关，只是形式不同。在北京南郊的大兴区和东北郊区的顺义区，可以看到一批村镇名称，不是北方农村常见的"张家庄""李各庄"这类，而是带有明显山西标志的"营"，如"大同营""忻州营"等。北京郊区村镇用山西市县名称命名，这当然不合常理。

我们在解释北京方言特殊情况时曾引用过史料：明初洪武到永乐年，先为加强北京边防，后为打造首都的特殊地位，朱元璋、朱棣父子两代皇帝曾先后向北京大量移民，尤其是朱棣，数次从山西向北京移民，人数每次上万。这样规模的移民，又是政府行为，必须组织周密，预防各种意外事故。很重要的一项工作是给移民编队，却又很难像军队编制那样精密、严谨，层次分明。最便于实施的方式就是要求移民记住出发地地名，这样即便走丢也容易被发现找回。于是，就用山西地名加"营"编排。最有名的集合出发地点就是洪洞（"洞"读"tóng"）县大槐树底下，此树今天犹存。张青所著《洪洞大槐树移民志》（山西人民出版社2000年版）一书中有详细记载。如此组织起来的移民，一路艰辛到北京后，分配定居地点自然还是依照来源地的编队进行，于是就有了今天北京郊区大兴、顺义两区内有连接成片的用山西地名命名的乡镇，名称都是"××营"，"营"前都是山西地市名称。如顺义区赵全营镇的红铜营、忻州营、稷山营、西绛州营、东绛州营，高丽营镇的河津营、夏县营；大兴区长子营镇的河津营、潞城营、沁水营、赵县营、北蒲州营、南蒲州营，采育镇的山西营、大同营、屯留营，青云店镇的解州营、霍州营、孝义营。如果再加上一些不带"营"字的，像大兴采育镇的东潞州村、下黎城村，长子营镇的上黎城村，山西移民在北京的地理布局就清清楚楚一望而知了。

城区的街道胡同名称也有类似的构造与背景。如西城区前门外汾州胡同，旧名汾州营，明代张爵《京师五城坊巷胡同集》有记载，属正西坊，乃山西汾州人集中居住之地，因得名。1965年改为现名。同在前门外，还有陕西巷，清代此地曾有大批陕西来的木材商聚居，因而得名且沿用至今。

"××营"结构的地名当然不全与移民相关，后面第五小节另有说明。

第四节　宗教元素

宗教活动当然不是限于城市，但是城市人口密集，交通方便，信息收集发布比较便利，宗教活动往往规模很大，所以大城市的宗教建筑也相对密集，有些著名建筑已经起到了地标作用。这种情况势必要影响到地名，也就是说，在城市地名中，经常可以见到宗教场所名称或相关的事物。这一点，在北京地名中表现得很明显。例如"隆福寺街""护国寺街""真武庙路""白云观路"等。

从世界格局看，基督教、伊斯兰教、佛教有三大宗教之称。在中国，有"儒道释"的说法，即儒教、道教、佛教。儒教是否为宗教，这个问题多有争议。从北京城市地名看，儒教影响很小，与儒教相关的地名本书作者没有搜集到。通州区大成街有"三教庙"，其实是三座各自独立的宗教建筑：文庙（实际是儒家学府，也称"学宫"）、紫清宫（俗称"红孩儿庙"）及燃灯塔及其附建的佑胜教寺。最负盛名的儒家建筑应该是东城区安定门内的国子监大街的北京孔庙，是元、明、清三代祭祀孔子的场所，全国重点文物保护单位。但是"三庙""文庙""孔庙"都只是建筑名称，不是地名。四川成都有"文庙街"，那才是真正的以儒教为地名。

佛教虽然是外来宗教，但在中国社会影响巨大，像"临时抱佛脚""丈二的金刚摸不着头""泥菩萨过河自身难保""和尚打伞无法无天"等以佛教事物构成的俗语，很能反映出佛教的影响，因为它们已经走出寺庙，深入普通百姓的日常用语中。佛教的影响在北京地名中当然也有非常明显的表现，不少著名佛教建筑是当地的地标，建筑的名称就进入地名。这种地名由于最初是建筑物本身的名称，所以地名结构就是"建筑物名+街巷通名"，例如"隆福寺"加"街"就是"隆福寺街"。这个模式很自然，很好记忆，所以也就很顺利传开使用，如"大佛寺东街""护国寺街""法华寺前街""法华寺后街""保安寺街""夕照寺街""法源寺街""观音寺街""雍和宫大街""前圆恩寺胡同""后圆恩寺胡同""琉璃寺胡同""福祥寺胡同""白塔寺西夹道"等。由于旧北京寺庙较多，因此这类地名也就相应较多。有的地段相当密集，例如东城区安定门大街西侧南北走向的宝钞胡同内，东侧几百米内就有东西走向"千佛寺胡同""净土寺胡同""琉璃寺胡同""法通寺胡同"。

　　道教是中国本土诞生的宗教，影响巨大，在北京地名中同样有所表现。最有代表性的是西城区两处。西便门外的"白云观街"，取名于白云观。白云观不仅是北京的也是北方最大的道教建筑，现在还是中国道教协会所在地。附近还有"白云路"。毗邻白云观街的就是真武庙地区，这个地区应该是北京唯一的、集中成片的、以同一个宗教元素命名的街巷。这里有"真武庙路"，还有衍生的"真武庙路头条""真武庙路二条""真武庙路三条""真武庙路四条""真武庙一里""真武庙二里""真武庙三里""真武庙四里""真武庙五里""真武庙六里"，共11处。附带说一句，北京紫禁城北大门，今天的正式名称是"神武门"，清康熙年以前，沿袭明朝旧名"玄武门"。玄武即真武。后来为康熙皇帝爱新觉罗·玄烨避讳，改成"神武门"。

　　从整体看，道教建筑规模和数量都比佛教建筑要小要少，有些很难考证当年的景象。作为地名，也就比较零散，分布比较广泛。"真武庙"地名成片，而旧时代更接地气的灶王爷"皂君庙"（灶君庙）就只有今北下关的"皂君庙社区"一处。规模小的，如"娘娘庙胡同"当然是因"娘娘庙"而得名，但是很难统计出旧北京究竟有多少娘娘庙。今天在百度等网站地图上可以搜到十来处"娘娘庙"，但真正用于地名的仅有海淀区西直门外北下关的"娘娘庙胡同"一处了。再有是"关帝庙"，数量很大，可是到今天还能用作地名的，在城区已经消失。从百度地图看，只在大兴区旧宫镇南五环路北有"关帝庙路"。这有点类似佛教名称的"观音寺""观音庵"。如果单纯看规模，无论面积人口，今天稳居第一的道教元素地名当数北五环路与六环路之间的"回龙观"社区。此观始建于明孝宗年，称"炫富观"。"回龙观"本是当地一个村庄名，中华人民共和国成立后是北郊农场所在地，20世纪末开发为住宅区，现在是北京规模最大的居民社区之一，人口逾十万。

道教本身也在发展之中。北宋崇宁年间，徽宗封关羽为"崇宁真君"，明万历十年（1582）关羽被封为协天大帝，关羽庙为"英烈庙"。此时关羽已经成为道教中的神祇。清代奉关羽为"忠义神武灵佑仁勇威显关圣大帝"，为"武圣"，与"文圣"孔子齐名。旧北京关帝庙难以计数，相关地名可以"三庙街"为例。此街位于西城区（原宣武区），因有第三座关帝庙而得名，其他两座在相邻胡同。

伊斯兰教元素构成的地名在北京极少见到。我们只找到"礼拜寺街"一处，位于德胜门外地区南部，南北走向，南起安德路，北到教场口街，全长200余米因街上有清真寺一座而得名。1965年将北端西侧的盲巷狮子胡同并入，1989年测绘出版社出版的《北京市政区略图》仍能查检到。在北京市区最具影响的清真寺是位于西城区（原宣武区部分）广安门内的牛街清真寺，始建于辽代，明代重建，清康熙年间修葺。但是牛街清真寺没有进入地名，进入地名的只是"牛街"。

地名关系到社会管理效率，所以历代政府都要整理地名，尽量规范、简明。早在1965年北京市就整理一批旧地名。例如，今天北京市地图上已经没有了"法通寺胡同"，1965年开始将其改为"华丰胡同"。又如"海柏胡同"，位于西城区（原宣武区部分），东起北极巷，西至西茶食胡同，因为辽金时此地有海波寺得名"海波寺街"。1965年整顿地名开始改称"海柏胡同"。"清华街"位于东城区（原崇文区部分），原名"清化寺街"，从磁器口大街连到鲁班胡同，因街内有明代建筑清化寺而在清代得名。1965年，清化寺街与另一宗教地名的"明因寺街"连同椅子圈胡同、幸福胡同、北水道子、山佑夹道等合并统称"清华街"。"观音庵胡同"位于西城区新街口地区，现名"大丰胡同"。北京还有一处"观音庵胡同"，今名"庆丰胡同"，在西城区赵登禹路西200余米，与赵登禹路平行，南北走向。"五显庙胡同"在东城区北新桥地区，始建于明代，供奉五显大帝，又称五显灵官大帝、五圣大帝、五通大帝、华光菩萨等，1965年并入东四十四条。"娘娘庙胡同"是东城区东四六条到七条胡同之间的南北走向胡同，全长160余米，1965年地名整顿改为"月光胡同"。西城区（原宣武区部分）有"崇效寺街"，1965年改称"白广路"。

值得注意的是，"寺"的字义不仅仅是指佛教的庙宇或伊斯兰教礼拜、讲经的场所，还可以指古代官署，所以旧北京带"寺"的地名不一定都与宗教有关，当初建立这些寺并非出于宗教原因。例如西城区"太仆寺街"，东西走向，东起府右街，西到东槐里胡同。因其地有明代衙署太仆寺遗址而得名。有些"寺"既非官署也不是宗教场所。如东城区国兴胡同，清末称高公庵胡同，系明万历年间御马太监高勋、张进等出资为皇帝祝寿而建，俗称高公庵，胡同由此得名。东城区北新桥附近有"金太监寺"，据传是明代有位姓金的太监在此修建家庙，所以得名。

第五节　政治、文化因素

首都是全国的政治中心，政府部门机构多，特设机构多。这也构成了北京地名的另一个特色。以下几种地名通用名比较典型。

【营】海淀区清华园街道的"蓝旗营"，因清代驻扎圆明园护军蓝旗营而得名。海淀区蓝靛厂有"火器营"，为清乾隆年间火器营演练场。宣武门外骡马市大街的北面有"四川营胡同"，东西走向。1620年，后金努尔哈赤进攻辽东，四川女将秦良玉率军增援山海关，战功卓著。1629年，清兵逼临北京城下，明崇祯帝却将袁崇焕逮捕下狱，京城危险。秦良玉再次进京勤王，到京后驻扎于此，嘉靖年间已称四川营胡同，后来一直沿用。"大安澜营胡同"位于西城区（原宣武区部分）大栅栏地区，南新华街。明朝称安南营。"安南"即现在的越南，此地是安南人的聚居区，因而得名。清宣统年间改称大安澜营胡同。"常营"在今朝阳区，原属于通州区，1958年划入。明洪武元年（1368）大将徐达北伐，进驻元大都；次年为防御蒙古军队反攻，副将常遇春在此镇守，留下了"常营"地名。今地铁6号线有"常营站"。

【院】"学院胡同"位于西城区月坛附近，西二环路到金融街之间。明朝称提学察院胡同，因为胡同内有提学察院衙署而得名。清朝改称学院胡同。"官书院胡同"在东城区国子监大街北侧，北京孔庙东墙外，清代有御书楼在此，因而得名沿用到今。另有一种说法是这里邻近孔庙，为祭祀杀猪便利而在此建立猪圈，因为是官办的，所以称"官猪圈"，后改为"官书院"。[1]"贡院西街""贡院头条""贡院二条"在东城区建国门内，是元代礼部衙门旧址，于明万历年间扩建。

【坟】坟地当然不象征吉祥如意，但是北京的坟地常常进入地名。原因很明显：入葬者的身份非同一般。

---

[1]　户力平：《老北京与猪有关的地名》，《北京晚报》2019年1月17日第38版。

最负盛名的大概就是位于北京西三环路和复兴路交叉地的"公主坟"。这里埋葬着清代两位公主：嘉庆帝三女儿庄敬和硕公主和庄静固伦公主。两位公主都在嘉庆十六年（1811）去世，很可能是这个原因，两位公主葬于一处。两位公主坟地的宝顶并列，坐北朝南。东边是三女儿庄敬，西边是四女儿庄静。这里原名王佐村，清末改为苑家村。公主的身份固然高贵，但北京是首都，地位高于公主的皇亲国戚多得很。"公主坟"受关注，主要原因是1998年根据台湾作家琼瑶的同名小说改编的电视剧《还珠格格》大受追捧，引发了一阵"公主热"，而传言故事中的女主角就葬于这座公主坟。公主坟是旧地名，20世纪90年代修建三环路，经此而过的立交桥命名为"新兴桥"。于是桥上桥下两个地名，受到很多外地朋友批评。

"八王坟"是清太祖努尔哈赤第十二子英亲王阿济格的墓地，位于今东四环四惠桥西南侧的通惠河北岸，后破败严重。20世纪50年代开始，这里成为北京东郊重要的交通枢纽。1965年，八王坟改名为"建光东里"，1977年恢复原名。"郑王坟"位于北京西南方向右安门外，首先建立的简亲王雅布的墓园。雅布为郑献亲王济尔哈朗之孙，简纯亲王济度第五子，生于顺治十五年（1658）。康熙二十二年四月承袭简亲王。今天南三环路外，地铁十号线附近有"郑王坟南里""郑王坟小区"，丰台区花乡地区有"郑王坟村"。

"英家坟"位于朝阳区朝阳北路北侧，1989年起更名为"延静西里"。入葬者英桂，清同治十一年（1872）任兵部尚书，光绪三年（1877）任体仁阁大学士，卒于光绪五年（1879）。北京东部很多公交车路线设"英家坟"站。

"索家坟"位于西城区新街口外向北，北京师范大学南。入葬者是清初康熙年间四位辅政大臣之首的索尼，索家的后人也大都埋在了这里，其中有索尼第三子索额图。现有公交站点和居民区索家坟。

"铁狮子坟"位于新街口外北京师范大学东侧，附近就是索家坟。铁狮子坟的主人是额尔克戴青，父亲恩格德尔为蒙古喀尔喀巴约特部长，从蒙古率众归来，受到清室礼遇，清太祖努尔哈赤将自己的侄女嫁给恩格德尔。额尔克戴青是公主所生，封三等侯。额尔克戴青家族墓地有两座铁狮子，坟地由此得名。如今这里是重要的公交车站，二十余条线路汇集于此。

【大人】"大人"是对高官的尊称。北京是首都，官员人数多，"大人"出现在地名中是常见的。"班大人胡同"位于东城区东四六条东段路南。清乾隆年间，一等诚勇公、定北将军班第府邸在胡同内，宣统时期称班大人胡同，民国时期沿称，1965年整顿地名时改称育芳胡同。"马大人胡同"位于美术馆东北侧，东起东四北大街，西止大佛寺东街。"马大人胡同"明代史料即有记录，称"马定大人胡同"（本书作者很遗憾没有查找到"马定"究竟是哪位大人），乾隆时称马家胡同，宣统时称马大人胡同，民国时期沿用。1965年整顿地名改称"育群胡同"。胡同靠西段路北有马大人府，民国时期为天主教崇慈女中，1952年改为第十一女子中学，1972年改为第一六五中学。"石大人胡同"在明代属黄花坊，武清侯石亨宅邸在此，所以称之为"石大人胡同"。1912年北洋政府将位于东堂子胡同的外交部迁往石大人胡同迎宾馆，从此石大人胡同改名外交部街。1949年中华人民共和国成立，外交部也设立在此。新中国首任外交部部长周恩来和以后接任的外交部部长陈毅都曾经在这里办公。"王大人胡同"位于东城区东直门北小街西侧，东西走向，明末司礼秉笔太监王承恩的宅邸在此，故有此名，清代乾隆年间沿称，民国延续。1965年整顿地名时将八仙巷并入，改称北新桥三条。

【仓】北京虽然是元、明、清三代帝都，但是人口稠密，粮食不能自给自足，还要发放各级官员俸禄"禄米"，这就需要建立很多仓库存储。这些仓库集中建立在今天东城区东直门内小街和朝阳门内小街。仓库建立的历史可以上溯到元代，因为东直门外在元明两代都是可以漕运抵达的，仓库设在离漕运不远之处比较便于储备转运。如"北新仓胡同"，位于东直门内南小街东侧，全长近500米，东西走向。到清初有仓廒49座，康熙年增加到85座。现存仓廒7座，为北京市重点保护文物。"海运仓胡同"，从北新仓向南500米左右。海运仓建于明代，以后清代建立新仓即北新仓，与海运仓连成一片。清晚期陆路运输逐步取代漕运，海运仓的功能逐步丧失，成为居民区。"新太仓胡同"，从东直门内大街到东四十三条，南北走向，500余米。明宣德年在此设仓，清乾隆年称新太仓胡同。新太仓是明时北京的粮仓之一，清代废弃。"禄米仓胡同"位于东城区朝阳门内南小街东侧。它周围的胡同，也以此命名，分别称为禄米仓东巷、禄米仓西巷、禄米仓后巷。另，禄米仓西巷有两条东西方向的小巷，南者称禄米仓南巷，北者称禄米仓北巷。禄米仓是明清两朝存储京官俸米之地，清康熙年间有五十七廒。民国时改为联勤总部平津被服总厂。

老北京有一句城市自夸的话，叫"五坛八庙十三仓"，意思是只有北京才称得上是国都的城市规模。所谓"五坛八庙"是明清两代皇室的祭祀场所。五坛是天坛、地坛、日坛、月坛、先农坛；八庙是太庙、奉先殿、传心殿、寿皇殿、雍和宫、堂子、文庙和历代帝王庙。今天的北京，五坛依然作为地名在使用，八庙中只有"雍和宫"还有地名资格。十三仓是：

禄米仓：位于北京禄米仓胡同。南新仓：位于今天平安大街东端，东四十条立交桥的西南。旧太仓：在朝阳门内，平安大街南，现存仓廒三四座。海运仓：储存海运到京的漕粮，所以叫海运仓，位于东直门内南小街海运仓胡同。北新仓：在东城区北新仓胡同，现存仓廒七座，是北京市重点文物保护单位。富新仓：在朝阳门北小街。兴平仓：位于平安大街东端，现存仓廒十座。太平仓：在西城区东部，东起西黄城根北街，西至西四北大街。储济仓：在太平仓北首。本裕仓：在今清河镇东南一里之地，始建于清康熙年间，宣统元年（1909）拆除。丰益仓：又名安河仓，遗址在今中共中央党校的西部。另外在通州区还有通州西仓和通州中仓。今作为地名使用的有：禄米仓、南新仓、北新仓、海运仓、太平仓。

以上"营""院""坟""仓"等字，因为地名中使用较多，已经成为通名。"大人"则有些勉强。此外还有些地名也是表现了首都特色的。

【街】/【胡同】"国子监街"位于东城区安定门内，东西向。清代称"成贤街"，因孔庙和国子监在此而得名，1965年确认现名，也叫国子监胡同。元成宗大德十年（1306）始建，是元、明、清三代国家管理教育的最高行政机关，也是国立最高学府。1956年，北京国子监辟为首都图书馆，2005年迁出。

"东厂胡同"位于东城区北河沿大街东侧，全长约300余米，明成祖朱棣在此设立了直属于皇帝的特务机构"东厂"，因而得名。有明一代，东厂可说是臭名昭著，现在成了影视剧常用素材。清乾隆年间曾改名为"东长胡同"，日军侵华期间被改名"东昌胡同"，抗战胜利后恢复"东厂胡同"旧名并沿用至今。

"石驸马大街"在宣武门内大街路西。因明宣宗皇帝朱瞻基长女顺德公主下嫁河北昌黎人石璟，府邸设在此街而得名。成化十四年（1478）石璟去南京祭祀明宗庙和先帝，一年多后石璟在南京去世。清光绪三十四年（1908），在石驸马大街旧址建筑校舍设立京师女子师范学堂，次年建成。1912年改为北京女子高等师范学校，1925年改为北京女子师范大学，鲁迅先生曾在此任教。校舍已公布为北京市第一批文物保护单位，现为北京鲁迅中学。1966年石驸马大街改称"新文化街"。

"三保老爹胡同"位于西城区德胜门内大街。东起德胜门内大街，西至棉花胡同。明初三保太监郑和府第在胡同内，明代称"三保老爹胡同"，后谐音为"三宝胡同"。清代改称"三不老胡同"。郑和在明永乐年间曾七次率舰队远航西洋，最远达非洲东岸和红海海口，为我国航海史上的壮举。"三不老胡同"名至今沿用。

"府学胡同"因明代顺天府学设在此胡同而得名。明初，改元大都为明北平府。到永乐元年（1403），北平升为顺天府，将原大兴县学升为顺天府学。此地成为明清两朝北京士子们进修、学习、考试场所。顺天府学的西部是学宫和孔庙，东部是文丞相祠，再往东为文昌祠。清光绪二十八年（1902），府学东半部被改为"顺天府高等小学堂"，先后改名为"京师公立第十八小学校""北平市市立府学胡同小学""北京市三区中心小学"，现为"府学胡同小学"。

中华人民共和国成立以后，从政治方面改地名，在北京最突出的要数东城区沙滩附近的"五四大街"。五四运动在现代中国历史上有划时代的意义，运动的发祥地——北京大学旧址，也称"北大红楼"，就在此地，因而得名。这段路不长，又可以分东西两段。东段在清乾隆时称双碾儿胡同，光绪时东段称双碾胡同，西段称东、西沙滩，这在清朱一新《京师坊巷志稿》中有记录。清末宣统年间再改，东段称双辇胡同，中段称汉花园，西段称沙滩。民国后沿称。1959年纪念五四运动40周年，将以上几处合并，称"五四大街"。

地名中的文化教育因素，以中华人民共和国成立以后北京的高校堪称代表。北京是全国高校最密集的城市，北大清华等名校集中于此。高校因素构成的地名，最突出的是"学院路"。这条大街全长约2.8公里，南北向，南起海淀区北土城路的西土城，北到清华东路的六道口。1952年，全国高等院校进行了影响极大的"院系调整"工作，依苏联模式，只保留少数综合院校，按专业设置重新组合了各科专业学院。如北京航空学院是由清华大学航空系、天津北洋工学院航空系和厦门大学航空系合并组成，北京政法学院是由清华大学政治系、北京大学法律系和北京辅仁大学社会系合并组成。有关部门选定在北京西北郊集中建立了八所高等院校，即"八大学院"，并从南向北修建了道路。路西侧从南到北有北京政法学院（今中国政法大学）、北京航空学院（今北京航空航天大学）、北京地质学院（今中国地质大学）和北京矿业学院（今中国矿业大学），路东侧是北京大学医学院（20世纪90年代改为北京医科大学，后再改为北京大学医学部）、北京钢铁学院（今北京科技大学）、北京石油学院（今中国石油大学）和北京农业机械化学院（今中国农业大学）。学院路于1954年建成。

第六节　英名永存

北京以人名命名的街巷名称很少，最醒目的是三处为纪念在抗日战争中英勇牺牲的烈士而专设的地名——张自忠路、赵登禹路、佟麟阁路。

张自忠路，东西走向，东到东四十条路口，西到宽街路口，全长700余米。这里原名"铁狮子胡同"，1925年孙中山先生病逝于街的西段。街东段将近路口有一座大院，原为清康熙皇九子胤禟府邸，后雍正帝年第五子弘昼封和亲王之府邸，改为和亲王府，民国以后改成了北洋政府海军部所在地，1924年直奉战争结束后改为段祺瑞执政府。鲁迅《记念刘和珍君》一文所声讨的"三一八惨案"就发生在此，现为中国人民大学清史研究所。"文革"期间"张自忠路"改为"工农兵东大街"，1984年恢复"张自忠路"。张自忠（1891—1940），山东聊城人。1933年3月，张自忠率29军一部参加长城抗战，与侵华日军激战，给敌以重创。1937年"卢沟桥事变"，29军为保卫北京顽强抗击日寇。1940年5月，张自忠身为第33集团军总司令，陆军中将，亲赴前线英勇作战，在湖北"枣宜战役"中身中六弹，壮烈牺牲。为纪念这位抗日名将，除张自忠路外，今天西城区府右街西侧还有北京自忠小学。

赵登禹路位于北京市西城区中北部，南北走向，北起西直门内大街，南至阜成门内大街，全长将近2公里。原名北沟沿，后改名白塔寺东街。元代曾是大都金水河的故道。明代称大明濠，清代称西沟沿，是京城重要的排水防洪措施。1912年，改为暗沟，1921年始辟筑成路，仍沿用北沟沿之名。抗战胜利后，为纪念29军保家卫国浴血奋战，"北沟沿"北口到阜成门内大街一段定名为赵登禹路。"文革"期间改为"中华路"，1984年恢复"赵登禹路"。赵登禹（1890—1937），山东菏泽人。1933年，任第29军第37师第109旅旅长，后任第132师师长。在长城抗战中率部奇袭敌营，战功卓著。"七七事变"时任132师师长，在南苑驻地与日军展开了激烈战斗，赵登禹直接参加战斗，挥舞大刀砍杀日军。经过大红门时遭日军袭击，身中五弹，壮烈殉国。

佟麟阁路位于西城区中南部，南北走向，南起宣武门西大街，北至复兴门内大街，全长约800米。原为沟渠，明代称大明濠，因位于皇城西部，清代称沟边道路西沟沿，民国称南沟沿大街（部分）。元大都时代，现在佟麟阁路所在位置紧靠大都西城墙，原是一条人工河道，名为金水河。进入明代，河道淤塞，上游来水被截，城墙南移，将河道纳入城市范围，金水河变为露天排水沟。它北起西直门内，南到宣武门，纵贯北京内城南北，今佟麟阁路只是南端的一小部分。沿着壕沟形成了一条市内南北向道路，最南端一段名为南沟沿大街，为纪念29军浴血奋战保卫北京，改名为佟麟阁路。"文革"期间被改为"四新路"；又因为在民族文化宫以南，1971年曾改名为民族宫南街。1984年恢复"佟麟阁路"。佟麟阁（1892—1937），河北省高阳人。佟麟阁早年参加护国讨袁战争。1933年率部参加长城抗战，取得喜峰口大捷。同年5月，参加察哈尔抗日同盟军，任第一军军长兼代理察哈尔省主席，跟随冯玉祥将军，英勇抗击日寇。1937年"卢沟桥事变"，7月28日，日军向北平发动总攻击，进犯南苑，时任第29军副军长的佟麟阁与132师师长赵登禹指挥29军死守南苑，佟麟阁被机枪射中腿部，仍带伤率部激战。与日军从拂晓战至中午，头部又受重伤，壮烈殉国。

张自忠、赵登禹、佟麟阁早年都是冯玉祥将军的部下，在担任29军高级将领期间，从1934年到1937年"七七事变"驻防北京，皆在抗战中为国捐躯。抗战胜利后，经冯玉祥将军提议，时任北平市市长何思源在1947年3月签发了《北平市政府户字第59号训令》，将南沟沿大街命名为佟麟阁路，北沟沿大街命名为赵登禹路，铁狮子胡同命名为张自忠路。因佟麟阁将军在通州曾指挥与日军作战，通州也命名了一条"佟麟阁街"，以为纪念。由政府正式发文，用现代人物姓名命名街道，在北京只有佟麟阁路、赵登禹路、张自忠路这三处。中华人民共和国成立后，毛泽东主席在1952年为三位抗日英烈签发了烈士证书。

第七节　五行八作

　　大城市不但是政治文化中心，也是物流中心和商业、金融、服务业和手工业中心。它们的经营活动与普通民众日常生活关系密切。这些情况当然要在地名上有很明显的表现，例如北京地名中的"灯市口""菜市口""蒜市口""珠市口"（原为"猪市口"）、"煤市口""闹市口""鲜鱼口""磁器口""羊肉胡同""粮食店街""米市大街""花市大街""猪市大街"（今"东四西大街"）、"羊市大街""骡马市大街""肉市街""果子巷""果子市""手帕胡同""锁链胡同""钥匙胡同""案板胡同""南/中/北剪子巷""盆儿胡同""帘子库胡同""麻线胡同""绳匠胡同""席棚胡同""羊角灯胡同""珠宝市""榄杆市""琉璃厂""木厂胡同""毡子胡同""铁匠营""弓箭大院""豆腐巷""取灯胡同""柴棒胡同""米市胡同""油坊胡同""盐店胡同""酱坊胡同""醋章胡同""大茶叶胡同""东/西茶食胡同""闷葫芦罐儿胡同""答帚胡同""胰子胡同""大/小金丝胡同""东/西银丝胡同""东/西/南裱褙胡同""铜铁厂胡同""铁门胡同""锡拉胡同""大/小鹁鸽胡同""袼褙胡同""麻刀胡同""火扇胡同""绳匠胡同"等。

　　当然，这里的情况也不完全一致。有些是名实相符的，如用牲畜名称命名的街道，"猪市大街""骡马市大街""羊市大街"，最初确实是猪、骡马、羊的重要交际场所，历史可以上溯到明代，甚至更早。"灯市口""菜市口""果子市""花市大街"的取名也是同样的道理。有些还加上制作者的姓氏，"徽子王胡同""姚铸锅胡同""粉房刘家街""马丝棉胡同""赵锥子胡同""沈算子胡同""棚匠刘胡同"等。

　　这类结构的地名，有些其实与商业手工业等等行业并没有直接关系。如西城区福绥境街道"弓背胡同"，东西走向，东起西直门南小街，西到永祥胡同。清代开始称弓背胡同。因西向入口向北折略呈圆弧形，似弓背，因而得名，并非制作弓弦弓背的作坊所在地。东城区东华门北池子大街有"箭杆胡同"，北口连接智德北巷，西口在骑河楼南巷。"箭杆胡同"的称呼始于清光绪年间。辽西一带的人至今还把加工得整齐挺立的高粱秸秆叫"箭杆"。"豆腐池胡同"的北京话发音是"豆腐池儿胡同"，因为胡同内有陈姓师傅善做豆腐，人们称他"豆腐陈"。北京话为表示亲切，可以在姓氏后加儿音，"豆腐陈"就成了"豆腐陈儿"。巧合的是"陈"与"池"在北京话中虽然不同音，但加儿音后，"陈儿""池儿"却是同音的，于是把"豆腐陈儿"附会成了"豆腐池儿"，就出现了"豆腐池儿胡同"地名，1965年整顿地名，改称"豆腐池胡同"。

第八节　自然环境和城市规划

依水建城是古代城市建设的一个普遍规律，这一点在北京地名中也能看出，即北京有很多与水源水路相关的地名。

【桥】这里的"桥"当然不是20世纪80年代开始修建的立体交叉桥，而是传统的水上之桥。由这个"桥"字我们自然想到河流或者水域。尽管今天北京城区少有河湖，但历史上的北京还是不乏水泊的，地名中就当然要表现出来。如东城区东直门内有"北新桥"，东四十条南侧有"大/小石桥胡同"，景山后街北侧有"东板桥胡同"，景山西街北口有"西板桥"，地安门东大街北侧有"东不压桥胡同"，东四六条到九条之间有"南板桥胡同"，西城区（原宣武区部分）有"虎坊桥大街"，丰台区有"太平桥街道"、"太平桥中里"、"草桥"，西城区西直门外有"高粱桥"和"白石桥"，地安门大街有"后门桥"，平安里大街有"厂桥"，地安门外大街有"银锭桥"，鼓楼西大街有"甘水桥胡同"，广安门外大街有"甘石桥胡同"，崇文门外大街有"红桥"，朝阳区"酒仙桥"。还有大名鼎鼎的前门外"天桥"，此桥清光绪三十二年（1906）、1929年、1934年三次整修道路，最终完全拆除。丰台区的"卢沟桥"也作"芦沟桥"，架设在永定河上，桥头现有清乾隆帝御笔"卢沟晓月"石碑。此桥不但在北京，也是全华北最长的古代石桥，在《马可·波罗游记》中有记载，称其为一座巨丽的石桥，后来外国人都称它为"马可·波罗桥"。1937年7月7日，侵华日军在此蓄谋寻衅，驻扎在宛平城的中国军队29军奋起抵抗，史称"卢沟桥事变"，即"七七事变"，中国由此进入全面抗战。

西城区（原宣武区西北部分）有"达智桥胡同"也很值得一提。胡同东起宣武门外大街，西到校场五条，从"鞑子桥"谐音而得名。明代在这里有接待寺。清代宣武门外大街有水沟，与接待寺的水沟相汇，于是建一小桥，称"鞑子桥"，转音为"炸子桥"。民国时期改称为"达智桥"。1950年，著名电影演员石挥据老舍先生同名小说改编的电影《我这一辈子》即取"达智桥"实名入戏。石挥先生自导自演，电影水平极高，京味儿浓厚而得体，赢得各界观众好评，"达智桥"也因此更加广为人知。

以上这些"桥"地名，除"卢沟桥"外，在北京口语里都要带上儿音。本书第二章曾提及此问题，这里再补上一句。石挥先生在电影《我这一辈子》中"达智桥儿"的发音给人极深的印象，是典型的北京口语发音。

【海】北京地名的"海"当然不是海洋的意思，有一种看法认为是元代借自蒙古语，指大片水面。这种解释符合北京地貌。但"海"的问题挺复杂。

带"海"字的地名在北京城区就不像"桥"那样广泛分布，多在西城区。如"中南海""北海""前海""后海""什刹海""西海"。这些"海"靠自然条件形成，其中北海与中海、南海合称"前三海"。此三海又以北海为中心，是辽、金、元三代的离宫，到明清成为帝王御苑，是全国保存最古老、最完整的代表性皇家园林之一，1925年开放为公园，1961年被国务院列为第一批全国重点文物保护单位。汉语中，"海"可以表示古代养鸟养兽供帝王玩乐的园林内的大型水池。"海"的这个意思在北魏杨衒之《洛阳伽蓝记·宝光寺》中就有：园中有一海，号"咸池"。权威工具书《汉语大字典》在引用了杨衒之文后，又引用清代《嘉庆一统志·京师四》：（太液池）其上源自玉泉山，合西北诸水，自地安门水门流入，汇为大池，池上跨长桥，桥北称北海，桥南称中海，瀛台以南称南海。由此我们可以得出两点结论：第一，"海"指大片水面，这个意思不是来自蒙古语，也不是从元代才开始出现。第二，今天习惯说的"中南海"其实是"中海"和"南海"合并起来的简称。

值得详细叙述的还有北京的"海子"。"海子"一般也认为是指大片水面，丰台区有"海子公园"。金代到清末年间这里是皇家御用的狩猎园"海子"。据权威工具书《汉语大词典》，"海子"是方言词，指湖泊。宋代沈括《梦溪笔谈》中已有记录。"海子"还有一个用法就是"南海子"，指北京南苑，是元、明、清三代帝王的游猎之处。"海子"的第三个用法指北京城区西北角的西海子，今天叫作"积水潭"。《元史·河渠志》有记载：海子一名积水潭，聚西北诸泉之水，流行入都城而汇于此，汪洋如海，都人因名焉。

【河】老北京地表水虽然不足以供应城市的全部用水，但是水源比今日还是要丰富很多，所以北京地名中带"河"字的并不少见。最有名的当数西城区玉渊潭附近的"三里河"，还有一处"三里河"在东城区（原崇文区）珠市口东大街。西面的三里河历史较早，这个"三里"可以上溯到金代，指距离金中都北墙。东面的三里河历史较晚，应该在明代，其"三里"指距离正阳门，而正阳门是明代北京城建筑。西三里河今天多机关，如中国科学院、国家发展和改革委员会等。东三里河历史上长期是北京的排水系统，多污染。经多年治理修复，现已形成自循环景观河，成为市民的休闲游憩场所。此外与"河"相关的地名还有不少，如东城区的"菖蒲河""北河沿街""南河沿街""亮马河"，原崇文区的"西河沿街""后河沿"，"南河漕胡同""西河漕胡同"，朝阳区的"东坝河""西坝河"，海淀区苏家坨镇有"北安河"，西四环路有"金沟河路"。

【东】【西】【南】【北】北京由于长期作为政治中心，作为首都，所以城市建设非常讲求规划和规范，具体说就是要保持礼法，注意尊卑，还要强调首都气派，一切大小街巷尽量取正，保持正东正西正南正北走向。有外埠朋友开玩笑说，到了北京，想迷路都不容易。也有人抱怨说，北京的出租车司机总喜欢问"给您停在路南还是路北"，或者要求乘客"你在十字路口西北角等一下"。这类表达在北京本地居民看都是非常合理的要求，是简明扼要的提示，不说"东西南北"说什么呢？说前后左右？因为两人相向而立，说的前后左右在方向上是相反的。北京人这个担心确实不是多余的。北京话里还有一句嘲讽别人兴奋过度的："瞧把你乐的，找不着北了吧。"但是，不习惯说东西南北而只习惯说前后左右的外埠朋友，听了北京人那套东西南北的精准表达之后，确实有点糊涂。

北京这种追求方向取正的城市规划，当然会反映在地名中。北京最大的东西干线长安街，因为太长，分成东西两段，分别叫"东长安街"和"西长安街"。南北干线有"东四北大街""西四北大街"，对应的就要有"东四南大街""西四南大街"。现代北京道路的一大特色就是环路，从二环三环一直到六环。每一环还要分段，于是有了"东二环路""东三环路""东四环路"等等。每一环都在前一环之外，距离越拉越长，仅一层的"东西南北"就不足以表现精准了，于是就有了第二层"东西南北"，如"西三环北路""西三环中路""西三环南路"。

　　说到"东西南北""一二三四"，就不能不说说让外埠朋友头疼的一个胡同名：东四十四条。它的正确读法是"东四，十四条"，但是容易错读成"东，四十四条"。"东四"两字不能断开，是"东四牌楼"的简称。旧北京干道路口常有牌坊，今天的东四、西四路口，原有东西南北四个方向的四座牌楼，简称"四牌楼"。"楼"一定要念轻声。为区别开，东四路口的叫"东四牌楼"，西四路口的叫"西四牌楼"。侯宝林、郭启儒的相声《北京话》里就有"东四牌楼"，《夜行记》中有"西四牌楼"。

东四牌楼旧照，从西向东拍照，可以看到两座牌楼，远处城门是朝阳门

主干道路之外，胡同里的支支叉叉，一样是很讲究方位的。如，西城区（原宣武区部分）广安门内大街南侧的"南半截胡同""北半截胡同"，东城区（原崇文区部分）前门大街东侧的"南孝顺胡同""北孝顺胡同"，崇文门外大街西侧的"南五老胡同""北五老胡同""南小市口""北小市口"，东珠市口大街有"东半壁街""西半壁街"，东城区建国内大街南侧"东裱褙胡同""西裱褙胡同"，东单北大街东西两侧的"东堂子胡同""西堂子胡同"，鼓楼东大街南北两侧有"南锣鼓巷""北锣鼓巷"，闹市口大街东西两侧有"东太平街""西太平街""东智义胡同""西智义胡同"。有些是三个方向词构成一组胡同名，如崇文门外大街东侧的"南河漕胡同""北河漕胡同""西河漕胡同"，东城区建国门内大街的"东裱褙胡同""西裱褙胡同""南裱褙胡同"。有些地名要加"前/后/中"等，如东城区东华门大街有"智德前巷""智德西巷""智德北巷"，西直门内有"东桃园胡同""前桃园胡同""后桃园胡同"，西城区赵登禹路西侧有"东廊下胡同""中廊下胡同""西廊下胡同"，美术馆后街东侧到交道口南大街东侧，有"南剪子巷""中剪子巷""北剪子巷"。有些"东西南北"是不对称的，如西城区（原宣武区部分）广安门内大街东侧有"南横街"没有"北横街"，西直门内有"东桃园胡同"没有"西桃园胡同"，东城区崇文门外大街西侧有"西河漕胡同"没有"东河漕胡同"。最为密集的是今西城区丰盛胡同以南，辟才胡同以北，太平桥大街以东，什坊小街（南北方向部分）以西，面积不到0.3平方公里，汇集了6对、12条带有"南""北"名称的胡同，由东向西排列，它们是"北骆驼湾""南骆驼湾""北半壁胡同""南半壁胡同""北太常胡同""南太常胡同""北丰胡同""南丰胡同""北千章胡同""南千章胡同""北箔子胡同""南箔子胡同"，如果加上连在一处的"前泥洼胡同""后泥洼胡同""前榆钱胡同""南榆钱胡同"，一共就有16条带有方位名词的胡同连成了一片[1]。

---

① 据北京市测绘院编绘《北京市街巷交通图》，测绘出版社1989年版。

与地名相应，公交车站名、地铁站名不能不受到影响。于是，像1路公交车"东单路口西""北京站路口东"、地铁10号线的"角门东""角门西"这类的站名在北京就很常见。20世纪80年代以来，城市立交桥越建越多、越建越长，从桥的一头儿走到另一头儿并不轻松。为此，公交车就在桥两端设站，就有了像693路"定慧桥南""定慧桥东"连续两站站名带方位词，"蓟门桥南""明光桥南""文慧桥南"连续三站站名带有方位词，"航天桥西""航天桥北""花园桥南""花园桥东"连续四站站名带有方位词的；133路公交车有"六里桥东""六里桥西""小井路口东""小井路口西""丰台路口西"连续五站站名带有方位词。693路公交车从城市正西位置的阜永路口西到西北位置的育新小区，包括始发站终点站在内，共35个站名，就有21个带上了"东、西、南、北"这样的方向名词，占了整整60%！曾有网友开玩笑说，如果有"北土城西路东站"，可怎么翻译呢？

　　20世纪60年代，著名作家秦牧先生曾撰写过一部文艺理论散文集《艺海拾贝》。全书将文学理论与日常生活感受和经验结合在一起，深入浅出，文笔优美，在同类型书籍中堪称精品。其中《笑的力量》讲了一个关于北京人方位感的有趣故事：北京有夫妻俩夜里睡在床上，丈夫觉得太挤了，要妻子把身子靠里一些，但是他不说"睡过去一些"，却说"朝南"！秦牧先生借这个故事是要说明，各地都有一些独特的具有本地色彩的幽默趣味。北京人方位感觉如此强烈、清晰，即便夜晚入睡了，在床上也要辨清个"东西南北"以为坐标。这种习惯显然与白天出行的方位感觉有密切关系。北京城市正东正西正南正北端端正正的棋盘式格局给北京居民上了结结实实的"地理课"。老北京话里描述住房是"有钱不住东南房""东西厢房""坐北朝南"；大杂院住户私下里称呼邻居是"西屋张家""前院儿南屋王家"等；给人指路是"西四大街路东""景山往西""东单路口西北角"。20世纪60年代马季、郭启儒两位先生的相声名段《打电话》里讽刺不讲公共道德的人超长时间占用公用电话，有一句：下车之后你往对面儿瞅，从西边儿数第三个电线杆子。给人印象极深。

秦牧先生的故事并非唯一，三十年后，著名作家汪曾祺先生在散文《胡同文化》中写出了更加明显的感慨：北京城像一块大豆腐，四方四正。城里有大街，有胡同。大街、胡同都是正南正北，正东正西。北京人的方位意识极强。过去拉洋车的，逢转弯处都高叫一声"东去！""西去！"以防碰着行人。老两口睡觉，老太太嫌老头子挤着她了，说"你往南边去一点"。这是外地少有的。街道如是斜的，就特别标明是斜街，如烟袋斜街、杨梅竹斜街。大街、胡同，把北京切成一个又一个方块。这种方正不但影响了北京人的生活，也影响了北京人的思想。

由于北京街巷很少呈现出非正向的东西南北格局，鲜有的十几条不是正东正西正南正北的所谓"斜街"就必须在名称上要加以显示，如鼓楼大街西侧的"烟袋斜街"，大栅栏往西的"李铁拐斜街""樱桃斜街""杨梅竹斜街"，以及"上斜街、下斜街、东斜街、西斜街、外馆斜街、高梁桥斜街、红居斜街、棕树斜街、右外斜街"，共13条。相比之下，天津城市街道多沿海河而建，少有正向东西南北的。因此天津的斜街比北京多很多，占去街道的大部分，所以也就对街道是否方向偏斜，不再十分敏感，在名称上也就没有必要专门标注出来了。天津地名其实对北京地名也有启发：北京之所以很少有斜街，一是城市规划，二是北京并非沿河而建的城市。事实上，北京那些叫"××斜街"的，主要分布在旧时水域旁，如德胜门里，积水潭附近，后海、什刹海附近，前门大街东西两侧。

附带说一句，秦牧先生是广东澄海人，汪曾祺先生是江苏高邮人，两位都不是老北京。他们对北京这种正正的东西南北的感慨很有代表性。汪曾祺先生举例的"东去"绝非他一时兴起。电影《我这一辈子》中就有这个表现：巡警提醒行人注意洋车，喊了句"东去"。

第九节 土俗与雅致——地名变革

旧时代的城市管理不可能像今天这样周密详细严谨，很多方面的管理是相当粗放的。地名问题也是其中之一。地名最初当然不可能完全由市政机构统一规范，很大程度上是"原生态"的，只要能够有一定的标记功能和区分度就可以。但是北京城市人口密集，人员交往频繁，经济文化发达，又是全国的政治中心，所以北京的地名不能过于随意和土俗。从史料看，古今历代政府总要实行干预，带强制性地修改地名，使其摆脱原始地名的土俗气息而趋于正规、典雅。这方面，北京街巷名称的演化可以说极为典型。

在地名变革中，一般照顾新老地名的关联，避免因为更改地名给市民带来不便。最为简单实用的办法就是利用谐音在新旧地名之间建立联系，因为地名的主要使用方式是口语的，语音是最重要的形式。例如崇文门外"粪厂大院"改为"奋章胡同"；东四南大街"驴市胡同"改成"礼士胡同"，"豹房胡同"改为"报房胡同"，"豆腐巷"改为"多福巷"，"干鱼胡同"改为"甘雨胡同"；王府井大街"奶子府"改为"乃兹府"；鼓楼东大街"罗锅巷"改为"南/北锣鼓巷"，"臭皮胡同"改为"寿比胡同"；西单大街"劈柴胡同"改为"辟才胡同"；珠市口西大街"牛血胡同"改为"留学胡同"；宣武门外"打劫巷"改为"大吉巷"；新街口北大街"屎壳郎胡同"改为"时刻亮胡同"；平安里西大街"官菜园"改为"官园"；二环路经过此地的立交桥也叫"官园桥"；阜成门外"驴屎路"改为"南/北礼士路"；东城区建国门"哑巴胡同"改为"雅宝路"；东直门南小街"宋姑娘胡同"改为"颂年胡同"；宣武门外南横街"阎王庙街"改为"延旺庙街"；西单北大街东侧"狗尾巴胡同"改为"高义伯胡同"；等等。对照新老北京市区地图，这样的例子俯拾皆是。旧地名涉及的贱人贱物、封建社会制度、对残疾人士的歧视等社会丑陋现象一扫而光，代之以典雅规范的新地名。当然，新地名也不可能尽善尽美，如"辟才胡同"前身为"劈柴胡同"。1905年，新式小学"京师私立第一两等小学堂"在此创建，很有纪念意义，校歌中有"辟才"，取"开辟人才"之意。立意虽好，究竟是很不上口，反不如"劈柴"好说好记，虽有些土俗但毕竟没有使用"粪""臭"一类令人不快的字词。又如"乃兹府"虽然回避了"奶子"这样过于粗俗的用词，但是文言虚词"乃""兹"二字连在一起就非常费解。至于新地名使人无法认识城市过去的面目，这自然更是一个不可避免的缺憾。

地名变更中的去俗趋雅，其实也是城市文化提升的一种积极表现，尽管有争议，尤其会引起怀旧情结较重的文人的感伤和慨叹。20世纪前叶安徽籍著名诗人、散文家朱湘在《胡同》一文里就非常直率地批评北京地名的改变：破坏的风沙，卷过这全个古都，甚至不与人争韬声匿影如街名的物件，都不能免于此厄。那富于暗示力的劈柴胡同，被改作辟才胡同了；那有传说作背景的烂面胡同，被改作澜缦胡同了；那地方色彩浓厚的蝎子庙，被改作协资庙了。没有一个不是由新奇降为平庸，由优美流为劣下。狗尾巴胡同改作高义伯胡同，鬼门关改作贵人关，勾阑胡同改作钩帘胡同，大脚胡同改作达教胡同：这些说不定都是巷内居者要改的，然而他们也未免太不达教了。阮大铖在南京的裤裆巷，伦敦的Botten Row为贵族所居之街，都不曾听说他们要改街名，难道能达观的只有古人与西人吗？内丰的人外啬一点，并无轻重。司马相如是一代的文人，他的小名却叫犬子。《子不语》书中说，当时有狗氏兄弟中举。庄子自己愿意为龟。颐和园中慈禧太后居住的乐寿堂前立有龟石。古人的达观，真是值得深思的。

虽如此，地名变更确有其合理成分。谐音方式使新旧地名平稳交替。这种谐音也不必过于精准。例如，西城区赵登禹路附近原有"东/西观音寺胡同"，1965年改为"东/西冠英胡同"。东城区安定门内"千福巷"，原名"千福寺胡同"；"净土胡同"原名"净土寺胡同"；"灵光胡同"原名"灵官庙胡同"；"大格巷"原名"打鼓巷"；"大觉寺胡同"改为"大觉胡同"；"宝禅寺胡同"改为"宝产胡同"；"翊教寺胡同"改为"育教胡同"；等等。

关于地名变更，还有一个例子非常值得一说，就是"皇城根"。皇城在紫禁城外、内城之内；它是紫禁城对外的第一道城，对紫禁城有很好的护卫作用。皇城早在民国就已经有多处被拆，皇城南门就是今天的天安门，北门是地安门，东西两门分别称"东安门"和"西安门"。四门之中今仅存天安门。《大清会典》记录，皇城墙为三千六百五十六丈五尺，折合公制即 10.9695 千米。东西城墙就位于今天的东西黄城根大街。如此，既然是皇城的城墙所在位置，当然应该称"皇城根"。1965 年北京市地名整顿，改称"黄城根"。"黄城根"沿用至今已有五十余载。2001 年为迎接北京奥运会，在城根遗址上修建了皇城根遗址公园，并在东黄城根街与五四大街交叉处矗立石碑为标记。有趣的是，这块石碑用的是"皇城根"，离此十几米有正式的路牌，上写"东黄城根"。

20 世纪 90 年代后期，全国各地城市大规模开发了房地产，新建楼盘如雨后春笋般地出现在北京城市，经济效益明显，社会效益也得到公认。为了促销，开发商们自然要在名称上下一番功夫。于是，一大批洋化楼盘和小区名称就应运而生，有的还直接用上了外文字母甚至词汇，如，海淀苏州桥有"TPT 大厦"，四季青桥有"名苑雅居（Olive–澳立国际）"，"wehouse 别墅"；大兴区旧宫镇有"你好！My life（润龙家园）"，亦庄有"莱茵河畔""卡尔生活馆"；朝阳区光华路有"依斯特大厦（铁印大厦）"，将台路有"卡布其诺（观逸美树）"，望京有"澳洲康都"，北五环路有"温哥华森林"，惠新街有"罗马花园"，黑庄户商业大街有"雅典娜庄园"；丰台区丰台北路有"多摩市（庄维花园二期）"；西城区右安门外有"迦南公寓"；通州区运河奥体公园东侧有"田园波尔卡（BOBO 自由城二期）"；房山区有"加州水郡"。"洋地名"一定程度上是语言崇拜心理的表现，简单地以为语言就是事物本身：措辞出新，就是所表达的事件的成功。纯粹从形式上看，"洋地名"难免存在生硬、粗糙的毛病。

其实出于商业目的命名地区街道，本是城市地名中很自然的事。老北京地名中"菜市口""骡马市大街""米市大街""羊肉胡同"等等实例，举不胜举。现代生活中，北京东城区东直门内"簋街"也很能说明问题。

所谓"簋街"指东直门立交桥到北新桥十字路口一段街道，东西方向，约1.5千米，正式地名是"东直门内大街"。这条街道从20世纪80年代后期出现个体餐馆，初时并无特色，最近10年左右，以麻辣小龙虾为代表的特色菜兴起。这条街道密集分布了100余家餐馆，食客如云，尤其到夜晚，生意兴隆，还有不少外国人慕名而来，常常排起大队，一座难求，成为北京极富特色、极有影响的一条餐饮大街。在旧时，北京有"鬼市"的说法，具体所指其说不一。有人说指经营一些非法商品，如盗墓所得，或是文物古玩的仿制品，因为怕被买方识破，要在天黑后交易；也有说是指天亮前的一些集市贸易。东直门大街的这些餐馆，白天看去平常，天黑后显出巨大吸引力，经营活动直至半夜，于是人们借用过去名词称其为"鬼街"。但这样的名字毕竟不雅。有人想到"鬼""簋"同音，"簋"是古代盛放煮熟饭食的器皿。利用这个谐音关系，开始称这条街为"簋街"。2008年7月，东城区北新桥街道办事处在"簋街"东端即东直门立交桥西侧安放了古代青铜器簋的巨型仿造品，2015年1月，在中国政府采购网上，出现了"簋街"一词："北京市东城区人民政府北新桥街道办事处簋街整治聘请保安服务费项目公开招标公告"。[1]

---

① 见http://hq.mof.gov.cn/mofhome/mof/xinxi/difangbiaoxun/difangzhaobiaogonggao/201501/t20150123_1183794.html。

第十节 历史的延续——地名古音

地名中有不少是历史延续下来的，历史因素必然在地名读音上有所表现。特别是汉语地名，用汉字书写记录，而汉字本身并不直接表示读音，这就会出现地名用字不遵循常规读音的现象，如广州番禺区（1992年以前为番禺县）的"番"，通常读fān，但是作为地名要读pān。中国传统语言学研究已证实，汉代以前汉语中没有f这样的音素；今天读f音的字，那时都是读双唇音，如b、p等。因此，从语言学角度分析，"番"的f和p两种读法中，p是这个字的古音，f是隋唐以后才出现的。这就是说，地名字音中可以较多保留这个字的古代发音。又如河南泌阳的"泌"不读mì，要读bì。"泌"的古代发音是双唇的，对应到今天是b声母，读成m声母是后起的另一个音，bì其实是表现"泌"的古音。

北方农村中，常有"×各庄"类的地名，其中"×"为姓氏，如张王李赵，"庄"当然是"村庄"，费解的是"各"。这里的"各"其实是古代"家"字音的保留。"家"在古代读g声母，对应到现代，"家"的发音应该是ga。现在普通话里"家"读jia，这是后起的音。所以"张各庄"这种读音其实是表现"张家庄"的古代读音。今天汉字书写上尽量靠近ga音，写成"张各庄"。这当然是顺着语音找字，成了俗写。附带说一句，"家"这类字在北方多读称j声母，而在南方方言中多读为g声母，所以"回家"的上海话发音在北方人听起来很像wei ga。

在北京郊区，"×各庄"类的地名很常见。例如城区东偏北的顺义区，距离北京市中心不过几十公里，张镇、杨镇及附近一带，这样的地名几乎能够连城一片："赵各庄""大孙各庄""荣各庄""东陈各庄""西陈各庄""小薄各庄""东王各庄""西王各庄""张各庄""杜各庄"，还有"庄""村"叠加的"前王各庄村""焦各庄村""高各庄村""荣各庄村"。

城区街巷一样有此类保留古代字音的地名。最突出的是东城区"协作胡同"。这条胡同东西走向，东到东四北大街西侧，西到南剪子巷，全长约450米，是一条很普通的北京胡同。但是它的名字比较另类："协作"。这是个典型的书面语词，文绉绉的，与其附近的"汪芝麻胡同""剪子巷""利溥营""山老胡同""魏家胡同"等显得别具一格，完全没有旧北京城市文化的"地气"。至少，在1950年出版的《北京市街道详图》中还没有发现。[①]问起当地居民，年轻人、中年人都说这里是"协作胡同"，但是老年住户则称这里是"gága 胡同"。据明代张爵的《京师五城坊巷胡同集》（明嘉靖三十九年，1560），这里是"嘎嘎胡同"，属仁寿坊；清乾隆五十三年（1788）吴长元的《宸垣识略·卷六内城二》标为"贾家胡同"，但是同书同卷又有"一等襄勇伯第在东四牌楼西北嘎嘎胡同"的记录；将近一百年后的清光绪十一年（1885）朱一新的《京师坊巷志稿》记作"嘎嘎胡同"，属正白旗。此书引用乾隆年《八旗通志》记作"贾家胡同"，缪荃孙主编成书于光绪十二年（1886）的《光绪顺天府志·卷十三坊巷上》记作"嘎嘎胡同"。成书不早于20世纪30年代的《道咸以来朝野杂记》（作者崇彝，清末户部文选司郎中）作"噶噶胡同"。这条胡同1965年开始用现地名。"嘎嘎"或"噶噶"都是念作 gága，但是词义上很难解释。据《现代汉语词典》（第7版），gága 发音的词写成汉字是"尜尜"或"嘎嘎"，指一种两头尖中间大的儿童玩具。这显然都与"嘎嘎"胡同无关：胡同里没有制作出售这种玩具的特别之所；胡同外形端正挺直。反倒是"贾家胡同"的写法给我们带来启发："贾""家"二字在古代同声母同韵母，都是读 ka，都和今天的 jia 对应。所以今天"嘎嘎胡同"的 gága 发音实际上是保留了"贾家"两字的古音。

上述说法，有今天老住户实际发音为证，有多部古代文献材料为

---

① 郑奇影、杨柏如编制：《北京市街道详图》，亚光舆地学社1950年版，中国地图出版社2004年8月复制。

证，比较严谨。但地名问题复杂，我们必须谨慎。今西城区（原宣武区部分）菜市口东骡马市大街南侧，仍保留"贾家胡同"地名，当地无论新老住户，发音都是jiǎjia胡同。另外，20世纪50年代著名相声表演艺术家刘宝瑞先生有单口相声《假行家》，其中有一句"宣武门外菜市口儿，有个贾家胡同"，"贾家"二字在刘先生的发音中也是jiǎjia。如果说东城区胡同名的"嘎嘎"是保存古音，那为什么同是北京城区，相隔不过10公里的南城就不保留呢？

旧北京评书大鼓等说唱艺人常常读"黑"为hè。"黑"是古代入声字，古代入声在北京话中常有文白两读。有些两读记入今天规范字音，如"伯"读bó和bāi，"剥"读bō和bāo，有些则不记入，只保留一个作为规范字音，如"百"有bǎi和bó两读，今字典中只有bǎi。"黑"也是一例，字典中只记hēi，不记hè。但是北京话地名中"黑"有hè音，这种发音习惯与旧艺人的舞台腔一致。例如西城区（原宣武区部分）南横街南侧黑窑厂街的"黑"字，今天还有些老人读hè。读"黑"为"贺"，实际上也是保留古音的表现。

古代入声字在今地名中还有几例。东城区东四南大街东侧的"演乐胡同"。胡同名很容易理解，就是演奏音乐。根据史料记载，明代这里隶属官府演奏音乐机构教坊司，教坊司是负责宫廷音乐与戏曲活动的机构。据明代《顺天府志》记录，"演乐胡同"被讹传为"眼药胡同"。这个记录又被陈宗藩先生1930年撰写的《燕都丛考》引用。以今天的北京话来说，"眼""演"同音，但"乐""药"并不同音。但是从古代语音看，"乐""药"都是入声字，发音相当接近。这个材料说明直到明代，北京话里还有一些较明确的入声字印记。跟这个很接近的有"大觉寺胡同"，还有西郊凤凰岭大觉寺，其中"觉"也是入声字，在老北京话中说成jiǎo的大有人在。例如末代皇帝溥仪的英国教师庄士敦（Reginald F. Johnston）在20世纪30年代回忆北京故宫生活的《紫禁城的黄昏》一书里专门指出，"爱新觉罗"北京人读作"爱新角罗"。①附带说一句，北京话里韵母üe的字，比较土俗、老派的读法，韵母读iao，如"上学""学生""你学学他的样子"其中"学"老北京话都可说成xiáo。

<hr>

① ［英］庄士敦著，陈时伟等译，马小军校：《紫禁城的黄昏》，求实出版社1989年版。

第十一节　特殊读音

　　有些字在地名中往往有一种很特别的读法。严格说来，是不规范的读法，字典上从不收入这样的读音。这些读音也会因人而异。一般说来，老年人常说，年轻人不说甚至不知道；老住户说，新搬迁来的住户不说甚至不知道。换言之，这些特殊的发音是研究地名演变的重要物证。我们分别举例说明如下。

　　首先，有些在"街""胡同"之前的词，多采用轻声读法。而这些词如果不是出现在地名里，就不读轻声。如东城区崇文门内大街东侧的"苏州胡同"。"苏州"二字本身就是个地名，俗话说"上有天堂下有苏杭"，"苏州"二字无人不晓，两字都读第一声。可是作为胡同名称的"苏州"，上年岁的北京人读成轻声的"sūzhou 胡同"。东单北大街西侧的"金鱼胡同"，平时不读轻声的"金鱼"在这个地名中"鱼"字读轻声。我们知道，老北京人喜欢养金鱼。老舍先生的话剧《龙须沟》中金鱼是重要的拉动故事的道具，男主人公"程疯子"和天真可爱的小姑娘"妞子"以及其他人物有不少关于金鱼的对话。但是舞台表演时没有一次读成轻声的，倒是有时带出来儿音"小金鱼儿"。东四北大街北段路西的"府学胡同"，本是顺天府学所在地，"府学"二字不能读轻声，但是作为地名的一部分，"学"字读成轻声了。东四北大街南段路西"魏家胡同"既是地名又是106路无轨电车的站名，售票员人工报站时多念成"wèijiā 胡同"，现在的电脑自动报站系统更是不带轻声。可是当地住户，一般是把"家"字读成轻声。西城区（原宣武区部分）西茶食胡同，"茶食"的"食"读轻声。东四南大街路西侧有"报房胡同"，明代为"豹房胡同"，传说是皇帝饲养豹子的场所。这个"房"要读轻声。东四南大街路东侧有"礼士胡同""演乐胡同""本司胡同""史家胡同"，这些胡同名字的第二个字都要读轻声，而"礼士""演乐"等在地名以外是从不轻声的。东四北大街北段路的东四十四条，传统名字是分东西两段的：东段称"五显庙",西段称"船板胡同"。这个"船板胡同"的"板"要轻声。北京还有很多地名是"×市口","灯市口""闹市口""菜市口"等,其中的"市"都要轻声,尽管"菜市""闹市"等作为普通名词从来也不轻声。朝阳门外有著名的道教建筑东岳庙,其中"岳"字要轻读。这有20世纪50年代侯宝林、郭启儒两位大师的相声《相面》台词录音为证。有趣的是地铁6号线"褡裢坡"站:中文报站名是Dāliánpō,没有轻声音节;反倒是英语报站名Dālianpō,"裢"字读轻声了。

老北京作为全国政治中心,城门非常讲究。北京城门有正式名称和俗称,例如"朝阳门"俗称"齐化门",这里的"化"要读轻声。地安门里黄化门的"化"也要读轻声。即便正式名称也有不规则读轻声的,如"东直门""西直门",其中的"直"要读轻声。西二环"阜成门"是交通枢纽,"阜"的正规读音是第四声,可是北京人一般都是把这里的"阜"读成第三声。这可能是为了跟南边的"复兴门"区分得更加明显一些。

北京地名的传统读法中,轻声数量明显比一般词语要多。这其实表现了地名已经被当作一个专有名词,区别于普通名词。赵元任先生在《汉语地名声调的社会政治色彩》一文中回忆,过去人们提及"台湾"时,总是后字读轻声,而现在一律读成了第一声,不论在北京还是台北都如此。他还提及带"州"的地名,像"郑州""兰州""苏州""杭州""温州""常州"都是后字轻声。赵元任先生的回忆与今天大多数北京人的读法已经很不一样了,今天很多人是把后面的"州"读成第一声。前面我们提及北京"苏州胡同"的"州"老北京读轻声,与赵元任先生的回忆是一致的。

大量的轻声是地名特殊读音里表现最为集中最为常见的。还有一些语音问题比较零星散乱,但同样不能忽视。我们试举几例说明。

东城区东单北大街路西有"煤渣胡同",当地人对"渣"加儿音,还要读成第三声,而"渣"的标准读音是第一声。北新桥地区"金太监寺"的"监",在一般北京话里,"太监"是后字读轻声的,但是地名里这个"监"读成了第三声，很奇特的发音。同是北新桥一带，"国子监大街"的"国"，北京话一般情况下是第二声，可是这里作为地名读成第三声，很像东北口音，而且"子"读轻声。这样的读音与字典标注相差太多。西城区新街口豁口儿外有著名的"积水潭"，元代就有记录，当时称为"海子"。"潭"平时读第二声，但是老北京话里这个地名的"潭"是读第一声的。北京有很多下水沟，沿沟一带称"沟沿儿"，这样的地名很多，但是老北京话清一色地把其中的"沿儿"读成第四声而不是正规的第二声，像东城区的"北河沿儿""南河沿儿"，还有"西河沿儿菜市场"等。这种不规则读音的地名，名气最大的当数前门外著名商业街"大栅栏"。"栅栏"作为普通名词当然读zhàlan，可是作为地名的"大栅栏"在北京话中竟然是"dà shí lànr"。

"×大人"是对一定级别的官员才能有的称谓，对于普通百姓来说，大人都高高在上的。按北京话的习惯，只有亲密无间的熟悉的人才能加儿音，如"二妞儿""小顺儿"等，对官员是绝对不可以加儿音的。但是地名显然是另外的环境。一是历史久远，二是社会公用，所以即便是高高在上的大人，也要加儿音。如东城区东四六条的"班大人胡同"（今"育芳胡同"），东四北大街的"马大人胡同"（今"育群胡同"），两处的"大人"后都加上了儿音。带"大人"的胡同名还有一种发音，就是把"人"轻声，例如东城区东直门北小街西侧的"王大人胡同"。北京这些以"大人"命名的胡同街巷名称，其读音似乎不够庄重，估计与"大人"的地位逐步下降有关。徐珂的《清稗类钞·称谓类》有以下记录：大人之称，始于雍正初，然惟督抚有之……嘉、道以降，京官四品以上，外官司道以上，无不称大人。翰林开坊，六品亦大人。编、检得差，七品亦大人。至光绪末，则未得差之编、检及庶吉士，并郎中、员外郎、主事、内阁中书，皆称大人矣。外官加三品衔或道衔者，无不大人。久之，而知府、直隶州同知亦大人矣。用今天的话说，就是"大人"称谓的含金量越来越低了。

驸马是高高在上的，全国上下，能有几位驸马呢。"驸马"的"马"本该读第三声，可是北京地名里"驸马"的"马"是读轻声的。北京东直门内南小街"王驸马胡同"，其中"马"读轻声。这条胡同里曾经有驸马王宁的住宅。王宁在明洪武十五年（1382）被太祖朱元璋召为怀庆公主的驸马。成祖迁都，王宁随迁至北京，于此建宅。有意思的是，同样带着"驸马"，西城区宣武门内"石驸马大街"似乎气魄大了很多。这里的"马"不读轻声，街名在1965年改为"新文化街"并沿用至今。民国时期，国立女子师范在此，鲁迅先生曾来此讲课，名气很大，影响很大。可能是这个缘故，北京人不敢把此街视为草根阶层的，所以只按标准发音习惯去称呼。

　　除以上列举之外，还有个读音不定的问题。东四七条东段有个很小的胡同，正式地图标记为"皇姑院"。最近的记录见于日本多田贞一昭和十九年（1944）《北京地名志》"皇姑院内三·六"，即东四北大街东侧。但是清代朱一新《京师坊巷志稿》中把这条胡同记作"王姑院"，又有个补充说明："亦作皇姑院"。这里的"王""皇"不定。本书作者推断，应该是"皇姑院"。朱一新是浙江义乌人，那里是吴语方言区，吴方言中普遍w与h不分。这影响了朱一新的记录。

第十二节 讹传

　　所谓讹传，是口耳之间，书面与口头之间，传来传去，最后与地名原貌已经全无关联。比较典型的是无量大人胡同。胡同在东城区米市大街东侧，东西走向。一般说法是"吴良大人胡同"的谐音；吴良是元末明初朱元璋的重要将领。传说徐达率军攻打元大都前，派吴良潜入城内打探军情，为避开敌军而躲进一条胡同，受人指点才逃出大都。明军攻入城池，吴良为感恩，遂在胡同建一座庙，后人称吴良大人胡同。但是据考，吴良本人并没有来过元大都。[①]洪武元年（1368）七月元顺帝弃城而逃，明军进入的已经是无人防守的城市。吴良的遇险经历只是传说而已。据清代朱一新的《京师坊巷志稿》，确有"无量寿庵"，无量大人胡同相传为无量寿庵旧址，但地界不合。

　　东城区东四北大街路西有魏家胡同，胡同内有更小的胡同小细管胡同。"小细管"是完全讲得通的。但是此地清光绪年称"戏馆胡同"。民国称"小细管胡同"，两个名称字音相同，沿用至今。魏家胡同向北是汪芝麻胡同。字面上是有汪姓人经营芝麻。胡同为东西走向，明代张爵《京师五城坊巷胡同集》有记录，此地属仁寿坊，称为汪纸马胡同。据传是胡同有一汪姓纸马店而得名。清代属正白旗，称汪芝麻胡同。民国沿用，今继续此称谓。同样，安定门内有"黑芝麻胡同"，原为"何纸马"，几经误传，成了"黑芝麻"并沿用至今。估计"黑芝麻"的年代不会十分悠久，因为咸丰同治年间的《儿女英雄传》中还不是这个写法。书中第二十四回"认蒲团幻境拜亲祠 破冰斧正言弹月老"，安老爷对何玉凤谈及自己家里的住房时说道：那一处大约更不合你的式了：第一，离这里过远，坐落在城里，叫作甚么汪芝麻胡同也不知是贺芝麻胡同。小说中用的是"贺

---

　　① 据《明史·列传卷十八》，洪武元年吴良参加北伐，攻占开封、洛阳后即留守陕西。

芝麻"。"贺""何"同为姓氏，听到"何"说到"贺"是合乎道理的。后来改成"黑"，说明当时"黑"还有 hè 的读音，与今音不同。"黑""贺"谐音，证实了前面第十节"地名古音"是很有依据的。

西城区车公庄大街经阜成门大街最后到复兴门大街，有一条与西二环路平行的通道叫"礼士路"，它北起西直门，南到复兴门，因为全路太长，又分为"南礼士路""北礼士路"两段。据传因为此地过去是重要交通线路，有大量驴马牲口经过，地名是"驴屎路"。后改称"礼士路"。

以上这些虽然也能见于文字记录，但终究是源于居民的口语交流，难免顺音找字，以讹传讹。地名问题其实非常复杂，本地新老住户，民间传说，文人遐想，多种因素辗转相传，即便专业人士也难免误解。我们试举一例。东城区地安门外大街中段西侧，过去有条小胡同叫"义溜胡同"。胡同全长不过 70 米，最狭窄处仅约 1 米。胡同为东西走向，东起地安门外大街西侧，西到前海东沿。旧时胡同内道路有坡度，可一溜而下，所以有此名。清《光绪顺天府志》中对这条胡同记为"义留胡同"。同样的记录在朱一新《京师坊巷志稿》也有。民国时改为"义溜胡同"，1950年《北京市街道详图》沿用。1986年，严肃先生编《北京市街巷名称录》（群众出版社）记作"义留"。本书作者查到的对"义留胡同"最晚记录是1989年测绘出版社出版的《北京市街巷交通图》。1944年9月新民印书馆发行"东方民俗丛书"，其中多田贞一著《北京地名志》将此胡同记作"一溜胡同"。这些字面上的差异都不重要，需要特别留意"溜"是多音字。"溜"读第一声是动词，意思是滑行滑动，例如北京土话管"滑冰"叫"溜冰"；读第四声是量词，意思是行列。"一溜胡同"的"溜"应该读第一声，因为胡同里地势有起伏，胡同又很窄，可以滑行而过，也就是溜过去，仿佛滑冰的样子。晚清描写老北京旗人生活的小说《小额》（松友梅著，世界图书出版公司北京公司2011年版）提及此胡同：当时恒翼尉带着众官人，押解着小额，出的是一溜胡同。够奔帽儿胡同。"够奔"是奔向的意思，"够"也有写成"遘"的。"帽儿胡同"

是地安门外大街东侧一条很长的胡同。从地图上可以看得很清楚，帽儿胡同西口在大街东侧，义留胡同东口在马路西侧，两条胡同隔街相对，小说描写精准，"一溜胡同"指一条具体的胡同。该书2011年版对"一溜胡同"的注解是"胡同接着胡同"，这显然是将地名的专有名词分析为词组了，以为是多条胡同相衔接。20世纪50年代刘宝瑞先生的单口相声《假行家》中也曾提起这条胡同的名字，刘先生的发音是把"溜"念成第一声并且加儿音，原话是：我小时候儿，我们家住在这个后门，后门有个一溜儿胡同。一溜儿胡同里头住着一位满大爷，姓满，名字叫满不懂。刘先生是老北京人，发音可靠。他把"一"读成第四声，"溜"读第一声，有"一溜就过"的意思，符合胡同地势。1999年地安门百货商场扩建，一溜胡同的实体从此消失，只留下了地名。

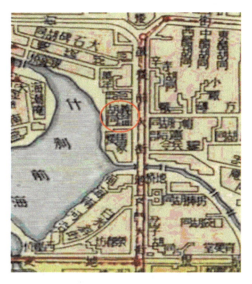

左图是刘宝瑞先生，1915—1968。右图是郑奇影、杨柏如编制的《北京市街道详图》，亚光舆地学社1950年版，图中部有繁体字"義遛胡同"，竖行排列

第六章

北京方言的表演艺术

北京从元代开始成为全中国的首都，全中国的政治文化中心，是当时全世界规模最大的城市。这样的特大都市为北京城市的表演艺术创造了很好的得天独厚的条件。第一，这里有关汉卿、王实甫、马致远等等第一流的戏剧作家，他们为戏剧表演艺术提供了第一流的剧本。第二，大城市人口众多，除去皇亲国戚各级官员之外，还有大量的市民。市民阶层既不富也不贵，但是他们在休闲时间资源上极为富有。人口众多的市民阶层的休闲需要，客观上为戏剧、相声等等现场口头表演艺术提供了广阔的发展机遇。第三，北京是首都，各地的物质和精神财富很自然地要向首都流动、汇集，这就为北京的艺术发展提供了丰富的资源。在这些因素的综合作用下，北京的舞台表演艺术得以启动、加速。几百年间，从元代的杂剧，到清代中期以后的京剧和相声，再到民国以后的话剧，另外还有评剧、评书、大鼓书、三弦儿等等戏剧和曲艺形式，北京的舞台表演艺术取得了空前的成就，为北京城市文化的发展繁荣做出了不可替代的贡献。这里，北京方言功不可没，因为任何戏剧曲艺都不可能脱离语言，都要艺术性地运用当地方言。当然，在这些表演艺术传播过程中，北京方言也得以充分的发展，展示自己的魅力，提高了在汉语中的地位。艺术和语言，携手发展，非常值得做出多方面的探讨。限于本书作者的知识水平，以下只就相声、话剧和京剧三种艺术形式略加说明。

第一节 相声大师推广普通话

一、相声通俗不低俗

相声是真正的民间语言艺术，北京是相声起源地之一。关于相声艺术的历史，现在能够检索的书面材料不多，这可能与旧时代对相声艺术的偏见有关，认为它登不得大雅之堂。一般的看法认为活跃于清咸丰、同治年间的张三禄是最早见于书面记载的相声艺人，即清代"百本张"钞本子弟书《随缘乐》中"学相声好似还魂张三禄"的字句，朱绍文（1829—1904，艺名"穷不怕"）为祖师爷。朱绍文当年在北京天桥一带演出，深受欢迎，被列为"天桥八大怪"之首。对口相声、三人相声和太平歌词这些今天常见的相声形式也相传为朱绍文所创，他对相声艺术有重要的贡献。流传至今的作品有《字相》《拆十字》等。不过，现代相声艺术大师侯宝林及薛宝坤、汪景寿、李万鹏四位先生20世纪80年代合著的《相声溯源》一书认为，相声艺术起源应该很早，至少在反映清代顺治年间社会生活的文献里就已经能够见到相声的身影。

相声艺术的发展不是一帆风顺的。旧时代，艺人们背负谋生压力，难免降格以求，迎合观众的不健康意识，表演时带出一些低俗的内容，甚至色情的笑料。20世纪40年代，侯宝林、郭启儒先生去天津演出，勇敢地抵制低俗之风，拒绝"荤口""脏口"（低俗、不健康的语言），讲求语言文明，赢得观众好评。中华人民共和国成立后，侯宝林、孙玉奎、罗荣寿等人发起成立了相声改进小组，得到了著名作家老舍和语言学家罗常培、魏建功、吴晓铃、吕叔湘诸位先生的指导和帮助，提升了相声的内容和语言形式，使相声艺术进入一个新阶段。这个时期，一方面，传统名段继续吸引听众，如《关公战秦琼》；另一方面，新创的《婚姻与迷信》《夜行记》《橡皮膏》《醉酒》《妙手成患》《买猴》《开会迷》《打电话》等等接连问世，宣传新社会新风尚新文化，格调高雅、语言清新。相声艺术迎来了自己的新生。2006年12月21日，北京市首批市级非物质文化遗产名录正式公布，相声与单弦儿、京韵大鼓、岔曲等说唱艺术并列其中。2008年6月7日，国务院公布第二批国家级非物质文化遗产名录，相声艺术列入其中。①

二、相声通俗，也可以高雅

估计有读者不认可把相声与高雅连接起来。何为高雅?《现代汉语词典》(第7版)说得很精练:"高尚，不粗俗"。提起相声，人们的第一反应就是"笑"。生活是需要笑的，相声艺术通过机智幽默的语言，为人民大众提供了许许多多"笑"的服务。然而"笑"并不简单。低俗的笑料，随手可拾，可绝谈不上艺术，甚至是对语言艺术的亵渎。能否与时俱进，能否提升品位，不迎合低俗之风，实在是对相声艺术的极大考验。这方面，20世纪侯宝林、郭启儒等大师做出了非常积极的成功探索。我们试举一例。

50年代，新中国百废待兴，语言文化事业同样受到党和政府的高度重视。1956年国务院发布《关于推广普通话的指示》，明确提出要推广"以北京语音为标准音、以北方话为基础方言、以典范的现代白话文著作为语法规范的普通话"。这是中国历史上首次由中央政府提出的明确的标准汉语形式。侯宝林、郭启儒先生响应号召，以相声形式推广普通话，演出了相声历史上精彩而高雅的一幕——《北京话》。全部台词紧扣推广普通话的主题。现在我们重温当年的经典台词(括号中的宋体字是本书作者的分析。甲为侯宝林先生逗哏，乙为郭启儒先生捧哏):

> 甲：说相声最好呀把这个嘴给练好咯。
>
> 乙：是啊，全仗着说嘛。

---

① 见国务院网站，http://www.gov.cn/zwgk/2008-06/14/content_1016331.htm。

甲：说的这个字儿，要清楚。

……

甲：口音要正。

乙：哎。

甲：最好啊，就是普通话。

乙：哦，普通话？

甲：说普通话。

乙：噢。

甲：大家都听得懂。先由北京话这儿练。（"由"是北京话，"这儿"也是北京常有的词，普通话更多的是用"这里"，在口语化色彩很浓的相声台词中并不适用。）

乙：哎。

甲：北京话可别说那老北京话，什么"你颠儿了""撒丫子啦""挠啦"。（这三个词的意思都是"离开了"，后两个还有快速的意思。三个词都有贬义。注意"挠"要读第一声，这个字字典注音是第二声。）你比如说一个"吃"吧。

乙：哦。

甲：一个"吃"就有很多说法。

乙：啊。

甲：这儿搁个馒头，你把它吃了。

乙：这不就得了吗？

甲：你把它吃了。

乙：啊，吃了。

甲：有很多词儿形容"吃了"。（这里必须是"词儿"，下句还是"词儿"，指言辞。北京话里不带儿音的"词"指诗词。）

乙：还有什么词儿？

甲：你把它餐了。

乙：餐了。

239

甲："餐"原来是文言。

乙：啊。

甲：可搁在这儿，它算土语。

乙：哦？

甲：这算两用的。

乙：啊。

甲：你把它餐了。

乙：餐了。

甲：你把它啃（此字一般读第三声，侯先生这里处理为更土俗一些的老北京腔儿，读成第四声）了，你把它开了。

乙：开了？

甲：还有，你把它捋了。

乙：咳。

甲：再多用一字儿，你把它垫补（也有写"点补"的，"垫"读第二声，"补"读轻声）了。

乙：您这个，这叫什么话呢？

甲：这就叫作北京话的土语。（以上这些词，从"颠儿了"到"垫补"很好地显示出北京话词语与普通话词语的差别，帮助听众意识到推广普通话的必要性。）

乙：哦，土语，嗯。

甲：说北京话，你说土语不行。

乙：那是啊。

甲：你非得说普通话。

乙：对。

甲：现在提倡说普通话。

乙：是啊。

甲：今后说话都要按照这个规范。（"规范"是典型的书面语，侯先生这里使用，是因为下面要引用国务院文件中的普通话规范的定义。）

乙：对。

甲：说北京话，别说土话，就是普通话。（这句话太重要了。侯先生用最简练的能够为一般大众接受的通俗说法给普通话一个明确定义。这个定义虽然在字面上与国务院正式说法不完全相同，但是它已经完全表现出了标准普通话的实质而且非常通俗易懂。）

乙：噢。

甲：现在人都学北京话。

乙：是啊。

甲：现在学北京话正确。（前后句两处"现在"，侯先生做了重音处理。第一个"现在"用普通形式发音，没有特别的含义。第二个"现在"重读，含义是不但现在有人学，过去也有人学，这就引出了下文的"国语"了。）

乙：哎。

甲：因为什么？以北方话为基础方言，以北京音为标准的普通话。（有了前面的铺垫，这里直接引用国务院文件原文，虽然是书面语，但及时、恰当、自然，听众完全能够理解。）

乙：那倒是啊。

甲：像北京土话这路话不行啊。（"路"是种类的意思。）

乙：啊。

甲：这两个人"你们二位怎么论啊？"（这个"论"在普通话里读lùn，侯先生这里故意读成北京土话的lìn。因为这个字在北京话里常用，且发音与普通话有明显距离。用这个字作为例子来说明北京话不等于普通话，非常合适。）

乙：哦，怎么论？

甲：怎么论。

乙：嗯。

甲：这东西我买一个多少钱："论斤多少钱？"这个"论"字儿我找不着。（以上连续几个"论"，两位先生都是读成北京土语的 lìn，和下文形成对比）后来我一研究是"论"（到此，侯先生把"论"改为普通话读音 lùn）字。

乙：哦，"论"！（郭先生在这里呼应，也改成了普通话的读音 lùn，以下连续都读成 lùn。）

甲：论，论斤约，或者"你们二位怎么论"？是弟兄啊，还是叔伯，怎么论。

乙：哦，是是。

甲：是不是？

乙：嗯。

甲：过去也有过，说让人都学（侯先生这里用的是北京土话发音，"学"读成了 xiáo）国语，叫什么？叫国语啊。（清代称满语为"国语"。民国时期称标准汉语为"国语"。）

乙：啊，国语。

甲：国语。就没推开。有很多人，提倡学国语，那国语说得不是味儿啊。（当时的国语很难推广，一是因为教育远不够普及，二是国语本身在语音系统的制定上也存在问题。1918年公布了国语的发音标准，被称作"老国音"。它脱离语言实际情况，无法操作。五四运动以后，1924年"国语统一筹备会"将其修订，改为以北京语音为国音标准，后称为"新国音"，沿用到40年代。新中国成立后，汉语标准形式改称"普通话"。）

乙：国语。

甲：过去那个电影里，不是净说国语吗？

乙：哦。

甲：一说话这味儿："好喽好喽，我已经知道你的心理，可是我并没有答应你啊！"（这里侯先生模仿20世纪三四十年代上海电影中常见的对白发音，有很浓厚的江浙口音，听起来很生硬："喽"读lo，"经"读jīn，"知"读zī，"心"读sīn，"应"读yìn。）

乙：这就叫国语啊。

甲：哎。"是的是的，我已经知道了，好喽好喽，我们俩一道走好喽！"（这里侯先生继续模仿电影对白发音，"是"读sì，"经"读jīn，"知"读zī，"喽"读lo）就这味儿。他们也拿这个当作北京话。

乙：据说他们这都是北京话。

甲：是啊，在上海这么说行了，这就叫北京话，到北京来就不行了。

乙：哦？

甲：北京话它不是这味儿啊。

乙：是啊。

甲：北京人要都这味儿，那多别扭啊。北京话有特点，说得流利，说得快。

乙：哦。

甲：你走街上，你听那北京话："三轮儿！"（"轮"后的儿音极有必要，这是北京话特点，也为下面上海口音不带儿音的"三轮"做好了铺垫。）"哪儿去？"（这里侯先生把"去"读成qi，这种弱化的处理更符合北京实际语音。）"东四。""五毛。""三毛。""四毛吧，多了不要。""站住，拉吧。"得。

乙：这话说得干脆啊。

甲：干脆嘛。

乙：嗯。

甲：流利。

乙：是嘛。

甲：你说要都跟过去电影明星那味儿，那马路上，你瞧着别扭不别扭？

乙：啊。

甲：走街上都那路北京话："这辆三轮车谁的呢？你好不好拉我去呢？"（侯先生继续模仿电影对白发音，"轮"读lún，不带儿音，"谁"读shuí，"的"读di。这里"谁"读shuí，这在50年代是普通话字典中的首选读音，但是北京人口语都是读shéi，不圆唇，没有u音。直到1992年以后，《新华字典》等权威工具书才把首选读音写成shéi。）蹬三轮儿的这位也这味儿。

乙：也这味儿。

甲："哦，谢谢，你要坐我的三轮（继续上海口音，"轮"读lún，不能带儿音）车去吗？哦，我真得感谢你了！"

乙：这有什么感激的？

甲："你要到哪儿去？""你拉我东四牌楼好喽。"（这句话说全了应该是"你拉我去东四牌楼好喽"，但是口语中要尽量省略，已经用了"拉"，当然就有"去"的意思，"去"就可以省略不用。"喽"还是读lo。）"哦，东四牌楼！东四牌楼！你为什么要到那儿去？""我住家就在那里。"

乙：啊。

甲："哦，你给八毛钱好喽。"（"喽"读lo）"不，我只给你三毛钱好喽（"喽"读lo），哎，你自己考虑一下。""不，先生，三毛钱未免太少一点，我实在不能答应你的要求哟！"（"能"读nén，"应"读yìn。）

全段短小精悍，6分20秒，材料极为丰富，既有中央政府文件的原话，又有北京口语，还有大量的江浙口音的"国语"，用例得当，很好地区分了北京方言与普通话，很好地说明了学习普通话的必要性。这对于北京地区广大听众以及各地听众都是很有必要的，因为人们常常误解，以为北京话等同于普通话。表演中模仿三四十年代上海电影的江浙口音"国语"，极尽相声艺术中"学"的技巧。从当年演出的实况录音中我们可以感到舞台效果很好，从而使得整个演出既有宣传普通话的功效，又不失相声艺术的特色，形式和内容结合堪称完美。

左图为侯宝林（右）、郭启儒（左）二位先生在修改台词。右图是表演照

第二节 《茶馆》——北京方言话剧艺术的瑰宝

话剧是以语言对白为主要表现手段的戏剧。这与中国传统戏剧的"唱念做打"并重有很大不同。话剧艺术在20世纪初进入中国。1906年，中国留日学生曾孝谷、李叔同等在东京组织建立了综合性艺术团体春柳社。1907年春柳社在日本东京演出《茶花女》《黑奴吁天录》等剧目。同年，王钟声等在上海组织"春阳社"，也演出了《黑奴吁天录》。这些活动标志着中国早期话剧拉开大幕。由于表演的方式和内容与传统戏剧完全不同，所以被称作"新剧"或"文明戏"。五四运动以后，话剧适应了新文化运动的需求，得到了长足的发展，观众群日益壮大。1928年，经著名的戏剧家洪深提议，将这种对话为主的剧种定名为"话剧"，获得了戏剧界的普遍认可，这一名称沿用至今，已90余年。与京剧等中国传统戏剧相比，话剧是中国戏剧舞台的后起之秀。

在中国，方言分歧严重，话剧的基础表演语言只能是普通话，当然也可以适当加入一些方言成分。由于北京话是普通话的基础，所以北京话进入话剧表演的机会就高于其他方言。当代著名话剧中，这种带有北京方言土语的话剧影响极大。20世纪50年代，老舍先生的《龙须沟》《茶馆》，70年代苏叔阳先生的《丹心谱》，80年代何冀平先生的《天下第一楼》，都是这种语言形式的剧目。尤以老舍先生的《茶馆》影响最大，堪称中国话剧艺术的典范。著名导演焦菊隐先生，著名演员于是之、郑榕、蓝天野、英若诚、黄宗洛、林连昆、李大千、胡宗温、李翔、童超等，以他们创造性的艺术实践，将老舍先生作品的艺术魅力，将北京话的舞台潜力发挥到了极致，给后人留下了一笔极为宝贵的北京方言舞台艺术财富。我们以其中第一幕几段精彩对话为例，分析其中的语言构成，感受其艺术手法。

（第一段，背景是人口贩子刘麻子登场，遇到熟人茶客常四爷和

松二爷）

　刘麻子：二位爷，今儿早班儿啊。（掏出鼻烟壶，倒烟）您
　　　　　试试我这个！刚装来的，地道英国造儿，又细
　　　　　又纯！
　常四爷：唉！连鼻烟也得打外洋来！这得往外流多少银
　　　　　子啊！
　刘麻子：咱大清国有的是金山银山，永远流不完！

　　这里"早班儿"是老北京话，意思是来得早。北京有很多这类见
面问候的话，不能简单地理解为字面儿的意思，如同"您吃啦"并
不是真的询问对方是否已经进餐。"英国造儿"必须带儿音，"造"
是动词，"造儿"就是名词了。把动词改成名词，强调这是一种稳定
的产品，不是临时凑出来的。"打外洋来"，这个"外洋"表现了当
时人们对外国的认识：从海上而来。"打"就是"从"，用"打"更
有北京特色。"流"最自然的搭配是"水"，可是常四爷说的是银子，
这是粘连的修辞，常言道"花钱如流水"就是这个意思。更精彩的在
刘麻子的接话："咱大清国有的是金山银山，永远流不完！""金山
银山"就是个夸张，把固体的山与液体运动的"流"粘连到一处，实
在绝妙。
　　（第二段，背景是人贩子刘麻子要把农民康六的女儿卖给太监做
老婆，为榨取暴利把价格压低，且无耻地称自己是一片好心）

　康　六：一个十五岁的大姑娘，就值十两银子？
　刘麻子：那要卖到窑子去，也兴许多卖个两儿八钱的，可你
　　　　　又不肯！
　康　六：那是我的亲女儿！我能……
　刘麻子：亲生女儿，你养活不起，冤谁呢？
　康　六：唉，那不是因为乡下种地的都没法子混了吗？一

247

　　　　　家大小要是一天能吃上一顿粥，我要还想卖女儿，
　　　　　我就不是人！

　刘麻子：那是你们乡下事，我管不着。我呢，受你之托，让
　　　　　你不吃亏，让你女儿有个吃饱饭的地方儿，这还
　　　　　不好吗？

　康　六：到底儿给谁啊？

　　　"两儿八钱"是银子单位。北京话加儿音往往有"小"的意思，
但是谈到金银没有说"两儿"的，因为金银是贵重之物。刘麻子故
意在"两"后加儿音，这里有轻蔑之意，用来挤压康六，意思是卖
到妓院也不过是多一点点儿银子而已。这话果然厉害，康六痛苦挣扎
后终于开始打听细节了。至此，刘麻子的计划已经很有希望。"到底"
是副词，今天这个词已经很少有人带儿音。舞台上演员加了儿音，可
以增加老北京氛围。"到底儿"这个词可以追寻到19世纪《儿女英雄
传》，如第十七回"隐名姓巧扮作西宾　借雕弓设局赚侠女"中有一句
难为你还冲行家呢，到底儿劣把头么！

　　　（第三段，背景是刘麻子见康六要落入圈套了，就进一步吹嘘买
家是何等的大人物。康六听说是把女儿卖给太监，感到十分痛苦和羞
辱。刘麻子大肆宣扬太监有钱有势，康六的女儿如何命好）

　刘麻子：我要一说呀，准保你打心眼里头乐意！一位在宫里
　　　　　当差的！

　康　六：宫里当差的，人家谁要个乡下丫头呢？

　刘麻子：你瞧这不你女儿的命好吗？

　康　六：谁呢？

　刘麻子：大太监，庞总管！你也听说过庞总管吧？啊？伺候
　　　　　着太后，红得不得了啊，人家家里头打醋的瓶子
　　　　　都是玛瑙作的！

最后这句"打醋的瓶子都是玛瑙作的"当然是夸张：不管多么有钱，也不会用玛瑙瓶子打醋。何况像"庞总管"这样地位的人，连他的仆人都算上，不可能像百姓人家那样拎着瓶子去油盐店打醋。他的生活方式应该是由著名老字号店铺用坛子封装好派专人把酱醋油等给送过来。刘麻子这话既是夸张，更是蒙骗。他欺负康六生活在社会底层，贫苦农民对"庞总管"们的生活方式全然不知。这也表明人贩子为达目的不择手段。

（第四段，背景是刘麻子的手段未能见效，康六依然痛苦而不能下决心。刘麻子针对康六内心进一步"开导"，宣扬太监家的舒适生活，最后摊牌，软硬兼施，终于逼迫康六答应）

康　六：教孩子给太监当老婆，我怎么对得起女儿？

刘麻子：你卖女儿，无论怎么卖，你也对不起女儿！你胡涂啊！想想，姑娘一过门，吃的是珍馐美味，穿的是绫罗绸缎，这不是造化吗？

康　六：从古至今哪有……

刘麻子：摇头儿不算点头儿算，来干脆的！

康　六：他，就给十两银子？

刘麻子：可着你们那全村儿，找得出十两银子不？在乡下，五斤白面就换个孩子，你不是不知道啊！

这句"你卖女儿，无论怎么卖，你也对不起女儿"表现了刘麻子的心机。他对康六这些穷苦农民的绝境和内心矛盾完全摸透，选择了最恰当简单的话语打掉了康六对女儿的歉疚之心和犹豫。然后用对称的句子"吃的是……，穿的是……"进一步诱惑康六。熟语"摇头儿不算点头儿算"和介词短语"可着……"都是地道的北京话词语，用在这里非常恰当。几个回合下来，穷苦农民经受不住威逼利诱，"买卖"成交：康六一家骨肉分离，女儿康顺子从此掉入火坑，大太监"娶"上了老婆，人贩子从康六和大太监身上榨取蒙骗了一百九十两白银。人贩子的凶狠，农民的苦痛，太监生活的丑恶与变态，合在一起，极好地展现了中国封建社会解体的历史趋势。精彩的北京方言对白把这层道理深入浅出地讲给了观众，为中国话剧舞台艺术添上了厚重的一笔。

最后我们补充一句："《茶馆》"在书面上从来都不带"儿"，但是人们提及这部名著无一不带儿音，一律说成了《茶馆儿》。

《茶馆》剧照。左图左起：唐铁嘴，张瞳饰；童仆，吕中饰；庞太监，童超饰。右图左起：秦二爷，蓝天野饰；王掌柜，于是之饰；常四爷，郑榕饰

第三节　京剧是北京的，也是中国的

京剧艺术一向有"国粹"之称，民国时期也叫"国剧"。因北京从1928年到1949年曾改称"北平"，所以京剧一度也叫"平剧"。京剧是最具影响力的中国本国剧种，堪称中国戏剧的代表。举例来说，我们在各地都可以遇到京剧的戏迷，他们在劳作之余闲暇之时哼唱几段京剧来释放一天的疲劳。中国南北各地大城市往往都有专业的京剧表演团体。这些都是其他剧种所没有的。最近十几年，对外国人的汉语教学活动日渐升温，世界各地都有很多汉语学习者。学汉语必学中国文化，配合语言教学的文化教学活动中必有京剧而未必有其他剧种。

事实上，京剧艺术的源头并非北京的本地剧种，而是以南方徽剧为基础，融合了南北多个地方的戏剧元素而成。单就这一点来说，京剧姓"京"也不姓"京"。清乾隆五十五年（1790），为给乾隆帝祝寿，清宫从扬州征召著名徽剧（当时叫"徽调"，中华人民共和国成立以后改名"徽剧"）的三庆班入京演出。此后又有四喜、启秀、霓翠、和春、春台等徽剧戏班陆续进京。这些戏班逐渐合并为四个，后世称"四大徽班"。这个时期，高腔、秦腔已经陆续进入北京，与徽班构成了兼容并蓄局面，后又有一批昆剧演员加入徽班。徽班演员多为安徽艺人，演唱二黄、昆曲、梆子等腔。这种舞台艺术一般认为是京剧的基础，所以1790年被视为京剧诞生年份，至今已230多年了。清道光年间又有汉剧进京，加之此前的徽剧与汉剧的相互借鉴，徽汉合流，京剧艺术的基础越发坚实。

一、从翻译说起

本书讨论北京方言问题，但对"京剧"问题似乎从英语译名说起为好。有时翻译的文字反而会帮助我们认识自己语言文化中的一些问题，所谓旁观者清。

"京剧"的英语译名是"Peking Opera"。这里的"Peking"（北京）是旧时译法，现在的标准译法是"Beijing"。1977年8月，联合国第三届地名标准化会议通过决议，采用汉语拼音作为中国地名罗马字母拼写法的国际标准。1982年，国际标准化组织通过国际标准《文献工作——中文罗马字母拼写法》（ISO 7098—1982），确定以汉语拼音作为拼写中文人名、地名的国际标准形式。[①]"opera"意思是"歌剧"，"Peking Opera"就是"北京的歌剧"。

　　英语opera一词来自意大利语，意大利语opera来自古代拉丁语。西方人所谓"歌剧"，如果从古代希腊艺术算起，也是几经改变才发展到今天的规范。我们现在谈起西方歌剧的那些经典之作，如法国莫扎特的《费加罗的婚礼》，是直到18世纪才问世的。19世纪是歌剧的黄金年代，脍炙人口的经典歌剧，如意大利威尔第创作的《茶花女》、比才的《卡门》纷纷问世，后陆续被介绍、翻译到中国。这种叫作"歌剧"的艺术形式，正如它的名称那样，以歌唱为表演形式，全剧几乎没有语言对话。这显然与京剧讲求的"唱念做打"很难对应。

　　西方戏剧当然有用语言对话为形式的，那就是话剧。可是话剧也与京剧有很大不同。话剧不能唱，要从都到尾一说到底，全剧完全靠说，不断地说。这种戏剧形式对于习惯了唱念做打的京剧、越剧等戏剧形式的中国观众来说，也是很难接受的。所以，京剧与话剧也无法对接。

　　京剧中的"打"并非单一的武打，它还有很多的舞蹈成分，但舞蹈成分不是京剧的主要表演手段。在西方戏剧中，有专一舞蹈为形式的，即舞剧。舞剧中最有影响的当数芭蕾舞，芭蕾舞中最有影响的当然是《天鹅湖》。这部舞剧给中国观众留下极深的印象，尤其它优美的音乐。但是舞剧要求从头到尾不能唱，不能讲话，只有音乐和舞蹈，这极大地妨碍了它的叙事功能。这对于习惯于听故事、看人物的

---

　　①　见国家标准行业标准信息服务网，http://www.zbgb.org/74/Standard Detail1111332.htm。

中国观众来说是很难接受的。

总之，西方的剧种，其表现手法都无法与讲求唱念做打的京剧对应。它们是单一某种手法贯串于全剧，中国是一部戏中各种手法都有。即便是中国人称为"歌剧"的，也未必与西方习惯一致。例如今天五十岁以上的中国观众都非常熟悉《白毛女》和《洪湖赤卫队》两部歌剧，其中有相当多的语言对话。如果用西方标准，这两部也算不得歌剧（opera）了。

把京剧翻译成Peking Opera 实属无奈。这与其说是翻译的问题或语言的问题，不如说是文化的差异。正如同把汉语的"馒头"翻译成"steamed bread"（烤制的面包），虽不精准，却别无选择。

二、京剧词语已经融入我们的生活

京剧艺术从清乾隆年算起，已经二百余年。从清末"同光十三绝"到20世纪二三十年代的"四大名旦""四大须生""四小名旦"再到五六十年代的"马谭张裘"，几度辉煌，人才辈出。

清同治光绪年间十三位著名京剧演员图。每位演员对应的文字说明是：演员姓名、代表作名、扮演的剧中人物名

观众里既有慈禧太后老佛爷，更有大量普通市民。如此规模宏大覆盖面宽广的观众群，使得京剧的很多术语已经超越最初的专业词义和使用范围，进入大众语言环境，转为普通词语了。我们举例说明。

【有板有眼】【一板一眼】这两个词都来自"板眼"。"板眼"就是戏剧演唱中的节拍。每个小节的最强拍叫"板",其他叫"眼"。"板眼"在现在标准字典里的注音,两个字都是读第三声的,可是老北京话"板"读第二声,"眼"读轻声,整个词的实际读音是bányan。现在这两个词指办事有条理,有节奏,不慌乱。例如"别看他刚来不久,可是干起活儿来还是有板有眼的,一点儿也不乱""老王这个人说话很清楚,一板一眼的"。

【叫板】京剧表演中,道白的最后一句话改变节奏,引出唱段,这个叫作"叫板"。现在这个词引申为向对方发起挑衅,如"这种行为是公然向管理制度叫板"。

【亮相】指剧中演员根据剧情要求,在表演时短时间停止动作,脸部表情凸显,用以吸引观众,突出人物,加强剧情的氛围,尤其是重要人物第一次在剧中出现。现代舞台上在亮相时往往用灯光配合。这个词现在一般表示在公众面前出现,或者表明态度。如"新来的书记终于亮相了"。

【捧场】原来指专门去剧院欣赏某个演员的表演,或者增加演员的声势。现在这个词用来表示支持、帮助某人,赞扬他的作为。如"我开了家小铺,明天各位一定来捧场"。"场"应该读第三声,可是作为戏剧术语,老人们常把"场"读成第二声。

【台柱子】中国传统舞台是类似亭子的建筑,它要依靠四角的柱子支撑。后来就用"台柱子"比喻演出团体中的重要演员。一出戏是否成功,一个剧团的收入怎样,都要依赖这样的演员。后来用这个词比喻团体里的关键人物。例如"他可不能走,他是我们学校的台柱子"。

【大打出手】剧中的武打方式之一:众人以剧中一个重要角色为中心,分别与他/她相互投递或者传送刀枪一类的武器。这叫作"打出手"。由此衍生了"大打出手",比喻大规模的打架。其中"出手"二字在现在字典中标音为第一声和第三声,老北京京剧术语的"出手"之"手"读轻声。

【走过场】京剧演出中人物从台的一侧快速地走向另一侧离开，叫作"走过场"。现在"走过场"常常用来表示敷衍、糊弄，如"这样弄虚作假，走过场，是要引发严重后果的"。

【叫好儿】【叫座儿】观众看戏过程中对演员的精彩表演大声喊"好"，这个是"叫好儿"，现在词典中删去了儿音，北京话中必须带上儿音。现在这个词引申为一般意义的称赞，不一定是剧院中。"叫座儿"是演员表演好能够吸引观众买票看戏。现在表示某个产品某个措施虽然用意好效果好，但是不能够得到大众认可，就说"叫好儿不叫座儿"。

【跑龙套】传统京剧中扮演兵卒或大人物身边的随从，现在比喻在别人手下做些不重要没有什么价值的事，如"我在咱们单位也就是跑个龙套"。

【压轴】一次演出中倒数第二个节目叫"压轴儿"，"轴"要读成第四声。现在也可以用来指最后一个节目，一般来说，放在最后的都是本次演出中最精彩的。这个位置的演出过去也叫"压大轴儿"。现在常用"压轴戏"比喻最引人注目的最后才出现的大事。例如"此次会议的压轴戏是老王的即席演讲"。

【科班儿】这个词本来的意思就是京剧演员培训班，学员基本上是孩子，吃住学戏，一应费用均由科班负担。这种培训班在民国时期很多，最负盛名的是"喜连成""富连成"。今天京剧界泰斗级的艺术家中，很多人都与科班培养有密切关系，他们或直接毕业于此，如侯喜瑞、马连良、谭富英、袁世海、裘盛戎、谭元寿；或与训练班同台演出以提高自己的水平（术语叫"搭班儿"），类似今天的进修，如梅兰芳、周信芳。今天普通话里"科班"这个词已经有了新的意思，指受过正规训练。如"您这两下子，真不愧是科班出身"。

京剧的专业术语转变成了普通词，说明这些术语已为社会公众所熟悉所掌握，说明这个行业的社会影响日渐扩展。这种现象其实是语言发展中常见的。如东汉开始佛教传入我国，佛教里的很多用词开始只是专门术语，以后随着佛教影响的加大，这些术语逐渐成为佛教以外普通人群的用词，如"方便"是因人而异采用恰当方式将其引入佛门的意思，现在作为普通词语是便利的意思；"世界"在佛教中指时间和空间，现在作为普通词语泛指全球各地。又如最近二十年左右经常使用的"硬件"和"软件"，本是电脑行业术语，现在用来指机械设备、生产环境和人员素质、管理水平等。

左图为四大名旦，左起：程砚秋（1904—1958）、尚小云（1900—1976）、梅兰芳（1894—1961）、荀慧生（1900—1968）。右图为20世纪50年代梅兰芳（中，饰白素贞）、俞振飞（右，饰许仙）、梅葆玖（左，梅兰芳之子，饰小青）昆曲《断桥》剧照。

三、京剧演员的名字构造与科班学艺

稍加留意就可以发现，许多京剧艺术大师的名字中都有"连""富""盛""世"等，这些都是京剧科班"喜连成"和"富连成"的标记。

"喜连成"科班创建于清末的1904年。创建人是吉林著名商人牛子厚。他经营有方，生意发达，同时是一位戏迷。1901年牛子厚结识了著名演员叶春善，请叶春善主持创建科班，到1904年正式建成。牛子厚为班主，叶春善任社长。牛子厚的三个儿子分别叫喜贵、连贵和成贵，于是科班名为"喜连成"。

喜连成建班之初，地点选在和平门外琉璃厂，后不断招收学员，

校舍需要扩大，后移到虎坊桥。科班陆续聘请了萧长华、宋起山、苏雨卿、唐宗成数位教师。1905年，第一科学生已经有五十多人，正式演出后，观众评价很好。学员名字排"喜"字，有所谓"六大弟子"之称：雷喜福、武喜永、赵喜魁、赵喜贞、陆喜明与陆喜才。著名花脸演员侯喜瑞也出自这个喜字科。喜字科学员共70余人。此后连字科毕业，学员将近70人，最负盛名的有马派老生创建人马连良、花脸演员刘连荣、花旦演员于连泉（艺名"筱翠花"）。著名相声演员、艺名"小蘑菇"的常连安也在这一科。

1912年牛子厚经营不善、业务亏损，无力维持科班，叶春善介绍沈玉亭、沈仁山兄弟接手，改科班名为"富连成"。这时已经有两科学生按"喜""连"两字排名，所以第三科排"富"字，富字科学生90余人，代表性人物有著名谭派须生继承者谭富英（谭派创始人谭鑫培之孙）、武生沈富贵、丑角马富禄、茹富贵、小生茹富兰。"富"字科再往下应该排"连"，但是与"喜连成"的"连"相混，于是改为"盛世元韵"诸字。盛字科120人，著名净角裘盛戎、老生李盛藻、丑角叶盛章、小生叶盛兰（叶盛章、叶盛兰为富连成首任社长叶春善之三子、四子）、武生高盛麟、杨盛春、孙盛云出在这一科。接下来世字科依然人才辈出，共140人左右。其中有著名花脸袁世海、丑角艾世菊、旦角李世芳、毛世来、老生于世文、赵世璞。李世芳、毛世来，与张君秋、宋德珠并称"四小名旦"。元字班80人左右，著名老生谭元寿（谭派创始人谭鑫培曾孙、著名老生演员谭富英之子，）、王元赞，武生茹元俊出在这一科。韵字班将近60人，有旦角冀韵兰、净角钳韵宏、丑角翟韵奎等。

1948年，因战争动乱，经济凋敝，北京戏剧市场疲惫，富连成科班无力维持，只得停办。喜连成和富连成科班前后40余年，规模之大，品质之高，京剧科班中无出其右，共培养了喜、连、富、盛、世、元、韵、庆共8科学生近800人，为传承发展京剧事业做出的巨大贡献是怎样评价也不为过的。

上图为第二科连字科学员合影，下图为第五科世字科学员合影

四、京剧的京腔京韵

京剧冠以"京"字，当然就应该京味儿十足。不过事实刚好相反，一场京剧听下来，没有多少地道的北京话。当然，这是指传统京剧。"文革"时期现代题材的"样板戏"就是另一回事了。京剧从南方徽剧进京，加上秦腔、昆曲还有汉剧成分融合而成，留给真正北京话的份额实在很少。这很少的北京话成分还要按照行当来分配，主要分配给丑角儿，部分旦角也有一些北京话。在传统剧目中，主要人物，如《空城计》里的诸葛亮、马谡、司马懿，《借东风》里的诸葛亮、周瑜、鲁肃、曹操，《霸王别姬》的虞姬、霸王，《贵妃醉酒》的杨贵妃，一般是老生青衣花脸行当。所以一出戏里，真正用北京话表演的份额就不多了。

丑角儿在戏里虽然占比不大，但其作用不容低估。丑角一口地道的老北京腔，往往有画龙点睛的效果。他们插科打诨，仿佛美食中的关键调味品，可以提升全剧的效果。

下面是京剧《四进士》中宋士杰夫妇的对话，妻子万氏就是丑角。丑角扮演剧中老年妇女，也叫"丑婆儿"。故事背景是道台衙门刑房书吏宋士杰为人刚直，被上司革退，与妻子万氏在信阳州西门以外开了一处小旅店度日。这日宋士杰在大街闲逛，看到一伙地痞调戏外地妇女杨素贞，宋欲上前搭救，又担心惹来麻烦，于是赶回家去要老伴儿出面。老伴万氏也是热心人，但苦于丈夫屡屡遭到官府诬陷，遂劝丈夫多一事不如少一事。宋士杰于是采用激将法请出老伴儿搭救杨素贞。（括号中宋体字是本书作者的分析）

万　氏：嗳，我说老头子，我说你不是出去遛弯儿去了吗？怎么这么快就回来了？（"老头子"是北京话里妇女对老年丈夫的称呼，"子"读轻声的za，其实是"子"和语气词"啊"的合音。"我说"也是北京口语的突出特征，并不是字面的意思，而是用来引起话题。"遛弯儿"一定要带儿音，是散步的意思。）

宋士杰：你不晓得，我方才刚刚出门，看见几个无赖之徒，追赶一个远方的女子，恐生是非，你可前去打个抱不平！（接下来宋士杰是老生角色，一口的半文半白，远不像上面万氏那样口语化。北京口语绝对不用"晓得""方才""远方"，这都属于文言。"恐生是非"和"可"更是文言。这样，老夫妻一个口语，一个文言，形成对比，非常有趣。丑角北京话的作用表现得非常突出了。）

万　氏：哦，你嘛，叫我打抱不平去？

宋士杰：嗯！

万　氏：嗳，我说老头子，你怎么改了记吃不记打了，你？

（"记吃不记打"是民间土语，意思是不汲取教训。
最后的"你"是口语中常见的格式，是一种追加，
有加强语气的作用。）

宋士杰：怎么？

万　氏：怎吗？不是你爱管闲事吗，才把你的事情革掉了？
又多管闲事去？哎，依我说你可好有一比啊。（上
一句宋士杰是一般口气的"怎么"，这里万氏接
上就用了"怎吗"，有加重口气的效果。"把你的
事情革掉"就是老百姓的土话，同样是这个意思，
宋士杰在上场诗里是"大人将我的刑房革退"。这
样，又一次形成俗和雅的对比。）

宋士杰：比从何来？

万　氏：你呀，你，你好比那卖不了的秫秸。（秫秸就是高
粱秆，可以当燃料，也可以是些编插物的原材料。
自家地里的秫秸烧不完就拿去出售。）

宋士杰：此话怎讲？

万　氏：家里戳戳儿吧您哪！少管闲事吧。（这几句对白精
彩之至。一个是文绉绉的疑问句"比从何来""此
话怎讲"，一个是最土俗不过的歇后语构成的答
句："卖不了的秫秸——家里戳戳吧"。舞台表演
时，马富禄先生扮演万氏，还特意把"家里"的
"里"说成lou，在"戳戳"这个动词重叠式后加
儿音。全句还是倒装的，把主语"您"压倒了最
后。"戳"就立着，秫秸怕潮，不能随意倒放在地
上。"家里戳戳"是用秫秸立放来比喻宁可在家站
立也不要外出惹祸，这当然是个讽刺。）

宋士杰：是啊！有道是：救人一命，少活十年哪。

万　氏：老糊涂啊！你错啦。

宋士杰：怎么？

万　氏：这个救人一命啊，多活十年，没听说过少活十年的。

宋士杰：本来是少活十年。

万　氏：多活十年。

宋士杰：少活十年。

万　氏：多活十年，多活十年定了！

宋士杰：多活十年？

万　氏：多活十年。

宋士杰：你为何不去呀？

万　氏：我，哎……哟呵，他在这儿等着我哪！哎，老头子，这你让我去的，打出祸来怎么办？

宋士杰：打出祸来有我！

万　氏：都有你呢？老头子（zei），你闪开了（liǎo）！（这几个回合是宋士杰用了激将法，很奏效，说明他非常了解老伴儿的为人和性情。"多活十年，多活十年定了"是典型的口语句法。最后这个"老头子"的"子"马富禄先生处理为zei，是"子"和"欸"的合音，比开始部分的za口气要加重。最后的"了"读liǎo，这个"了"其实是宋元话本里那个"了也"的省略形式，大致相当于今天的语气词"啦"。用在戏台上也是合适的。）

　　左图《四进士》剧照，马连良饰宋士杰（左），马富禄饰万氏。右图左起：北京京剧院谭富英、张君秋、马连良、裘盛戎在讨论演出。四位先生的合作，堪称珠联璧合，京剧界及广大观众称之为"马谭张裘"

丑角儿之外，花旦行当中也常用北京话作为对白形式。剧中这样的女子，多是年轻俏丽，性格开朗，语言幽默又带几分犀利，与台上正襟危坐不苟言笑的角色（一般是青衣老生）形成反差，如《西厢记》的红娘、《四郎探母》中的铁镜公主（也有人认为铁镜公主是"花衫"行当）。下面是《四郎探母》一段对白：丈夫杨延辉（杨四郎）听闻老母佘太君押运粮草亲临宋辽交战前线，想去宋营探望又不敢讲出口，数日来愁眉不展。妻子铁镜公主看丈夫心事重重，就故意开玩笑说猜中丈夫心事，机智地诱引杨延辉诉说心事。括号中是本书作者添加的说明文字。

铁镜公主：猜着了吧？

杨　延　辉：想那秦楼楚馆，虽然美景非常，难道还胜得过皇
　　　　　　宫内院不成吗？公主猜不着不要猜了啊。

铁镜公主：是呀！想那秦楼楚馆，还胜得过这皇宫内院不
　　　　　　成吗？

杨　延　辉：着啊！

铁镜公主：哦哦是了！
　　　　　　（西皮慢板）莫不是抱琵琶你就另想别弹？

杨　延　辉：哎呀，公主啊！想你我夫妻，况且又生下小阿
　　　　　　哥，讲什么抱琵琶另想别弹？你说此话，屈煞
　　　　　　本宫了！（杨延辉总是自称"本宫"，端着架子；
　　　　　　公主总是自称"咱家"。二者相比，当然是公主
　　　　　　这个自称亲切自然。"咱"要读zá。）（杨延辉微
　　　　　　哭，拭泪）

铁镜公主：哟！你瞧，你这爱哭劲儿的。咱家说了一句不
　　　　　　要紧的话，就哭出来了。猜得不对，再猜就是
　　　　　　了嘛！（"爱哭劲儿"的是地道口语，尤其"劲
　　　　　　儿"。公主这句话，反衬出杨延辉的脆弱。）

杨　延　辉：公主不要猜了啊。

铁镜公主：欤，一定要猜。咳，这倒难了！

  ……

铁镜公主：驸马，咱家猜了半天到底儿是猜着了没有？

  （"到底"加儿音，京味儿更浓了。）

杨　延　辉：心事却被公主猜中！不能与本宫做主也是枉
  然哪。

铁镜公主：咳，只要你对咱家说明，我给你做主就是了嘛！

杨　延　辉：公主啊！

  （西皮快板）我在南来你在番，千里姻缘一线牵。
  公主对天盟誓愿，本宫方肯吐真言。

铁镜公主：怎么？说了半天，要咱家起誓啊？

杨　延　辉：正是！

铁镜公主：巧了，我就是不会起誓！（公主应答得好，夫妻
  之间，难道还有起誓？"我就是不会"这个口语
  句子非常直接非常有力，与杨延辉的绕弯弯形
  成对比。）

杨　延　辉：啊？番邦女子连誓都不会盟吗？

铁镜公主：哪儿像你们啊？起誓当白玩儿，我不会。（"哪
  儿像你们啊"是对烦琐的中原文化糟粕的嘲讽，
  "起誓当白玩儿"更是直接批判，又是真正的北
  京俗语。）

杨　延　辉：也罢，待本宫教导与你呀。

铁镜公主：对了，你教给我吧！

杨　延　辉：跪在此尘埃，口称"皇天在上，番邦女子在下，
  驸马爷对我说了真情实话，我若是走漏消息，
  是怎长怎短呃"！

铁镜公主：就是这个呀？我会了，你听着："皇天在上，番邦
  女子在下。驸马爷对我说了真情实话，我若是走
  漏了他的消息半点，到后来，叫我是怎么样儿的

263

长，是哪么样儿的短！"（"怎么样儿""哪么样
儿"，两个儿音是北京习惯。又由于儿音有表示小
的作用，所以也是对杨延辉那套规矩的嘲讽。）

杨　延　辉：欸！要你终身对天一表呃！

铁镜公主：你当我真的不会起誓？阿哥您抱着，待咱家起
誓呀！

……

（孩子啼哭）

杨　延　辉：呃，本宫与你讲话，为何在阿哥身上打搅啊？

铁镜公主：你说你的话，还拦得住我儿子他撒尿吗？（"我
儿子他撒尿"实在是妙笔，地地道道的家庭用
语，又是对杨延辉起誓的再次嘲讽。）

五、湖广音

提及京剧的地方元素，有必要对"湖广音"稍作解释。所谓
"湖广音"，不能简单理解为京剧采用了两湖某地的方音。尽管个别著

谭鑫培，湖北武汉人，1847—1917。左为便装照，右为《阳平关》剧照，谭鑫培饰黄忠；左
为著名武生、杨派创始人杨小楼，饰赵云

名京剧艺术家祖籍湖北，如清末"同光十三绝"之一的谭鑫培。"湖广音"如果是指京剧发音中有湖北一带方音的因素，那是合于实际情况的。如果说京剧字音的某一方面，如字调系统，是遵循湖北某地方音，那就不符合事实了。像汉口话，四声中的阴平跟北京话一样，都是高平调；阳平听上去与北京的上声非常接近，是个先降后升的曲折调；上声有点像北京的去声，是个下降调，但是没有北京话去声下降得那样明显；去声是个上升调，有点像北京话的阳平，但是没有北京话阳平上升得那样明显。如果用这套发音去对应京剧舞台的实际发音，那当然相差不少。

京剧里确有一些字音与湖北一带方音非常接近，这可能与京剧泰斗中几位湖北籍人士，如谭鑫培、余三胜、王九龄有关系。如果把这样的发音叫作"湖广音"，那还是有一定的语言基础支撑。我们试举几例。

①"灯、等、能、冷、城、正、生"等字，北方一般读后鼻音韵尾，即收–ng尾音，而湖北，如武汉收–n尾音。"生"听起来就是北京的"深"。

②"白、百"等古代入声字，北京话韵母是ɑi，武汉读e。"锦毛鼠白玉堂"的"白"就是be，且发音也比较短促。

第四节　听懂京剧有多难

　　尽管大家都知道京剧是中国文化的一部分，京剧很好听，京剧很精彩，但是要年轻人认真观看一出京戏，不是片段，也确实不是一件容易的事。语言的障碍是个客观事实。老北京人告诉我们：听懂京剧，绝非一日之功。以北京话的感觉来说，同样是传统剧种，听懂北方的评剧，就容易得多。听懂京剧很难，有多难、难在哪里？我们逐一分析。

一、京白与韵白

　　京剧有四门基本功：唱、念、做、打。念，就是京剧里的说话，也叫"说白"，从语言上看，又分成两大类：京白和韵白。京白用北京话，不但好懂，而且很生活化，它有很多北京的俗话土语，例如"哟，这话儿是怎么说的您哪""这是怎么档子事啊"。这类"京腔儿"在京白中比比皆是。这样的语音，在北京人听来，亲切活泼，生活气息浓厚。而韵白就不容易接受了。韵白在一出戏里一般都是主要角色使用的，是一出戏语言活动的主要部分。例如我们熟悉的"诸葛亮""刘备""曹操""秦香莲""包拯""薛平贵""王宝钏""贵妃""虞姬"等形象，无一不使用韵白。韵白难听懂，例如这个"说"，用京白来念就是北京话的shuo；换成韵白，那就是shue。"鞋"在京白是xie，在韵白里是xiai。

　　所谓韵白，简单说就是明代以来在中原地区形成的一种通行语音，也叫"中州韵"。它主要以元代周德清所著戏曲专用韵书《中原音韵》为准。《中原音韵》成书在泰定元年（1324）。中州韵在《中原音韵》基础上又受到明代官方语音标准的《洪武正韵》影响，后逐渐定型，成为北方戏剧语音的一个通用标准。这种韵白，无论声调、声母、韵母，都与今天的北京话有较大区别。举例来说，今天的北京话，"将"／"江"同音，"书"／"梳"同音。但是在传统京剧表演中，

"将"/"江"不同音，"书"/"梳"也不同音。其中的规律又很难掌握。四声的问题更加复杂。再加上剧情、流派、演员个人的风格，同一个字也很可能有不同的发音处理。这些对于老戏迷们来说，非但不是欣赏的困难，还被津津乐道，是一种听觉享受。他们确切地感到了韵白艺术的魅力：与北京话相比，韵白虽然不接北京地气，但唯其如此，更显端庄、严整。可是对于青年观众，它真是进入京剧殿堂的一道门槛，不易跨越的门槛。

一言以蔽之：听懂京剧之难，百分之九十九是难在韵白了。以下我们粗略做些介绍。

二、四声不容易把握

四声就是四个字调，也叫声调，是汉语语音最为突出的特征，也是我们听京剧时必须经过的第一关。

北京话一共四个声调，就是我们在小学就学过的一、二、三、四声，如"妈、麻、马、骂"。汉语一种方言不同于另一种方言，很大程度上是声调的不同。像华北多地方音，它们的声母韵母差别都不大，主要差别都在声调上。北京话的声调跟普通话是一样的。南方各地学普通话困难较大。凡是普通话说得不错的，都是四声说得好。总之，四声对汉语是至关重要的。平时说话是这样，京剧道白也是这样。但是受到种种条件的限制，很难把传统京剧的声调系统梳理清楚。主要问题是调不像声母韵母那样稳定，它要受到剧情、人物、流派、行当等等影响。有时还有演员个人的艺术见解和发挥。例如《野猪林》里"林冲"的"冲"，《汾河湾》的"汾"，习惯上都是念成第三声的。其中的道理不容易解释清楚。

我国著名语言学家罗常培先生1935年在《京剧中的几个音韵问题》中详细说明了京剧阴阳上去四声的调值。所谓调值，是这些声调的实际音高数值。用1～5来表示音高，1最低，5最高。这种表达方式很像音乐中的简谱。北京阴平字调，也就是第一声，是55，发音从始到终都保持最高，是高而平，如"刚、知、尊、边"等字。阳平字调，也就是第二声，是35，发音逐步升高直到最高，上升调，如"麻、龙、难、文"等字。上声字调，即第三声，是214，发音先降后升，是曲折调，如"古、比、展、走"等字。去声字调，即第四声，是51，发音从最高降到最低，是下降调，如"共、阵、暂、助"等字。

罗先生认为，京剧里四声的调值是：阴平35，阳平51，上声55，去声214。这显然与北京话四个调的调值相差不少。这是首次有语言学专家为流传了将近一百五十年的京剧艺术做出了语音学的精确描写。不过，罗先生态度谨慎，他并没有认定京剧四声调值问题已经解决，他表示这个初步结论"只能存而不论"。几十年后，1990年，北京大学林焘先生使用现代实验语音学技术，较精准地测出京剧四声调值：阴平55，阳平121，上声35，去声31。林焘先生的数据中，没有一个与30年代罗常培先生拟定的接近。不过林先生也坦言自己研究成果的局限：一是身处国外，没有丰富的材料来源；二是只选择了十六个双音节词，这样的数量还不能真正说明问题，要进一步研究。[1]

罗常培先生（右）与老舍先生1947年合影。罗常培，1899—1958，满族，北京人，字莘田；我国著名语言学家和语言教育家，西北大学、厦门大学、中山大学、北京大学教授。中华人民共和国成立后，任中国科学院语言研究所（今中国社会科学院语言研究所）第一任所长

林先生的工作至少有两点值得重视：一是科学仪器测量，不是仅凭个人听辨；二是考虑到字在连读中的状态，不是一个个孤立的单字。罗先生和林先生同为语言学专家，他们的研究工作都是非常认真的，其间的分歧和不一致，恰说明了传统戏曲字调问题的复杂。

① 林焘：《京剧韵白声调初析》，载《林焘语言学论文集》，商务印书馆2001年版。

三、"酒""九"不同音——尖团字

声调之外，京剧的声母使用也与普通话或者北京话不同。标题上"酒""九"不同音就是一例。"酒""九"在北京话是同音的，但传统京剧舞台上，"酒"读ziu，与北京话不同；"九"读jiu，与北京话同音（为简便起见，声调在此略去）。这不是个别字的问题，而是类别。我们再看，旧京剧中，"将"读ziang，"江"读jiang；"亲"读cin，"钦"读qin；"旌"读zing，"京"读jing；"绝"读zue，"决"读jue。这样的字音分歧问题就是"尖团字"。

所谓"尖团字"，如果从今天的北京音来听，就是把北京话里声母为j q x的字分为两类，一类还是读成跟北京音一样的j q x，另一类把声母换成z c s。读z c s这一组的叫尖音字；读j q x这一组的，叫团音字。例如上面"酒/九"，北京话都是jiu，但"酒"在京剧中要读ziu，这就是尖音字；"九"在京剧中读jiu（与北京话同音），就是团音字。这种区分，是听不懂传统京剧的原因之一。在传统京剧中，区分尖团字，是演员基本功之一。例如舞台上常有喝酒的动作，台词里常有"酒"字，喝酒在京剧叫"吃酒"，如果用北京音念成了"chijiu"，那就是严重违规了。正确读法是"chiziu"。对未婚女子应该称呼"小姐"，但是这两个字都属于尖音字，要说siaozie，不能用北京音说成xiaojie。

尖团字其实不单是在声母j q x和z c s之间做出选择，还牵涉韵母。北京话的韵母可以根据韵母开始部分的音分为四类。第一类叫齐齿呼，用i开始，包括i本身和ia ie iao iou ian in iang ing（iong也可以归并到此）；第二类叫合口呼，用u开始，包括u本身和ua uo uai uei uan uen uang ueng；第三类叫撮口呼，用ü开始，包括ü本身和üe üan ün（iong也可以归并在此）；不在这三类内的，都算作开口呼，即a o e ai ei ao ou an en ang eng ong（也可算作合口呼）。这样，韵母共四类，简称开、齐、合、撮为"四呼"。四呼还可以再次合并，把开口呼和合口呼合并，叫洪音；把齐齿呼和撮口呼合并，叫细音。"洪"就是大的意思，读洪音韵母时张嘴较大；"细"

是小的意思，读细音韵母时张嘴较小。

有了洪细概念，再看声母 z c s 和 j q x 就会发现：在北京话里，z c s 后面的韵母只能是洪音的，不能是细音的，例如只有 za（杂）、zan（赞）、zen（怎）、zu（租）、zuan（钻）、zun（尊），没有 zia、zian、zin、zü、züan、zün 这类组合。京剧中那些尖音字，如"酒"读 ziu，"将"读 ziang，"小姐"读 siaozie，就刚好犯了这一条。北京的声母 j q x 与 z c s 相反，后面的韵母只能是细音的，不能是洪音的，例如只有 jia（加）、jian（间）、jin（今）、jing（京），没有 ja、jan、jen、jeng 这类组合。这样，我们就可以把尖团字问题概括地说一下：声母为 z c s，韵母为细音，这样的组合叫尖音，如"酒"读 ziu；声母为 j q x，韵母为细音，这样的组合叫团音，如"九"读 jiu。传统京剧中既有 ziu，又有 jiu，这就叫分尖团；北京话只有 jiu，没有 ziu，也就是只有团音没有尖音。既然没有尖音，也就无所谓分尖团了，所以北京话是不分尖团的语音系统。

既然北京话不分尖团，"酒""九"同音，而京剧表演又要求区分尖团，这就给说惯了北京话的演员多了个压力：必须牢牢记住京剧中哪些是"酒"类的，要读尖音；哪些是"九"类的，要读团音。很不幸的是，这个问题的答案没有什么规律，也就是说，从今天北京话语音中看不出什么门道，它们在今天北京话里都是 j q x 开始。要正确把握哪些字该尖，哪些字该团，只有一条可靠又艰难的路：死记硬背。常见字中可以分读尖团字音的排列如下：

读团音的：

基	机	饥	姬	及	吉	急	极	几	己	季	伎	记	纪	寄	计
既	骑	加	家	嘉	佳	夹	颊	甲	假	贾	钾	价	架	价	嫁	结
揭	交	娇	骄	浇	绞	搅	饺	矫	叫	教	较	轿	江	劫	杰	洁
鸠	纠	究	答	九	久	救	舅	旧	臼	肩	间	坚	艰	检	柬	减
俭	件	见	剑	建	今	巾	筋	金	仅	紧	锦	近	劲	禁	姜	疆
僵	讲	降	强	绛	京	荆	惊	经	景	竟	敬	径	境	居	车	拘
驹	局	菊	橘	鞠	举	拒	句	剧	诀	决	掘	捐	娟	鹃	卷	绢

倦　圈　均　军　君　郡　期　欺　蹊　崎　其　旗　祁　岐　起　岂　启
乞　气　弃　汽　器　掐　恰　茄　伽　遣　橇　跷　桥　乔　窍　邱　芹
丘　蚯　求　球　铅　牵　谦　乾　谴　嵌　钦　琴　渠　勤　擒　瞿　曲
羌　腔　强　卿　轻　拳　犬　劝　群　裙　琼　穷　希　牺　躯　吸　奚　喜
去　却　确　圈　权　匣　侠　辖　夏　下　厦　竭　歇　协　血　险　哮　晓
禧　戏　系　瞎　匦　嗅　臭　掀　贤　弦　闲　嫌　显　项　县　现　限
校　效　孝　休　香　乡　降　享　响　饷　向　学　巷　兴　形　行　型
宪　欣　鑫　衅　匈　吁　嘘　许　蓄　畜　靴　闲　穴　血　轩　喧　暄　煊
刑　行　幸　虚　眴　檀　熏　勋　训
玄　悬　绚　眩

读尖音的：

节　迹　积　绩　即　脊　籍　疾　挤　祭　际　剂　济　辑　寂　嫉　接
剪　捷　截　睫　姐　借　焦　礁　椒　蕉　剿　醮　揪　酒　就　尖　煎
酱　戳　灭　饯　践　津　浸　进　靖　净　沮　睢　浆　奖　桨　绝　蒋　匠
竣　旌　晴　精　晶　井　静　且　切　净　妻　脐　咀　聚　砌　锹　瞧　樵　枪　悄
俏　秋　囚　酋　千　亲　迁　蜻　晴　情　亲　齐　秦　寝　沁　娶　洗　枪　跄
呛　墙　抢　呛　亲　荃　清　昔　息　析　媳　蛆　袭　席　取　修　趣　觑　些
雀　鹊　全　泉　痊　荃　西　肖　消　霄　逍　小　趋　笑　啸　箱　厢　细　袖
邪　斜　写　谢　泄　卸　延　美　辛　新　小　信　筱　相　箱　需　湘　序　祥
秀　锈　仙　先　鲜　涎　肖　美　星　醒　省　性　姓　须　胥　徐　序　旬　絮
详　翔　想　薛　雪　宣　旋　漩　选　癣　旋　渲　荀　循　巡　寻　迅
叙　殉　逊　讯

事实上，不单京剧语言，方言中也有不少是采取分尖团来读字的，如河北、河南、山东一些地方的方音，"酒"类字和"九"类字都是不同音的，也就是分尖团。当然也有不少地方是按北京话这个路数来的，把"酒"类字和"九"类字合并起来，读成一样的，也就是不分尖团。从历史发展看，分尖团是传统读音，以后逐步演化为不分尖团。《儿女英雄传》第二十八回"画堂花烛顷刻生春 宝砚雕弓完成大礼"中有个精彩的细节描写：旁边却站着一个方巾衫、十字披红、金花插帽、满脸酸文、一嘴尖团字儿的一个人。原来那人是宛平县学从南冒考落第的一个秀才，只因北京城地广人稠，馆地难找，便学了这桩傧相礼生的生意糊口。方才前前后后里里外外嚷了这半天的就是他。这是婚礼上的情景，这位主持人满嘴尖团字是作者设计的一个特征。这说明19世纪中后期北京人已经普遍不分尖团了，所以听到说话分尖团就有遇到另类的感觉。推论下去，此前的北京话很有可能是区分尖团的。作者正是抓住这一点来落笔的。以下是京剧《四进士》中一段对白，宋士杰去衙门代杨素贞告状，半路遇到衙役有事相求，于是同去吃酒，耽误了告状，回来对杨素贞解释原委。台词根据马连良、马富禄和李毓芳等先生1963年演出录音整理，本书加注尖音字发音。

杨素贞：干父回来了？

宋士杰：啊，回来了！

杨素贞：状子可曾递上？

宋士杰：唉！再不要提起！在大街之上，遇着一个朋友，拉拉扯扯，一定要请我吃酒（ziu），大人升过午堂，这个状子不曾递上。

万　　氏：哟，没递上。

杨素贞：唉，看将（ziang）起来，吾娃不是你的亲（cin）女儿。若是你的亲（cin）女儿，酒（ziu）也不饮了，状子么，也就递上了。

宋士杰：欸，果有这两句话，不出我所料啊！

万　　氏：欸欸欸，老头子，我我说叫你干什么去了？啊？你总得先喝酒去吧？你瞧见没有，叫孩子问你两句，你你，你这么大岁数儿，你脸往哪儿搁啊你？啊？

宋士杰：儿呀！你胆大呀是胆小（siao）？

杨素贞：胆大怎说？胆小（siao）怎讲？

宋士杰：胆小（siao），回到上蔡县你家太爷台前去告。

杨素贞：若是胆大呢？

宋士杰：若是胆大，随干父去至道台衙门击鼓鸣冤！

杨素贞：干父呀！女儿若是胆小（siao），也到不了此地。

宋士杰：好哇！妈妈，好好看守门户。儿啊，你要随我
　　　　来呀！

最后补充说明一下，尖团字问题不能绝对化处理。有时，为了照顾听众，甚至不得不做出一些临时的调整，例如"徐小姐"三个字，连续都是尖音，严格操作起来就要读成sü siao zie。这样的发音，连续三个尖字，听起来比较刺耳，加之北京话没有尖音字，听众又多是北京本地人，所以演员是可以做临时调整，例如把"小"读成北京音的xiao，避免连续尖音。

四、司马发来的"兵"还是"宾"——上口字

《空城计》里诸葛亮"我正在城楼观山景"是著名的老生唱段，第四句是"却原来是司马发来的兵"的"兵"字发音是bin，听上去是"宾"。司马懿当然不会发"宾"，他只能发兵。这是京剧字音在尖团字以外的另一个重要特点：上口字。所谓上口字，内容比较繁杂，很难精准概括，所以没有一个像尖团字那样清晰精准的定义，很长时间以来模糊不清，存在争议，妨碍了人们对京剧语音系统的正确认识。1935年，罗常培先生给出了一个既容易理解又具有坚实语言学基础的定义：除尖团问题之外，京剧中一切不符合北京语音系统的字音，都属于上口字范围。具体说来有以下条目：

（1）"哥、课、科、坷、轲、可、蝌、贺、何、荷"，这批字在北京话韵母为e，声母是g k h，在京剧上口字中韵母念成o。

（2）"者、遮、哲、折、浙、车、扯、撤、澈、掣、舌、蛇、舍、

射、赦、热、惹"，这些字北京话韵母e字，声母是zh ch sh r，上口字中韵母念成ê。ê音在北京话里不单独出现，而必是跟在i或ü之后，如"街"，北京读jie，去掉前面的ji，剩下的e字母就是读ê音，只不过在拼写时把e上面的"^"符号省略不写了。

（3）"街、阶、皆、解、戒、介、芥、界、鞋、蟹、懈"，这些字北京话韵母为ie，声母是j q x，在京剧中把韵母读成iai。例如"鞋"在京剧中就是xiai，这个音北京话没有，读起来有点儿费劲，很容易让人想起四川话"鞋"读hai。

（4）"累、泪、雷、擂、垒"，北京话韵母为〔ei〕，声母是〔l〕的字，京剧上口字读为把韵母改为uei，整个字音就是luei，这也是北京话里本没有的音。

（5）"非、匪、肥、飞、废"，北京话韵母为〔ei〕，声母是〔f〕，京剧上口字改读为韵母i，字音就成了i。

（6）"为、微、尾、未"，北京话读wei，京剧上口字改读为vi。v和w发音接近，不同的是w是双唇音，v是唇齿音，上牙和下唇轻轻接触摩擦。vi这种读法，北京话没有。

（7）"知、制、治、智、池、驰、迟、世、势、逝、誓、日"等字，北京话中这些字的发音写出来是zhi chi shi ri。这里的i与北京话"比匹米"bi pi mi音节的韵母写起来一样，都是i，但发音不一样。zhi chi shi ri只要念出声母zh ch sh r，稍微延长一些、用力一些，就可以把整个音节zhi chi shi ri带出来；而bi pi mi，不论你怎么把声母b p m延长、用力，也带不出来bi pi mi。"知、制……"等字在京剧上口字的发音，就是把韵母改成北京话"比匹米"中的那个i。这样的组合在北京话中也是没有的。

（8）"猪、诸、朱、煮、主、住、助、除、厨、出、杵、书、舒、输、儒、如、入"等字，北京话韵母是u，声母是zh ch sh r，京剧上口字改读为韵母〔ʯ〕。〔ʯ〕是国际音标符号，表示一个圆唇的舌尖元音。例如"知"的上口字读音就是zh和〔ʯ〕组合：从北京话"知、吃、师"等字发音开始，把嘴唇向前略微突出，收圆即可。传统京剧有不少剧目取自《三国演义》，"诸葛亮"三字频频出现。按照传统的上口字读法，"诸"不是京话的zhu，也不是ju，而是圆唇的zhi，也就是zh和［ʮ］拼音。

（9）"学、虐、略、掠、约、月、乐、跃、钥、却"，北京话韵母为üe，上口字读法是把韵母改为io。这个io北京话本身没有。

（10）"班、般、潘、盘、满、瞒"，北京话韵母an，声母是b p m，京剧中上口字改为uan韵母。

（11）"崩、绷、棚、朋、彭、鹏、烹、梦、猛、孟、风、冯"等字，北京话韵母为eng，声母是b p m f，在京剧上口字中改读韵母为ong，也就是唇形从不圆唇改为圆唇。

（12）"登、灯、镫、城、生、胜、圣、声、甥、升、庚、更、羹"，北京话韵母为eng，声母是b p m以外的，在京剧上口字中是把北京的后鼻音韵尾换成前鼻音韵尾，即en。

（13）"容、荣、农、浓、隆"，北京话韵母为ong，声母是n l r，京剧上口字中把韵母改为iong。

（14）"兵、行、丁、定、顶、顶、京、荆、经、请、令"，北京话韵母为ing，声母多为d j q x，在京剧上口字中把后鼻音韵尾换成前鼻音韵尾的in。

（15）"昂、艾、隘、熬、敖、袄、安、案、岸、饿、鹅、俄、蛾、额、鄂、腭、愕、欧、鸥、瓯"，在北京话中直接用元音开始，汉语语言学管这样的音叫零声母字，它们在京剧上口字中要加声母ng。这个ng就是"横、红、将、广、晴"等字拉长音后的尾部辅音。还有"我"在上口字中发音是ngo，也属此类。

（16）个别字。北京话"说"京剧上口字读shue，"喊"读xian，"脸"读jian等。

这里要说明：本书为方便叙述，总是从今天的北京话出发，但读者千万不能类推。例如第三条"街、阶、皆"声母j韵母ie，是上口字，可是这不等于凡北京话读jie的就都是上口字。像"节、结、杰、截"就都不是上口字，剧中遇到这几个字，读法与北京话是一致的。

第七条我们提到"知、制、治、智、池、驰、迟、世、势、逝、誓、日"等北京话读zhi chi shi ri音节的字在京剧中要按上口字去读,但是不等于凡是今天读zhi chi shi ri的字都可以处理为上口字。像"支、脂、纸、施、诗、时、使、史、始、事、试、是"等就不算上口字,在旧京剧中的读音与北京话的读音是一样的。又如第八条"朱、猪、除、出、书、舒、如"等字,京剧zhu chu shu等上口读音把韵母改为［ㄩ］,但不能类推为凡是北京话读zhu chu shu ru的字都是上口字,像"梳、疏"就不是上口字,读音与北京话是一致的。

以上就是常用上口字。下面是《空城计》中著名唱段《我正在城楼观山景》,本书尝试对"四大须生"之一的杨宝森先生1957年演唱录音整理的词句标注上口字如下:

我正(zhen)在城(chen)楼观山景(jin),耳听(tin)得城(chen)外乱纷纷。

旌(jin)旗招展空翻影(yin),却(qio)原来是司马发来的兵(bin)。

我也曾(cen)差人去打听(tin),打听(tin)得司马领(lin)兵(bin)往西行(xin)。

一来是马谡无谋少才能(nen),二来是将帅不和(ho)失街(jiai)亭(tin)。

你连得三城(chen)多侥幸(xin),贪而无厌又夺我西城(chen)。

诸(zh［ㄩ］)葛亮在敌楼把驾等(den),等(den)候了司马到此谈谈心。

西城(chen)的街(jiai)道打扫净(jin),预备着司马好屯兵(bin)。

诸(zh［ㄩ］)葛亮无有别的敬(jin),早预备下羊羔美酒犒赏你的三军。

你到此就该把城(chen)进,为什么犹疑不定(din)、进

退两难，

　　你为的是何（ho）情（qin）？

　　左右琴童人两个，我是又无有埋伏又无有兵（bin）。

　　你不要胡思乱想心不定（din），

　　来来来，请登（den）城（chen）来听（tin）我抚琴。

自左至右：谭富英先生饰演《赵氏孤儿》中的赵盾、杨宝森先生扮演《空城计》中的诸葛亮，奚啸伯先生扮演《范进中举》中的范进。马连良先生与此三位先生合称为"后四大须生"。"四大须生"原是余叔岩、言菊棚、高庆奎、马连良四位先生。后余、言二位病故，高先生因病退出舞台

　　与尖团问题一样，对上口字也不必过于较真儿。这里涉及的因素很多。同一个字，不同演员、流派、人物、剧情，会有不同的处理。例如这段唱中多次出现"我"，但是杨先生并没有按上口的ngo演唱，对我们欣赏唱段之美亦无妨碍。

五、绕不过去的戏剧语言改革

　　谈及戏剧语言，必须重视今天，不能总是沉浸在对往日四大名旦等的美好追忆之中。其实，各位京剧艺术大师，无不是当年京剧艺术的改革家。他们在自己艺术生涯的鼎盛期，以大量的时间精力去探索舞台艺术的改革。今天人们津津乐道的剧目，像《龙凤呈祥》《空城计》《四郎探母》《四进士》等，没有一出不是经过后人反复改进的。

对于京剧语言形式中的尖团上口等问题，我们也应该持这样一个开放态度，尤其是现代题材的剧目。

今天五十岁以上的读者，没有不熟悉20世纪六七十年代《沙家浜》《红灯记》《智取威虎山》等现代京剧的。抛开政治因素不谈，这些剧目，确实在京剧表演现代生活内容方面，做出了非常积极的探索。马连良、裘盛戎、李少春、袁世海、周和桐、张君秋、谭元寿、马长礼等多位老辈京剧艺术家参与演出或设计。这种现代京剧，在语言运用上也是几经调整，最后确定以普通话为基本演出形式。事实说明，这一改革是成功的。例如《红灯记·第五场痛说革命家史》的西皮流水唱段：

> 在粥棚正与磨刀师傅接关系，
> 警车叫，跳下来鬼子搜查急。
> 磨刀人引狼扑身掩护我，
> 抓时机打开饭盒儿藏秘密。
> ……

我们从1967年版录音中可以听到"警"唱jin，这是上口字唱法，到1970年版改为普通话的jing。"饭盒儿"是北京话，后改为"饭盒"。《沙家浜·智斗》是经典唱段，但即便1971年版也还是留下了不少上口字，如：

刁德一：适才听（tin）得司令（lin）讲，阿庆（qin）嫂真是不
　　　　寻常。
　　　　我佩服你沉着机灵（lin）有胆量，竟（jin）敢在鬼
　　　　子面前耍花枪。若无有抗日救国的好思想，焉能
　　　　够舍己救人不慌张。
阿庆嫂：参谋长休要谬夸奖，舍己救人不敢当。
　　　　开茶馆，盼兴旺，江湖义气是第一桩。

现代京剧《沙家浜·智斗》，1971年，长春电影制片厂摄制。左起：洪雪飞饰阿庆嫂，周和桐饰胡传魁，马长礼饰刁德一

　　　　　　司令常来又常往，我有心，背靠大树好乘凉。

　　　　　　也是司令的洪福广，方能遇难又呈祥。

刁德一：新四军久在沙家浜，这棵大树有阴凉。

　　　　你与他们常来往，想必是安排照应（yin）更（gen）

　　　　周详。

阿庆嫂：垒起七星灶，铜壶煮三江。

　　　　摆开八仙桌，招待十六方。

　　　　来的都是客，全凭嘴一张。

　　　　相逢开口笑，过后不思量。

　　　　人一走，茶就凉。有什么周详不周详。

　　值得注意的是，可能与人物角色有关：刁德一严格按传统京剧上口字演唱，与之对唱的阿庆嫂则完全是普通话。

第七章

北京方言和文学

文学是语言的艺术，语言是文学的形式。北京方言文学的历史，至少可以上溯到元代关汉卿、马致远、王实甫、张国宾等人的元曲。清代曹雪芹创作的巨著《红楼梦》堪称中国长篇小说的上上品，书中大量北京方言的运用，是全书艺术成就的特色之一。清代后期到民国初年，《儿女英雄传》《小额》《春阿氏谋夫案》等表现北京旗人生活的作品，虽然艺术成就未能与《红楼梦》比肩，但是书中娴熟的北京方言运用和对北京社会生活的细致描写，也是我们认识当时北京语言面貌和社会问题的宝贵材料。

　　20世纪"五四"新文化运动之后，北京方言艺术大师老舍先生，以辛勤的笔耕，以对家乡、对人民的挚爱，以娴熟的语言技巧，在一部部精彩的北京题材小说和话剧中，艺术性地将北京方言的魅力发挥到了极致，为北京方言艺术在现当代中国文坛赢得了极高的声誉。先生作品数量之大、品位之高，堪称北京城市文化之瑰宝。50年代以来，王蒙、刘绍棠、刘心武、苏叔阳、邓友梅、赵大年、叶广芩等新中国成长起来的文学家，继续彰显北京方言的魅力，写出了大批优秀作品，为当代中国文学史增添了厚重的一笔，也为我们认识北京方言提供了宝贵的材料。以下，本书尝试从北京方言和北京社会生活诸多方面，探讨北京方言北京城市题材文学作品的艺术成就和相关的语言问题。

第一节　奠定普通话基础

对比古今中外各个语言的发展历史，我们可以看到一个普遍现象：一个民族语言的内部常有方言分歧，这种分歧发展到一定程度，妨碍了不同方言区域的人们正常交往，那么这个民族就需要一套能够通行各地的大家共同使用的语言系统。在我们国家，这样的通行于各个方言区的汉民族共同语就是普通话。以中国人口之多，各地区方言差异之大，没有通行于各地的普通话会严重影响沟通交流和工作、生活。大到全国"两会"召开，小到个人购物、外出、求学、问医，我们绝对离不开普通话。

但是这种各地通用的语言——普通话不能脱离方言而另立系统，它必须在各地方言中选择一个相对合适的作为自己的基础，这叫"基础方言"。确定基础方言时要考虑很多因素，其中一个就是基础方言所在地区的文化活动必须非常发达，在各地都有很大的影响，而且这种影响还要有相当长的时间，不是一时的"网红"。在与语言相关的文化活动中，文学当然是位居其首的。一种方言，没有自己成熟的文学作品，就很难充任全民族共同语言的基础方言。所谓成熟，是指这些文学作品在全民族各个地区都能够拥有广大的读者群，这些文学作品的语言表达方式能够被各个地区的人们所接受，能够获得很高的认可和评价。

在全国各地方言中，从文学活动上看，以北京话为代表的北方方言具有十分明显的优势。中国文学的历史，在很长时间内，中心是在北方的。中国第一部诗歌集《诗经》大约汇集了公元前11世纪到公元前6世纪的300余首诗歌。其中"风"部分，即各地民歌的汇集，实为古代诗歌精品。它以丰富多彩的画面表现了各地人民的生活，表达了他们向往美好生活的信念，也表达了对剥削者、压迫者和社会种种黑暗的怨恨，堪称中国现实主义诗歌的起源。"风"的分布地区主要在黄河流域，大致在今天的陕西、河南到山东。唐诗、宋词、元曲，是我国古代诗歌的巅峰，艺术价值无与伦比。其中第一流的作家，如李白、杜甫、白居易、王维、刘禹锡、杜牧、韩愈、柳宗元、苏轼、李清照、辛弃疾，关汉卿、王实甫、马致远等等，都是出生或成长于北方的，他们的文学作品创作，当然是以北方话为基础的。尤其是元代关汉卿、王实甫、马致远等人，都是长期在北京生活和从事文学创作的，他们的作品是对北京话的艺术性运用，为北京话在中国文学中赢得了极为重要的位置。单纯从语言上分析，关汉卿等人作品的一大特色就是高度口语化，通俗易懂，而口语化是不可能不受本地方言，也就是北京话的影响甚至支配的。例如关汉卿的《南吕·一枝花·不伏老》中：我是个蒸不烂、煮不熟、捶不匾、炒不爆、响当当一粒铜豌豆，恁子弟每谁教你钻入他锄不断、斫不下、解不开、顿不脱、慢腾腾千层锦套头？我玩的是梁园月，饮的是东京酒，赏的是洛阳花，攀的是章台柳。我也会围棋、会蹴鞠、会打围、会插科、会歌舞、会吹弹、会咽作、会吟诗、会双陆。你便是落了我牙、歪了我嘴、瘸了我腿、折了我手，天赐与我这几般儿歹徒症候。尚兀自不肯休。则除是阎王亲自唤，神鬼自来勾，三魂归地府，七魂丧冥幽。天哪，那其间才不向烟花路儿上走。马致远的《天净沙·秋思》：枯藤老树昏鸦，小桥流水人家，古道西风瘦马。夕阳西下，断肠人在天涯。这些七百年前的作品，今天普通读者读起来难度也不大。大量使用口语是根本原因。

1958 年 6 月发行的关汉卿戏剧创作七百年纪念邮票，发行量 25 万枚

元曲的这种以北京话为基础的白话文语言风格，深深影响了后代。终于，到清乾隆年间出现了中国长篇小说的巅峰之作《红楼梦》。不错，《红楼梦》的作者不是土生土长的真正老北京，《红楼梦》从素材到语言文字掺入了不能忽略的南方成分；但是我们也不能不看这样一个事实：《红楼梦》应用了大量北方的尤其是北京的语言成分，它把北京话真正提高到了文学语言层次。且不必说书中宝玉、黛玉、宝钗、探春等才子才女，也不听王熙凤何等的伶牙俐齿，单是"柳家的"，大观园里一个女厨师，为自己辩护时，语言之犀利泼辣，词语调动之得当，就令人佩服不已了：你少满嘴里混吣！你娘才下蛋呢！通共留下这几个，预备菜上的浇头。姑娘们不要，还不肯做上去呢，预备接急的。你们吃了，倘或一声要起来，没有好的，连鸡蛋都没了。你们深宅大院，水来伸手，饭来张口，只知鸡蛋是平常物件，那里知道外头买卖的行市呢。别说这个，有一年连草根子还没了的日子还有呢。我劝他们，细米白饭，每日肥鸡大鸭子，将就些儿也罢了。吃腻了膈，天天又闹起故事来了。鸡蛋、豆腐，又是什么面筋、酱萝卜炸儿，敢自倒换口味。只是我又不是答应你们的，一处要一样，就是十来样。我倒别伺候头层主子，只预备你们二层主子了。

到乾隆后期，《红楼梦》已经红遍各地，各种抄本问世。乾隆五十六年（1791）北京人程伟元活字排印版《新镌全部绣像红楼梦》，更使得作品广为流传。各地人士，不论操东西南北哪一地的方言，只要喜欢《红楼梦》，事实上就接受了书中的北京话。反过来说，北京话正是借助了《红楼梦》这样伟大的作品而传遍了各方言区，为以后确立北方话作为汉语普通话的基础方言打下了基础。到19世纪中期，北京旗人文康所著《儿女英雄传》问世，为旗人文学再续一笔。到19世纪末20世纪初，以蔡友梅为代表的北京本地题材和方言的小说大批问世，更把北京话文学向前推进一步。

在这些文学作品基础上，20世纪第二个十年末，"五四"文学革命爆发，胡适、陈独秀、李大钊、鲁迅等人，既有实践，又有口号，大力提倡白话文，也就是今天现代汉语书面语。转过年来，1920年，

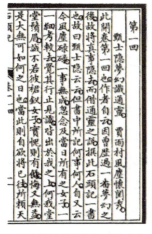

左为清乾隆年间戚蓼生本《石头记》。中为脂砚斋本《石头记》第一回。《红楼梦》书名是1791年程伟元排印时启用的。右为清光绪三十二年（1906）石印本《儿女英雄传》插图

教育部正式行文，要求"凡国民学校低年级国文课教育也统一运用语体文"。语体文就是白话文。这标志着白话文正式取代了两千年来文言文的地位，成为汉语的标准书面语形式。这个巨变绝不是几位著名学者登高一呼即可实现，转变的基础是白话文已经在社会中稳稳生根，这个根正是扎在文学作品的沃土中的。没有各地人民都欣赏的优秀文学作品，就没有北方话和北京话的传播普及，就没有白话文的优势可言。中华人民共和国成立后，1955年，中国科学院召开"现代汉语规范化学术会议"，提出了普通话的标准。1956年国务院发布《关于推广普通话的指示》，采纳了专家们对普通话的认识和表述，以政令形式正式确认了普通话的内涵："以北京语音为标准音、以北方话为基础方言、以典范的现代白话文著作为语法规范的普通话。"至此，普通话的标准得以最终确定，可谓水到渠成、瓜熟蒂落。

第二节　北京方言的宝库

一、丰富的词汇材料

一种语言或者方言有别于其他语言或者方言，很大程度上是词汇不同。优秀的文学作品，由于真实地表现社会生活，是我们发现、整理、对比方言词汇的上好路径。我们试举几例来说明北京方言词汇在作品中的表现。

先说时间。时间在生活中的重要性不言而喻。下面的句子出自北京方言文学名著，展现出北京话特有的表示时间的词：

我不是到上海去了一程子吗，回来以后，我不在老地方住了。这是《骆驼祥子》中曹先生对祥子说的一句。"一程子"也可以说"一阵子"，不过"一阵子"现在已经融入普通话了，这个"一程子"的北京地方色彩更加浓厚。下面这个词更是地道的北京口语，也是出自《骆驼祥子》：正在这个接骨眼儿，从南来了两辆车，车上坐着的好象是学生。"接骨眼儿"，也写成"节骨眼儿"，意思是关键的时候。话剧《茶馆》里，早晨茶客们见面用问候语有二位爷早班儿啊，这个"早班儿"是北京土语，意思是来得早，它不是现代化工厂里早午晚三班倒的那个词。"接骨眼儿""一程子"和"早班儿"在作品中不常见到，下面的"会子"则是常见的：

你远远的在那墙角下等着，一会子他们家有人就出来的。

你歇会子，咱们就作起来。

青皮连瞧了会子，知道是还没放呢，就进了衙门。

大哥就多分心吧，我和大嫂子说会子话去。

走吧。到这条街上来的时候，进来聊会子，也许我打听出来好事，还给你荐呢。

上面这五段，分别出自《红楼梦》《儿女英雄传》《小额》《离婚》和《骆驼祥子》，都用了"会子"。这个方言词今天已经很难听到了，北京话有几个比较特别的词来表示今天、明天等等基本时间概念，与普通话不同。北京话特别强调要带儿音，说"前儿""昨儿""今儿""明儿""后儿"等，当然也可以加"个"，说"前儿个""昨儿个"等。赵元任先生在谈到什么是正确的汉语时强调要注意语言的场合：在讲课的时候，要说"今天什么日子"；日常闲谈就说"今儿几儿了"。[①]这些"今儿"类词的历史可是不短了，至少在《红楼梦》里就大量采用了。第三回"托内兄如海荐西宾 接外孙贾母惜孤女"有天下真有这样标致的人物，我今儿才算见了！第十四回"林如海捐馆扬州城 贾宝玉路谒北静王"有明儿他也睡迷了，后儿我也睡迷了，将来都没了人了。本来要饶你，只是我头一次宽了，下次人就难管，不如现开发的好。第八十五回"贾存周报升郎中任 薛文起复惹放流刑"有昨儿巡抚吴大人来陛见，说起令尊翁前任学政时，秉公办事，凡属生童，俱心服之至。一部《红楼梦》，仅"今儿"就有299处，还有"明儿"239处，"后儿"17处，"昨儿"129处，"前儿"135处，共819处之多。这个密度远超过后代北京作家，这里当然也不能排除作家个人的风格，但是也足以说明小说中的北京方言词汇量，说明曹雪芹对北京话的运用相当的娴熟。

再说吃饭。关于吃的动作，北京话里有几个比较特别的词出现在文学作品，值得一说。

《红楼梦》第四十九回"琉璃世界白雪红梅 脂粉香娃割腥啖膻"里，遇到大雪，众人要早饭以后去赏雪，宝玉心急，宝玉却等不得，只拿茶泡了一碗饭，就着野鸡爪子，忙忙的爬拉完了。这个"爬拉"极为准确，意思是不待一筷子一筷子地夹取食物，而是用筷子快速地往嘴里推送，顾不上细嚼慢咽，完全是吞咽。"爬拉"只是进食

① 赵元任：《什么是正确的汉语》，载《赵元任语言学论文选》，中国社会科学出版社1985年版。

快，并无贬义。过量、不拘好坏地快速进食，就是"胡塞"了，这个"塞"不能读成常用的第一声，北京口语要读成第二声。《骆驼祥子》中祥子厌烦与虎妞在一起混日子，自己外出拉车，然后在外面吃完回家。虎妞在家预备了饭菜，空等了许久，见祥子饭后回来，当然很生气：我给你炒下的菜，你不回来吃，绕世界胡塞去舒服？还有个"胡吃海塞"跟"胡塞"差不多，但是数量更大。刘心武《钟鼓楼》有：另一件，是连队里的一对老兵团战士结婚。连长主持了他们的婚礼，大家胡吃海塞了一顿，喝了整整一打白酒。比较特别的是"撮"，《钟鼓楼》：路喜纯早从声音听出他，四日相遇后，路喜纯便微笑着对他说："你又到这儿足撮来啦？"作者担心读者不理解这个词，专门做了注解：放开胃口吃别人请叫"足撮"。今天北京人从广州话学了个"买单"来表示在餐馆吃饭付账的意思。其实广东话是"埋单"，"买"和"埋"语音相近，以讹传讹，成了"买单"。老北京话叫"候"。话剧《茶馆》里，街头混混二德子为显示自己与有洋人背景的马五爷关系好，就故意大声地对茶馆伙计说这位马五爷的茶钱，我候啦。

以上几个词都是用于正餐。正餐时间以外，需要少量进食，北京话叫"点补"。《红楼梦》第七十一回"嫌隙人有心生嫌隙 鸳鸯女无意遇鸳鸯"有：平儿忙笑道：奶奶请回来，这里有点心，且点补一点儿，回来再吃饭。"点补"的"点"不能按照常规读第三声，要读第二声，后面"补"读轻声。

最后说几个关于为人处世的。北京方言的文学作品在这方面的词语也很丰富，这里只能简单举几个正反例子。

老舍先生的长篇小说《赵子曰》：他坐在火车上想：到底是京中的朋友可靠呀！阎乃伯们这群滑头，吃我喝我，完事大吉，一点真心没有！"滑头"指为人处世太过圆滑，不老实。这样做事就是"耍滑头"。《红楼梦》第六十九回"弄小巧用借剑杀人 觉大限吞生金自逝"：人太生娇俏了，可知心就嫉妒，凤丫头倒好意待他，他倒这样争风吃醋的，可是个贱骨头。"贱骨头"是不自尊、不知羞耻的意思，这个词口气比较重，有很明显的羞辱用意。书中这句话是贾母对可怜的尤二姐的评语，精明的贾府老祖宗这次是完全被孙媳妇凤姐给欺骗了。尤二姐胆小懦弱，最终被逼上绝路。对过于懦弱凡事退让不敢向外争取的人，北京话有个贬义词，叫"杵窝子"。刘心武《钟鼓楼》里写院子里邻居吵架，丈夫主张退让，妻子非要争斗，就骂丈夫：你这个"杵窝子"，你不敢去找，我去！再看《骆驼祥子》中作者给开车厂子的刘四爷是怎样的一个定位：土混混出身，他晓得怎样对付穷人，什么时候该紧一把儿，哪里该松一步儿，他有善于调动的天才。车夫们没有敢跟他耍骨头的。他一瞪眼，和他哈哈一笑，能把人弄得迷迷忽忽的，仿佛一脚登在天堂，一脚登在地狱，只好听他摆弄。到现在，他有六十多辆车，至坏的也是七八成新的，他不存破车。车租，他的比别家的大，可是到三节他比别家多放着两天的份儿。人和厂有地方住，拉他的车的光棍儿，都可以白住——可是得交上车份儿，交不上账而和他苦腻的，他扣下铺盖，把人当个破水壶似的扔出门外。大家若是有个急事急病，只须告诉他一声，他不舍忽，水里火里他都热心的帮忙，这叫作"字号"。"土混混"就是地痞，地头恶霸。"耍骨头"是存心捣乱。"字号"本义是商家的招牌，引申为讲信用，可靠，有很大的知名度。这里称刘四爷为"字号"，意思是他并不是简单地欺压车夫，他的话都是有威严且一定能兑现的；除了威严可怕，他还有讲义气的一面。

　　以上都有些贬义，我们换个褒义的。《钟鼓楼》里讲了很多北京的办喜事风俗，其中一个重要环节是送亲太太和娶亲太太。充当这样角色，必须是亲友中没有任何可以挑剔之处的已婚妇女，即所谓"全可人"（也有写"全科人"的）。小说中是这样描写的：薛大娘一手握著澹台智珠的右手，一手拍著她那只手的手背，诚心诚意地说："智珠呀，你是个'全可人'，上有老，下有小，你们夫妻和美，儿女双全，你又大难不死，越唱越红……今天我们昭英迎亲去，想请你也陪著辛苦一趟……"小说作者自己对"全可人"的注解是："全福人。'可'轻读为ke"。同样的意思，老舍先生的《正红旗下》中还有多一层的要求——属相：母亲最怕的是亲友家娶媳妇或聘姑娘而来约请她作娶亲太太或送亲太太。这是一种很大的荣誉：不但寡妇没有这个资格，就是属虎的或行为有什么不检之处的"全口人"也没有资格。只有堂堂正正，一步一个脚印的妇人才能负此重任。人家来约请，母亲没法儿拒绝。谁肯把荣誉往外推呢？书中也是作者自己添加了注释：全口人——指丈夫子女俱全、"有福气"的妇女。口字轻读，作ke。马三立先生相声《算命》中有"大全可人儿"一词。

二、重要的语法材料

说起语法，我们很自然就想到"主语""谓语"这些专业术语，不大容易搞清楚。其实语法的问题不难理解。语法就是组词造句的规律。例如"好人"和"坏人"意思不一样，是因为用了不同的词；"好人"和"人好"意思也不一样，用的词一样，差别只在顺序。这个顺序就是语法。再如北京话的儿音，也是一种语法现象。因为它不单是改变了读音，还改变了词的类别，也是就用法。如"尖"就是形容词，说"这支笔很尖，划破了纸，不好用"。加上"儿"就是"尖儿"，意思是事物的最前端，是名词，不能说"这支笔很尖儿"，只能说"这支笔的尖儿坏了"。"印"是动词，如"印书""印报纸"；"印儿"就是名词，如"纸上有个印儿"。这种加儿音的方式，就是利用原来的词构成了另一个词。它不是单一的语音问题，也是一种语法现象；而且是个重要的语法现象，因为这种方式能构成大批的词。学界公认，靠添加儿音构词，是北京话语法特点之一。接下来的问题就是，这个特点起于何时呢？回答这样的问题，在很大程度上是要依靠文学作品的。甚至可以说，没有文学作品记录下鲜活的语言成分，就无从了解几百年前北京话的面貌。

这段历史可以从元杂剧说起。元代，北京城市第一次成为全中国的首都，成为全中国的政治文化中心。以元大都为中心的元杂剧艺术是元代文学最具特色的部分。元杂剧大师，如关汉卿、王实甫、马致远等等，或本人就是大都（北京）人，或者长期在大都居住生活，他们的作品是当时北京话面貌的极好记录。儿音问题就是其中之一。我们看实例。元杂剧以关汉卿作品为代表，关汉卿作品又以《感天动地窦娥冤》为代表。剧中有台词：

【楔　子】不幸浑家亡化已过，撇下这个女孩儿。

不幸夫主亡逝已过，只有一个孩儿，年长八岁，俺娘儿两个。

【第一折】我和媳妇儿说知，我往城外赛卢医家索钱去也。

你爷儿两个随我到家中去来。

则问那黄昏白昼，两般儿忘餐废寝几时休。

则见他一半儿徘徊一半儿丑。

我们今日招过门去也。帽儿光光，今日做个新郎；袖儿窄窄，今日做个娇客。

【第二折】不若收拾了细软行李，打个包儿，悄悄的躲到别处，另做营生，岂不干净。

以后事发，越越要连累我；趁早儿关上药铺，到涿州卖老鼠药去也。

我思量些羊肚儿汤吃。

婆婆，羊肚儿汤做成了，你吃些儿波。

婆婆，你吃些汤儿。

这汤特地做来与你吃的，便不要吃，也吃一口儿。

你老人家放精神着，你扎挣着些儿。

【第三折】怎么这一会儿天色阴了也。

【第四折】则见他疑心儿胡乱猜，听了我这哭声儿转惊骇。

屈死的于伏罪名儿改。

全剧共18个带"儿"的词（重复不计），数量很大，且大部分仍存在、活跃于今天北京口语中。关汉卿生卒年是1219—1301年，一般认为《窦娥冤》写于至元二十八年（1291）以后。当然，字面上写着"儿"与口语中实际的儿音可能有距离。不过我们至少可以认定，七百余年以前的13世纪末，北京口语中已经存在儿音词的基础了。再看王实甫《西厢记》，大约写于元贞、大德年间，13世纪末到14世纪初，剧中同样有很多的带"儿"词，这证明了关汉卿剧本中大量"儿"词的出现绝非偶然，绝不是作家个人的语言习惯或者艺术风格的追求。如：

一个小厮儿，唤做欢郎。/先夫弃世之后，老身与女孩儿扶枢至博陵安葬/这里一座店儿，琴童接下马者！/则着人眼花缭乱口难言，魂灵儿飞在半天/休说那模样儿，则那一对小脚儿，价值百镒之金/慢俄延，投至到梳门儿前面，刚那了上步远/虽不能窃玉偷香，且将这盼云眼睛儿打当/大人家举止端详，全没那半点儿轻狂/我得时节手掌儿里奇擎，心坎儿里温存，眼皮儿上供养。

这样一路走下来，到清代《红楼梦》，儿音词已经毫无悬念地成为北京话一大特色。单从全书的人名上我们就可以充分感受到了：

平儿，丰儿，万儿，隆儿，狗儿，板儿，青儿

当然，这几人地位都不高，或是贾府仆人或贾府外面的穷人；地位最高的"平儿"也不过是通房大丫头。可是书中地位高的人物也是用"儿"的，如：

王熙凤/凤儿，贾琏/琏儿，贾宝玉/玉儿，贾环/环儿，贾珍/珍儿，贾蓉/蓉儿

这里都是地位很高的主子，也是书中最重要的角色，他们的名

字都可以带"儿"。为了表示亲热，一家人中还可以在名字后再带上"哥""姐"等等，儿音却仍不可缺，只是往后挪一个字的位置：

> 凤哥儿，凤姐儿，芸哥儿，环哥儿，蓉哥儿，珍哥儿，林姐儿，巧姐儿，二姐儿

"儿"不一定出现在词尾，也可以出现在词的中央，其实这个"儿"是跟在词的第一个字之后，如：

> 花儿匠，猫儿眼，猫儿食，心肝儿肉，狗儿崽子，娘儿们，爷儿们，女孩儿家

再往后一百年左右，到《儿女英雄传》中，带儿音的词就又发达了一步。单纯从数量上看，《儿女英雄传》全书59.6万字，各类带有"儿"的词总计约1150（重复出现只计一次），《红楼梦》前80回共76.9万字，各类带有"儿"的词总计尚不足500。这说明18—19世纪中后期"儿"尾的使用呈明显的上升态势。从结构看，《儿女英雄传》也十分丰富。例如一个普通的名词后加上"儿"的形式，全书中就有450个，例如：外财儿，俗语儿，弹弓儿，诗篇儿，亲戚儿，手巾儿，奶妈儿，药酒儿，东西儿，主意儿，口风儿，泥佛儿，年代儿，官话儿。"儿"在当中位置的词也比《红楼梦》多很多，如兔儿爷，馅儿饼，羔儿皮，鼓儿词，枣儿粥，条儿手巾，官儿娘子，热汤儿面，紧箍儿咒，单腿儿安，绸面儿袄，红眼儿鱼，双脸儿鞋。"儿"还可以出现在形容词之后，这样的格式在《红楼梦》中已经有了，但是远不及《儿女英雄传》丰富：好好儿的，软软儿的，烦烦儿的，新新儿的，款款儿的，轻轻儿的，慢慢儿的，高高儿的，远远儿的，黑糁糁儿的，年轻轻儿的，大大方方儿的，婆婆妈妈儿的，老老实实儿的。

不要说跟一个世纪前的《红楼梦》比，就是与现代汉语比，《儿

女英雄传》带"儿"的词也是非常发达的。书中许多"儿"词已不见于今北京话，请看例词。去掉"儿"就是今天北京话的词。有些带"儿"的词，在今天北京话中要用双音词表示：利儿（利），词儿（诗词的"词"），升儿，月儿（月亮），东儿（做东的"东"），书儿（信），梦儿，茶儿，病儿，眉儿，弓儿，椅儿（椅子），土儿，末尾儿，茶房儿，外甥儿，救星儿，亲戚儿，钱粮儿，官话儿，前程儿，东西儿，排场儿，陀罗儿，吉祥儿，失闪儿，殷勤儿，弹弓儿，外财儿，大舅儿，差使儿，笑容儿，远近儿，方向儿，眉头儿，学问儿，钱褡裢儿，满洲话儿，一般儿，亲手儿，差不多儿，渐渐儿，偏偏儿。

三、难得的少数民族语言材料

北京在最近一千年历史中，大部分时间是少数民族政权的中央所在地，所以北京的少数民族人口比例远超过西安、南京、洛阳、开封等文化古都。因此，北京话在发展过程中，必然会吸收一些少数民族语言成分。这些成分在北京历代文学作品中都有所表现。例如今天北京口语中不可缺少的"胡同儿"，目前见到的最早的明确的文献记录，就是元大都作家关汉卿的元曲《单刀会》（详见本书"北京方言与地名文化"）。

真正长时间地、广泛地跟汉族同处一个城市生活的是17世纪进入北京的满族。不过，清朝中央政府虽然在北京时间将近三百年，但是从文学作品看，也并没有给北京话留下很深的印记。以中国小说史上的巅峰之作、清乾隆年间的《红楼梦》来说，全书很多细节都受到了满族文化影响。但是词语背景上，据启功先生1963年《读〈红楼梦〉札记》一文考证，全书只有"克什"一词来自满语。所谓"克什"，在满族语言中是"恩赐之物"的意思，满语发音是kesi。引申用法，也可以用于祭祀祖先后撤下来的上供的食物。《红楼梦》第一一八回"记微嫌舅兄欺弱女 惊谜语妻妾谏痴人"中有：到了八月初三，这一日正是贾母的冥寿，宝玉早晨过来磕了头，便回去，仍到静室中去了。饭后，宝钗袭人等都和姊妹们跟着那王二夫人在前面屋里说闲话儿。宝玉自在静室冥心危坐，忽见莺儿端了一盘瓜果进来说："太太叫人送来给二爷吃的。这是老太太的克什。"宝玉站起来答应了，复又坐下，便道："搁在那里罢。"这里"克什"的背景和用法已经非常清楚了。清代著名学者郝懿行（1757—1825）在《证俗文》卷十七说明："满洲以恩泽为克什，凡颁赐之物出自上恩者，皆谓之克什。"值得注意的是《红楼梦》这个"克什"句子出自第一一八回。通常认为《红楼梦》第八十回以后不是曹雪芹原著，而是高鹗所续。高鹗生于1758年，跟郝懿行是同时代人。高鹗家里是汉军旗，他受到满语影响是很自然的事。

还是这个"克什"，一个世纪以后，在《儿女英雄传》中再现。第二十一回"回心向善买犊卖刀 隐语双关借弓留砚"中有这样一个关于祭祀仪式的情节：祭完，只见安太太恭恭敬敬把中间供的那攒盘撤下来，又向碗里拨了一撮饭，浇了一匙汤，要了双筷子，便自己端到玉凤姑娘跟前，蹲身下去，让他吃些。不想姑娘不吃羊肉，只是摇头。安太太道："大姑娘，这是老太太的克食，多少总得领一点。"说着，便夹了一片肉，几个饭粒儿，送在姑娘嘴里。姑娘也只得嚼着咽了。咽只管咽了，却不知这是怎么个规矩。当下不但姑娘不懂，连邓九公经老了世事的，也以为创见。不知这却是八旗吊祭的一个老风气，那时候还行这个礼。到了如今，不但见不着，听也听不着，竟算得个"史阙文"了。书中的描写很有价值。祭祀的主角何小姐并不明白什么是"克什"，就连久闯江湖年过八旬的邓九公也不明白。而安太太是汉军旗家属，当然在不打折扣地按旗人要求完成祭祀大礼。可惜，就本书作者能够找到的多种版本《儿女英雄传》，都排印成了"克食"。"克食"可以指"克什"，但它也可以是另一个词，是汉语的，意思是"消化食物"，例如说"山楂可以克食"。《现代汉语词典》（第7版）中只有"克食"没有"克什"，对"克食"也只解释为消化食物。为避免误解，满语这个词最好写成"克什"。

《儿女英雄传》的满语表现明显多于《红楼梦》。有些是官职名称，如"章京"（武官官职）、"戈什哈"（护卫）、"巴图鲁"（勇士）；有些是称谓词，如"阿哥""格格"。这些年我们看了很多清代题材电视剧，对这些词已经很熟了。另外还有两个词特别值得一说，因为它们已经进入了一般人的口语。一个是"哈喇"。第三十八回"小学士俨为天下师 老封翁蓦遇穷途客"中有：只他往下这一蹲，安老爷但觉得一股子异香异气，又像生麝香味儿，又像松枝儿味儿，一时也辨不出是香是臊，是甜甘是哈喇，那气味一直扑到脸上来。"哈喇"的意思是肉制品变质而产生的腐臭辣气，"喇"读轻声，来自满语的har。另一个是"哈勒巴"，满语发音halba，意思是肩胛骨。第六回"雷轰电掣弹毙凶僧 冷月昏灯刀歼余寇"十三妹大战土匪，有个细节是：他拳头已经打出去了，一眼看见那女子背上明晃晃直矗矗的披着把刀，他就把拳头往上偏左一提，照左哈勒巴打去，明看着是着上了。只见那女子左肩膀往前一扭，早打了个空。"哈勒巴"的"哈"要读第三声。

《儿女英雄传》书中还有些满语词纯粹是为了故事情节，不能看作满语进入北京口语。如第二十八回"画堂花烛顷刻生春 宝砚雕弓完成大礼"描写新婚次日，安老爷送给儿媳的见面礼之一是"密鸦密罕丰库"，汉语是手巾的意思。

汉语和满语的关系还有几种更复杂的关系值得注意。

一是有些词原本是汉语的，后来被满语引入，再往后汉语又从满语中二次引入。例如汉语"夫人"被满语引入，表示亲王、郡王、世子的妻子，读音是fujin；后又在这个意思上被汉语二次引入，写成汉字是"福晋"。这个词在《儿女英雄传》和《小额》中均未见到，可能是故事的题材所限。在清光绪年间王冷佛所著《春阿氏谋夫案》有使用例句："也是我们本旗的姑娘，娘家姓阿，今年才十九岁。论她的举止，很可趁个福晋格格"。"方才傻王府请了三天，贝勒福晋，也病得挺厉害，我全辞了没去，赶紧就上这儿来啦。"又如汉语"将军"被满语引入，表示"章京"官职，读音是janggin；后又被汉语二次引入，最初表示武官职务，后来文官也可以，著名的如"军机章

297

京"。《儿女英雄传》第三十四回"屏纨绔稳步试云程 破寂寥闲心谈月夜"中有用例：我其实不去帮这趟差使倒误不了，我们那个新章京来的噶，你有本事给他搁下，他在上头就把你干下来了。

二是汉语有些词被满族或旗人改用，例如"煮饽饽"。"饽饽"本是汉语词，指馒头、烙饼之类的面食，也可以叫"饽"。南朝梁大同九年（543）黄门侍郎兼太学博士顾野王编撰的《玉篇》就有"饽，面饼也"的记录。后来"饽饽"指糕点一类，《儿女英雄传》里还有这个用法，如第二十九回"证同心姊妹谈衷曲 酬素愿翁媪赴华筵"中有：那老头儿到依实，吃了两三个饽饽，一声儿不言语的就着菜吃了三碗半饭。这里的"饽饽"显然是馒头。第三十六回"满路春风探花及第 一樽佳酿醽酒酬师"中有：过了两日，又送了八盒儿关防衙门的内造饽饽来。这个"饽饽"是糕点之类。但是"煮饽饽"并不是把干粮或者糕点放在锅里煮，而是指煮制的饽饽，即饺子。第二十四回"认蒲团幻境拜亲祠 破冰斧正言弹月老"里有：舅太太便同张太太带了丫鬟仆妇哄他抹骨牌、掷览胜图、抢状元筹，再加上包煮饽饽、作年菜，也不曾得个消闲。这里的"包煮饽饽"就是今天的"包饺子"。清末《小额》由于故事需要，"煮饽饽"多次出现，还有一次是"炸煮饽饽"，句子是却说大爷善金，吃完了炸煮饽饽，拿了张八行书，在西屋里桌儿上写信。我们知道，当顿吃不完的饺子留起来，下顿用油煎一下再吃，这个就是"炸煮饽饽"了。

把汉语的词改造一下作为旗人用语，还有个很好的例子，就是亲属称谓。旗人的亲属称谓与汉族有所不同，如旗人管祖母叫"太太"，管母亲叫"奶奶"。《小额》中有：秃儿听见太太回来啦，一死儿非过上屋来不行。大姑娘把他带过来啦，见了伊太大说："奶奶您回来啦。"这里的"秃儿"是伊太太的孙子，"大姑娘"是伊太太的女儿。伊太太在秃儿那里是"太太"，即祖母；在女儿"大姑娘"那里是"奶奶"，即母亲。这种称谓习惯也是北京方言的历史成分之一，这在旗人文学家中表现得比较充分。

"太太"其实早在《红楼梦》里就有显露。书中玉字辈男人，如贾琏贾珍，后来的贾宝玉，他们的妻子在仆人口中清一色地是"奶奶"，全书只有文字辈贾政贾赦等的妻子是"太太"。"老太太"当然只有贾母一人。但是《红楼梦》全书中没有出现当面对母亲称"奶奶"的描述，这不能排除曹雪芹有意"混淆"的隐瞒策略，他总是尽量不让读者感到他在明写大清国的是是非非。相比之下，《儿女英雄传》的作者直接声明是写清朝，在很多生活细节上就有很明显的直接的叙述了。

书中第十四回"红柳树空访褚壮士 青云堡巧遇华苍头"，仆人讲述何玉凤的婚姻观念：姑娘说的更好，说："难道婆婆家是雇了人去作活不成？"奴才们背地里还讴姑娘不害羞，姑娘说："我不懂，一个女孩儿提起公公、婆婆，羞的是甚么？这公婆自然就同父母一样，你见谁提起爸爸、奶奶来也害羞来着？"这里的"奶奶"已经是旗人家庭习惯了。第二十二回"晤双亲芳心惊噩梦 完大事矢志却尘缘"老年仆人张进宝在提及年轻一代主人时称"爷、奶奶"：朝里近来无事，也很安静。华忠到京，奴才遵老爷的谕帖，也没敢给各亲友家送信，连乌大爷那里差人来打听，奴才也回复说没得到家的准信。就只舅太太时常到家来，奴才不敢不回。舅太太因惦记着老爷、太太合奴才爷、奶奶，已经接下来了，在通州码头庙里等着呢。第二十八回"画堂花烛顷刻生春 宝砚雕弓完成大礼"，何玉凤大婚第二日，到厨房行礼，这里仆人称年轻女主人为"奶奶"：只见伺候的仆妇在灶前点烛上香，地下铺好了红毡子，便请拜灶君。二位新人行礼起来，那个胖女人就拿过一把柴火来，说："请奶奶添火。"又舀过半瓢净水来。说："请奶奶添汤。"总体看，仆人称年轻一代女主人为"奶奶"，这与《红楼梦》是一致的。书中未见儿女当面称呼母亲为"奶奶"。

《春阿氏谋夫案》里就有更清楚的例句。第一回"酌美酒侠士谈心 洗孝衣佳人弹泪"中有：见里面走出一个小女孩儿来，见了普二，笑嘻嘻的叫了一声二叔，蹲身请了具安。正是文光之女二正。普二道："你阿妈在家哪吗？"二正遂高声嚷道："奶奶，我二叔来啦。"

普二笑笑嘻嘻，拉了二正的小手，一同走人。这里，父亲叫"阿玛"，母亲叫"奶奶"，是很明确的。书中这样的例子比比皆是。到20世纪60年代老舍先生的《正红旗下》就又进一步了，不但有女儿称母亲为"奶奶"的例子，还有儿媳称婆婆的例子：

①回到娘家，她也不肯对母亲说，怕母亲伤心。当母亲追问的时候，她也还是笑着说：没事！真没事！奶奶放心吧！（我们管母亲叫作奶奶。）

②最后，二姐搭讪着说了话："奶奶！还钱吧，心里舒服！这个月，头绳、锭儿粉、梳头油，咱们都不用买！咱们娘儿俩多给灶王爷磕几个头，告诉他老人家：以后只给他上一炷香，省点香火！"

③大姐含着泪，一边擦，一边想主意：要在最恰当的时机，去请教婆母怎么作这，或怎么作那。她把回娘家的念头完全放在了一边。待了一会儿，她把泪收起去，用极大的努力把笑意调动到脸上来：奶奶，您看看，我擦得还象一回事儿吗？

①②都是女儿对母亲说话，称母亲为"奶奶"。①句子后面的括号文字是老舍先生自己添加的，可见先生想到了这一层。③是儿媳对婆婆，称婆婆为"奶奶"。总体看，北京话"奶奶"这个词相当活跃，除了表示母亲，还有"姑奶奶""姨奶奶""舅奶奶""少奶奶""大/二/三……奶奶""大/二/三……少奶奶"等，不能排除这是受到了旗人"奶奶"一词用法的影响。本书作者自己的亲友中，不是旗人家庭，但是称母亲"奶奶"、称祖母"太太"的也有。

三是特殊发音。如"去"在一些满人或者旗人家中就说成了"克"。《小额》中共9处"克"，意思就是"去"，如：

您瞧瞧火克吧，刚煮上。

老王啊，瞧门克。

早回来啦，你们老太太也家克啦吧？

你们大奶奶怎么没跟克呀？

来升，你快告诉太太克得啦，我还有事去哪。

这不要紧的事情，谁都有个错儿。善全哪，你给拿三吊钱克。

我们走啦，大姐，请回克吧。

这里的"克"都可以替换成今天的"去"。老舍先生《正红旗下》的用法更清楚：不管她怎样想回娘家，她可也不敢向婆婆去请假。假若她大胆地去请假，她知道，婆婆必定点头，连声地说：克吧！克吧！（"克"者"去"也）她是子爵的女儿，不能毫无道理地拒绝儿媳回娘家。可是，大姐知道，假若她依实地"克"了，哼，婆婆的毒气口袋就会垂到胸口上来。不，她须等待婆婆的命令。这段话描写旧式旗人家庭儿媳生活的艰辛。老舍先生不但给旗人婆婆用上了"克"，还特意加了注释，并且再次使用时又添加了引号，更是精准了。

第三节　北京方言艺术的精品

左为老舍先生。中为《骆驼祥子》插图，孙侦探把祥子多日的辛苦积蓄敲诈一光。右为《四世同堂》插图，祁老人全家，左起：老三瑞全，老二瑞丰妻子胖菊子，老二瑞丰，天佑太太，祁老人（老人膝下是重孙小顺儿），天佑，老大瑞宣，瑞宣妻子韵梅，韵梅怀抱的是小女儿妞妞。丁聪先生作

一、大师的语言艺术——嬉笑怒骂皆成文章

谈到语言艺术，好像带几分神秘。其实它既不神秘也不高深。说话，写文章，都是有讲究儿的，都是有高下之分的。所谓某人真会说话儿，其实就是他语言运用得当。语言运用的技巧到了文学大师手中，会得到创造性的发挥，就会产生语言艺术。我们看《红楼梦》二十七回"滴翠亭杨妃戏彩蝶　埋香冢飞燕泣残红"里的一次对话，丫鬟红玉来向女主人王熙凤报告刚才去传话的情况：平姐姐说：我们奶奶问这里奶奶好。原是我们二爷不在家，虽然迟了两天，只管请奶奶放心。等五奶奶好些，我们奶奶还会了五奶奶来瞧奶奶呢。五奶奶前儿打发了人来说，舅奶奶带了信来了，问奶奶好，还要和这里的姑奶奶寻两丸延年神验万全丹。若有了，奶奶打发人来，只管送在我们奶奶这里。明儿有人去，就顺路给那边舅奶奶带去的。这段话不到140字，却用了14次"奶奶"，平均不到10个字就得说一次"奶奶"。

"奶奶"共五位:"我们奶奶"（王熙凤）、"这里奶奶"（旺儿去的那家的奶奶）、"五奶奶"（贾芸之母）、"舅奶奶"（旺儿去的那家的亲戚舅奶奶）、"姑奶奶"（旺儿去的那家的姑奶奶）。有这么多"奶奶"需要交代明白，颇不容易，可红玉这丫鬟一口清，连贯而流利，颇有相声里贯口活的意思，这给喜欢麻利爽快风格的王熙凤极好的印象:好孩子，难为你说的齐全。接下来，王熙凤话锋一转，讥讽、斥责府中那些忸怩作态的丫鬟:别像他们扭扭捏捏蚊子似的……我就怕和他们说话。他们必定把一句话拉长了作两三截儿，咬文咬字，拿着腔儿，哼哼唧唧的，急的我冒火，他们那里知道！先时我们平儿也是这么着，我就问着他:难道必定装蚊子哼哼就是美人了？这一仆一主，对话加议论，实在精彩。

语言艺术不神秘，它的外表也未必高雅，粗话脏话一样能派上用场，全看怎么调动了。《红楼梦》四十六回"尴尬人难免尴尬事 鸳鸯女誓绝鸳鸯偶"有一段，一上来就是脏话，但真正是话糙理不糙:鸳鸯听说，立起身来，照他嫂子脸上下死劲唾了一口，指着他骂道:"你快夹着屁嘴离了这里，好多着呢！什么'好话'！宋徽宗的鹰、赵子昂的马，都是好画儿。什么'喜事'！状元痘儿灌的浆儿又满是喜事。怪道成日家羡慕人家女儿作了小老婆，一家子都仗着他横行霸道的，一家子都成了小老婆了！看的眼热了，也把我送在火坑里去。我若得脸呢，你们在外头横行霸道，自己就封自己是舅爷了。我若不得脸败了时，你们把忘八脖子一缩，生死由我。"这段话的前因是贾府中大老爷贾赦迷恋丫鬟鸳鸯貌美，要纳为妾。这对于生活在底层的丫鬟侍女来说真是巴不得的喜事。但性格刚烈的鸳鸯，十分鄙视贪恋女色、腐败无耻的主子贾赦。她虽身份卑贱，却勇敢地自卫，明言拒绝。鸳鸯没想到，自己的兄嫂却想趁机捞上一把，全无亲情。痛苦中的鸳鸯全无顾忌地动起了粗话:"快夹着屁嘴离了这里"。接下去的谐音歇后语:"什么'好话'！……什么'喜事'！……"这里"好话"和"好画"谐音，"喜事"跟天花病的"喜事"同音同字。旧时，天花是难以抗击的恶性传染病，一旦染上就十分危险。倘若所出的痘里灌饱了浆，则至多留下些麻坑，不会有生命之虞了，所以是"喜事"。鸳鸯借亡国之君的字画和无法抵御的恶性传染病来形容其嫂带来的"天大喜事"，下面接下来又是"横行霸道、小老婆、舅爷、眼热、火坑、不得脸、忘八脖子"，连续的糙话土俗词语，真让读者出了一口恶气。

二、表现手法多种多样

除了调用各种词语，在长期的语言活动中，人们还发明了一些提高表达效果的格式，语文课本里叫作"修辞格"。最突出最常见的是比喻，简单说就是打比方。说某人又高又瘦，到什么程度呢？"他长得跟电线杆子似的"就清晰明确了。我们看看大师们是怎样比喻的，首选老舍先生《骆驼祥子》中几个例子（破折号前的宋体字是读者想获取的信息；破折号以后楷体字是作品原句，请注意加下划线部分）：

车夫祥子的谋生手段是拉车，拉车是一种什么样心理感受呢？——在他赁人家的车的时候，他从早到晚，由东到西，由南到北，象被人家抽着转的陀螺。

拉车能有多快，消耗多大的体力？——赶到遇上地平人少的地方，祥子可以用一只手拢着把，微微轻响的皮轮象阵利飕的小风似的催着他跑，飞快而平稳。拉到了地点，祥子的衣裤都拧得出汗来，哗哗的，象刚从水盆里捞出来的。

虎妞是书中女一号，长什么样？——她象个大黑塔！怪怕人的！

祥子是书中真正的一号人物，长什么样？——这样立着，他觉得，他就很象一棵树，上下没有一个地方不挺脱的。

祥子是什么脾气秉性？——他确乎有点象一棵树，坚壮，沉默，而又有生气。

祥子来自乡间，在他看来城里人的毛病是什么？——设若城里的人对于一切都没有办法，他们可会造谣言……以便显出他们并不愚傻与不作事。他们象些小鱼，闲着的时候把嘴放在水皮上，吐出几个完全没用的水泡儿也怪得意。

作者调动语言，把抽象的或难以具体说明的问题，用比喻的手段，鲜明准确地做出了形象、贴切的回答。

再看夸张。夸张就是合理的夸大，是语言常有的手段，它可以把说话人表达的意思非常鲜明地传递出来，引起对方的认同或者留意。看看大师们怎么用北京话来夸张的。

起床，睡倒，走路，上茅房，大赤包的嘴里都轻轻的叫自己："所长！所长！"这两个字象块糖似的贴在了她的舌头上，每一咂就满口是水儿！她高兴，骄傲，恨不能一个箭步跳上房顶去，高声喊出："我是所长！"这一例出自老舍《四世同堂》。女汉奸"大赤包"即将当上沦陷时北平的"妓女检查所"所长。这不但是个官位，且可以大肆敲诈，在她看是极大的名利双收，她兴奋不已。作者用夸张的手法刻画了她的丑态。

比喻夸张都是常见的手法，我们再看其他的。先说粘连。粘连就是把用来说甲类事物的词用来说乙类事物，有一种跨越的感觉。看个简单的例子：他拉上了包月。哼，和拉散座儿一样的不顺心！这回是在杨宅。杨先生是上海人，杨太太是天津人，杨二太太是苏州人。一位先生，两位太太，南腔北调的生了不知有多少孩子。这段话出自《骆驼祥子》。祥子来到了杨家拉包月，本以为活儿会轻松一些，没有想到比拉散座儿还累，人多事情乱，弄得祥子又累又烦。这里，"南腔北调"本用来形容人的说话口音，可是作者巧妙地用到生孩子的事情上，更能显示出杨家的混乱。再看更精彩的，还是《骆驼祥子》：她比银行经理并不少费心血，因为她需要更多的小心谨慎。资本有大小，主义是一样，因为这是资本主义的社会，象一个极细极大的筛子，一点一点的从上面往下筛钱，越往下钱越少；同时，也往下筛主义，可是上下一边儿多，因为主义不象钱那样怕筛眼小，它是无形体的，随便由什么极小的孔中也能溜下来。这里的"她"是小说中的一位女用人，高妈。高妈过去被醉酒的丈夫死缠烂打，受够了一时缺钱的苦。丈夫死后，她来到曹家做了女佣，开支减少了，就把每月剩余的钱拿出去放债，而她的债务人都是穷人，所以她更要提防坏账。

老舍先生用高妈这个例子说明，只要存在这种资本主义制度，不管是银行经理还是像高妈这样的小人物，都在计算着钱财；他们本质上是一样，差异只在数量。"筛"本来是用于泥土沙石等，现在作者拿来，一是"筛钱"，二是"筛主义"，都是与筛根本不相干的事物，而且"主义"还是个看不见摸不着的抽象的东西。可是也正因为这个违反常规的组合，才使得句子非常的吸引人，才产生跨越的效果，使我们对资本主义的本质有了具体的认识。

仿词也很值得一说。仿词就是仿照原格式再造一个词，也是常用的一种修辞格式。譬如张三说"这种手机挺贵的"，李四回答"管它手机脚机呢，反正我不买"。这"脚机"就是临时仿造的，仿词往往有一种嘲讽的效果。我们看《红楼梦》四十六回的故事。贾赦要鸳鸯给自己做妾，没想到被拒绝，恼羞之际，贾赦说鸳鸯是因为喜欢年轻的贾宝玉而拒绝自己，这显然是在侮辱鸳鸯。鸳鸯这次的回应是：我是横了心的，当着众人在这里，我这一辈子，别说是宝玉，就是<u>宝金、宝银、宝天王、宝皇帝，</u>横竖不嫁人就完了！就是老太太逼着我，一刀子抹死了，也不能从命！服侍老太太归了西，我也不跟着我老子娘哥哥去，或是寻死，或是剪了头发当姑子去！要说我不是真心，暂且拿话支吾：这不是天地鬼神、日头月亮照着！嗓子里头长疔！我们都知道，只有"宝玉"，根本没有什么"宝金、宝银、宝天王、宝皇帝"，这几个都是仿词，鸳鸯以此强烈、坚定地表达了自己的意志，又辛辣地嘲讽了龌龊的贾赦。

三、用字很有讲究

古往今来，文学大师都特别在意选取最恰当的字词来表达作品内容，即所谓"炼字"（见于唐代白居易《金针诗格》）。北京方言的文学作品中也不乏炼字的典型例证。

20世纪80年代，苏叔阳先生长篇小说《故土》影响很大。书中主人公白天明"文革"中离开故土北京去贵州工作，多年后返回北京，听到了熟悉又陌生的乡音：她的声音多么好听啊，特别是那个"瞅"字儿，她说得多么轻巧。"您瞅什么呢？"抑扬顿挫，宛如一支短歌。白天明在贵州多年，几乎忘却了乡音。这一句，又勾起了他儿时的回忆，也不由得改变了文绉绉的用词，把"看"改成了"瞅"。这就是作家的功力了：不用华丽的让人费解的深奥词语，只一个简单的"看"和"瞅"，就把人物的生活图景显现出来。

《骆驼祥子》中，祥子几经人生坎坷，再不想奋斗上进了，改为混日子，对乘客从谦让改为苛刻，对钱是分分计较。书中的描写是：对于车座儿，他绝对不客气。讲到哪里拉到哪里，一步也不多走。讲到胡同口"上"，而教他拉到胡同口"里"，没那个事！这里"上"是不进入胡同，"里"才是进入，一字之差；祥子虽然不识字，但是语言能力并不差，关键字他"咬"得非常清楚。

有时，一段话中连连出现多个好字眼儿，再加上一些修辞格，这就更加精彩。比方北京的夏天，总有十几天热得让人喘不过气来，干重体力活儿的就更别提了。我们看看老舍先生是怎样描写的（括号中的宋体字是本书作者添加的）：街上的柳树，象病了似的，叶子挂着层灰土（用"挂"不用"有"，写出了灰土之多）在枝上打着卷；枝条一动也懒得动的，无精打采的低垂着。（"懒得动""无精打采"，这是把树当人写，这叫比拟，可以使人感受强烈）马路上一个水点也没有，干巴巴的发着些白光。便道上尘土飞起多高，与天上的灰气联接起来，结成一片毒恶的灰沙阵，烫着行人的脸（"毒恶"二字加重了夏日炎热的可怕。"烫"是夸张，但是合理，夏日的灰沙确实可怕）。处处干燥，处处烫手，处处憋闷（连续三个"处处……"，这是排比，加重了语气），整个的老城象烧透的砖窑，（这是比喻，把老城恶劣气候形容到了极点）使人喘不出气。狗爬在地上吐出红舌头，骡马的鼻孔张得特别的大，小贩们不敢吆喝，柏油路化开；甚至于铺户门前的铜牌也好象要被晒化。街上异常的清静，只有铜铁铺里发出使人焦躁的一些单调的叮叮当当。（先说"清净"，又说"叮叮当当"，一个无声，一个有声，这是反衬，反衬出街道上由于酷热没人走动而静得可怕）拉车的人们，明知不活动便没有饭吃，也懒得去张罗买卖：有的把车放在有些阴凉的地方，支起车棚，坐在车上打盹；有的钻进小茶馆去喝茶；有的根本没拉出车来，而来到街上看看，看看有没有出车的可能（三个"有的……"，分别描写车夫，又一次排比句，把车夫的艰辛尽数展现）。那些拉着买卖的，即使是最漂亮的小伙子，也居然甘于丢脸，不敢再跑，只低着头慢慢的走。每一个井台都成了他们的救星，不管刚拉了几步，见井就奔过去；赶不上新汲的水，便和驴马们同在水槽里灌一大气（一般说"喝"，这里用"灌"，说明闷热天气之下车夫的劳作有多么大的消耗）。

四、用词紧靠人物身份

俗语说：量体裁衣，对症下药。语言中的字词千千万，可不是随随便便都能用的。要用得合适、恰当，首先要看人物和场景。词本身没有好坏高低，全看怎样调动。仿佛穿衣，要讲究人物、体型、场合等等。

《骆驼祥子》中的刘四爷是个土混混出身，处处算计，绝不吃亏，发现女儿打算嫁给车夫祥子，刘四爷的想法是：自己奔波了一辈子，打过群架，跪过铁索，临完教个乡下脑袋连女儿带产业全搬了走？没那个便宜事！就是有，也甭想由刘四这儿得到！刘四自幼便是放屁崩坑儿的人！连放屁这么个排泄废气的生理现象都要利用，读者可以想见刘四爷的吝啬与手段了。刘四爷的女儿虎妞要嫁给祥子，她反抗父亲在她婚事上的专横，又不愿放弃父亲财产的继承。婚后不久，她发现父亲"消失"了，自己不可能从父亲那里得到一分钱，于是哭肿了眼睛，感慨自己嫁给祥子是我这一宝押错了地方。虎妞不是一般家庭的女子，父亲早年是开赌局的，押宝是她从小就熟知的赌博方式。用此来形容虎妞的心情就非常合乎身份。

话剧《茶馆》第三幕描写20世纪40年代末物价飞涨，老茶馆难以维系。来了顾客，茶馆掌柜只能很不礼貌地要求顾客"茶钱先付"，因为很可能在喝茶过程中又有物价上涨，茶钱先付可以避免大家尴尬。老掌柜说出了这样的话之后，自我感叹道："茶钱先付"啊，说着都烫嘴啊！这是向顾客道歉，也是表示自己的无奈。"烫嘴"合乎茶馆掌柜的身份，温度太高的茶水是会烫嘴的。如果是开车厂子的刘四爷这样说话，就很不合乎情理了。

《四世同堂》的祁瑞丰虽是个极其浅薄的小汉奸，其实并无政治主张，不会思考问题，是典型的城市文化糟粕人物。与其说他认贼作父不如说是认钱为父。他通过老婆娘家人在伪政府牟取了个科长职位还对外炫耀。这本是不能向外宣扬的，可是浅薄的瑞丰不懂基本道理和人情世故，向其他汉奸介绍活动细节。书中形容瑞丰是喂不住粪。这几个字当然读起来让人恶心，可是用到祁瑞丰这种小人身上却非常恰当。

五、人名可不简单

谈及人名，人们常表现出一种宽松豁达，说那不过就是个符号，与人生命运并无什么关联。话虽如此，可是给人起个名字实在不是简单的事。现代社会教育普及，男女平等，常常是小孩子还没有降生，父母、祖父母、外祖父母一干人等已经为此大伤脑筋，翻了不知多少遍《新华字典》等。在优秀的文学作品中，我们也常常见到精彩的耐人回味的人名。且看《红楼梦》几个人名实例。

《红楼梦》是名著，是皇皇巨著，很多细节看似平常，其实都是作者的匠心所在，必须仔细回味才能体会出作者的良苦用心。单说书中人名，几百号人，围绕着贾史王薛四大家族，各有特色。书的中心线贾家，男子都要按辈分排序，比如贾宝玉这一辈，从"玉"字，如贾珍、贾琏、贾环等等。"玉"字的上一辈从"文"，如贾政、贾赦、贾敬；"玉"字的下一辈从"草"，如贾蓉、贾芹、贾兰。书中女子不参加这个辈分排字；可是这使得女子名字更难安排，更考验作者水平。贾家四个女孩子的名字分别是元春、迎春、惜春、探春。也有人说这四个名字与"原应叹息"谐音，我们且不论。单就字面上看就很有特色："元"是万物开端，"元春"就是春天到了，接下来自然是迎接，"迎春"；迎来了就要探访，"探春"；最后是惜别，"惜春"。

立意好，雅致，大气，上口，写起来也容易；而且绝对不用生僻怪字，都是常见字。这就是大户世家了：讲求规矩，讲求对称，四平八稳，不求怪异。

《红楼梦》不但主人姓名构造讲究，就是仆人的姓名也要显出世家门风。我们看看众丫头的名字就能感受作者的苦心了。书中元春、迎春、惜春、探春四位小姐，各有一名贴身的丫头：抱琴、司棋、侍书、入画。"琴、棋、书、画"四个名词，表示文人最为雅致的消遣和技能。前面的"抱、司、侍、入"是四个动词，表示动作。动词在前，名词在后，语法上叫作动宾结构。"抱琴""司棋""侍书""入画"四个丫鬟的名字，四个动宾结构，是文人的四件"标配"。它们并列起来，实在文雅至极。小说中薛姨妈的丫头就叫"同喜、同贵"，也很不错，很适合薛姨妈商户人家的身份。

再看贾府中地位最高的老太太贾母。她老人家身边丫鬟成群，给我们印象最深的当然是鸳鸯，其次还有珍珠、琥珀、翡翠、玻璃等等。前面"抱琴"等四名丫鬟的名字是高度对称的；而贾母这里似乎不再对称：鸳鸯是象征吉祥如意的水鸟，珍珠是珍贵的海产品，琥珀没有千万年的时间是不能形成的，翡翠是贵重的玉石；偏偏玻璃是很便宜的，门窗上到处都有，绝非珍贵之物。其实贾母这里几名丫鬟的名字同样是对称的，只是我们错误地用今天"玻璃"的词义去理解了。何为"玻"何为"璃"，显然无法从汉语自身来解释。"玻璃"其实是外来词，汉字的写法有多种，如"玻璃、玻瓈、婆梨、颇梨、颇黎、颇胝、颇胝迦、婆致迦"等。一般认为，"玻璃"来自印度梵语的"sphatika"，也有专家认为是波斯语言的"phatika"。"玻璃"在汉语中有两个意思，一个是现在大家通用的，如"玻璃杯""玻璃板"中的"玻璃"，这是人工以细沙、石灰石、盐类物质混合高温熔炼后经冷却制成的。另一意思是指天然的玉石，有人以为就是水晶。李时珍在《本草纲目·卷八金石部》说"其莹如水，其坚如玉，故名水玉，与水精同名"。"水精"即"水晶"的另一个写法。关于玻璃的外来文化背景，古文献中多有提及。晋代学者郭璞的《玄中记》中有大秦国有五色颇黎，红色最贵。宋代李昉的《太平御览·卷七百九十五》中有贞观十七年，佛菻王波多力遣使献赤颇黎、绿颇黎、石绿、金精等物。这里"佛菻"即"大秦"，即东罗马帝国。

《红楼梦》老太太贾母身边的丫鬟名称多带富贵气。这个"玻璃"应该理解为天然玉石，即水晶，而不应该是今天通常意义上的工业玻璃。下面的例子有助于我们理解"玻璃"和"水晶"的关系。《红楼梦》第四十五回"金兰契互剖金兰语 风雨夕闷制风雨词"大观园众姐妹商议成立诗社，邀请凤姐来当个监督，凤姐看破大家无非是找她要钱，众人惊讶凤姐的精明，大嫂子李纨笑道真真你是个水晶心肝玻璃人。这句话字面的意思是王熙凤很厉害，从里到外都是像玻璃般透亮的，能看穿各种迷惑她的手段。"心肝"既然是水晶的，怎么人是工业玻璃呢？说不通。李纨这句话里的"玻璃"和"水晶"其实是同物不同名，为避免重复，故意用了两个不同的词。

顺带补充一句，我们不能说《红楼梦》里没有今天通行意义的"玻璃"。第三回"托内兄如海荐西宾 接外孙贾母惜孤女"中有：大紫檀雕螭案上，设着三尺来高青绿古铜鼎，悬着待漏随朝墨龙大画，一边是鏨金彝，一边是玻璃盆。地下两溜十六张楠木交椅。这里的"玻璃盆"①就是今天的玻璃。人民文学出版社1972年版《红楼梦》在这里的注释是当时玻璃器皿来自国外，所以非常昂贵，摆在贾政住的"荣禧堂"是合乎规矩和身份的。第七回"送宫花贾琏戏熙凤 宴宁府宝玉会秦钟"有：那周瑞家的又和智能儿劳叨了一会，便往凤姐儿处来。穿夹道从李纨后窗下过，隔着玻璃窗户，见李纨在炕上歪着睡觉呢，遂越过西花墙，出西角门进入凤姐院中。这个当然就是今天的玻璃窗了。一个多世纪后，写于咸丰同治年间的《儿女英雄传》第十五回"酒合欢义结邓九公 话投机演说十三妹"描写山东农村殷实富户邓九公，家里也用上了玻璃：那房子是小小的五间，也都安着大

---

① "玻璃盆"，有的版本做"玻璃盉"，"盉"字上"台"下"皿"，音hǎi，是古代盛酒的器皿。

玻璃。一进屋门，堂屋三间通连，东西两进间。

六、幽默不是耍贫嘴

幽默是很难达到的境界，幽默不等于话多。北京话有个词叫"话痨"，就是讥讽那些说话太多唠唠叨叨的人。他们不是幽默的。幽默也不等于耍贫嘴，哗众取宠。幽默是经得住反复咀嚼的，它给人们带来欢笑，又留下许久的深思。它机智，聪明，风趣，但绝不浅薄。老舍《四世同堂》对汉奸蓝东阳的生活是这样描述的：鼻眼扯动了一大阵，他忽然的下了床……下了床，他披上了长袍，又点上一支烟。香烟点好，他感觉得生活恰好与昨晚就寝时联接到一块——吸着烟就寝，吸着烟起床，中间并无空隙，所以用不着刷牙漱口洗脸等等麻烦。把刷牙洗脸这些日常生活的常规项目视为"麻烦"，此人的慵懒、肮脏、龌龊无可附加，对这可笑的生活细节描写其实也是对汉奸人生的鞭笞。书中另个汉奸冠晓荷，他在生活细节上的讲究是无可挑剔的。他性格的特点是谄媚和怯懦。他四处奔走想从日本人那里谋个一官半职，但是：对日本的重要军人，他一个也不认识。他很费力的记住了十来个什么香月，大角，板垣，与这个郎，那个田，而且把报纸上记载的他们的行动随时在他的口中"再版"，可是他自己晓得他们与他和老虎与他距离得一样的远。最后半句是个辛辣的讽刺，让我们感到汉奸的可笑可鄙，还有可怜。

《骆驼祥子》中，洋车是全书最重要的道具，车厂子是关键背景，书中描写祥子打交道的车厂子是：刘四爷打外，虎妞打内，父女把人和车厂治理得铁桶一般。人和厂成了洋车界的权威，刘家父女的办法常常在车夫与车主的口上，如读书人的引经据典。洋车租赁的行规与读书人的引经据典，二者相差太大，作者巧妙地将其连在一处，风趣而贴切。

《茶馆》是老舍先生的代表作，堪称北京方言话剧的代表作。迄今为止，我们还未见北京以外的艺术团体上演此剧。剧中刻画了清末民初老北京各色人等。算命先生"唐铁嘴"嗜毒成瘾，无法自拔，步步加重。他与剧中茶馆王掌柜有一次精彩对白：

唐铁嘴：我现在已然不抽大烟了。
王掌柜：哦，那你可真要发财了。
唐铁嘴：我改抽白面儿了。你瞧啊，这哈德门烟啊，是又长又松，这么一磕打就空出大半截，正好儿装"白面儿"啊。哎呀，大英帝国的烟啊，日本的"白面儿"，两大强国伺候着我一个人儿，这福气还小吗？

借用相声术语来描述，这里是连续的"包袱"。先说不再抽大烟，这当然是往好的方面发展，没料到跟着就来了一句"改抽白面儿了"。"白面儿"就是海洛因，毒性要大大超过大烟（鸦片），事情不但没有往好的方面走，反而加剧，这出乎听众意料。再往下两大强国伺候着我一个人儿，把吸毒说成两大强国伺候，自我麻醉、掩饰加嘲讽，笑声中又带出几分酸楚。

七、雅俗共现

提及老舍先生，提及北京作家的作品，有个很不准确的说法就是"土"，好像北京作家的作品只知使用老北京俏皮话儿来逗乐儿。且不论这样的说法在文学上是不成立的，单就语言形式说也是误解。老舍先生和各位北京文学作家的作品当然要使用不少北京口语形式，但是并非满纸都是"您吃啦"这类北京口语问候语。我们看《四世同堂》的一段：

祁老太爷的生日是八月十三。口中不说，老人的心里却盼望着这一天将与往年的这一天同样的热闹。每年，过了生日便紧跟着过节，即使他正有点小小的不舒服，他也必定挣扎着表示出欢喜与兴奋。在六十岁以后，生日与秋节的联合祝贺几乎成为他的宗教仪式——在这天，他须穿出最心爱的衣服；他须在事前预备好许多小红纸包，包好最近铸出的银角子，分给向他祝寿的小儿；他须极和善的询问亲友们的生活近况，而后按照着他的生活经验逐一的给予鼓励或规劝；他须留神观察，教每一位客人都吃饱，并且捡出他所不大喜欢的瓜果或点心给儿童们拿了走。他是老寿星，所以必须作到老寿星所应有的一切慈善，客气，宽大，好免得教客人们因有所不满而暗中抱怨，以致损了他的寿数。

全段300字，使用了"却、便、即使、必定、表示、几乎、成为、宗教仪式、须（4次）、极、询问、近况、而后、注意、给予、规劝、观察、并且、所、所以、必须、应有的、一切、有所、而、以致"26个书面语中的连词、助词、副词、名词、动词，其中仅连词就有9个之多。整段话与人们印象中所谓"老北京"全然不同，是典型的色彩浓厚的书面语。再看以下三句：

①自己的车，当然格外小心，可是他看看自己，再看看自己的车，就觉得有些不是味儿，假若不快跑的话。
②难道绕来绕去，绕到磨石口来了吗？这是什么战略——假使这群只会跑路与抢劫的兵也会有战略——他不晓得。
③大概的他觉出是顺着大路走呢；方向，地点，都有些茫然。

这三句加下画线部分的位置都有点儿不太合乎一般的习惯。①中"假若……"最好挪到"就觉得……"之前，现在这样把假设的情况往后放。②中两个破折号当中插入的这段，也应该往前挪，放在句子之首。③"大概的"最好放在"他"之后而不是之前。三句中的这些不太合乎常规的顺序，其实都有点像英语。这很可能是因为老舍长期在英国生活，又非常欣赏19世纪狄更斯的文学风格。

我们再看看老舍先生语言的另一面。《骆驼祥子》中"老北京"虎妞是怎样应对祥子的。祥子有三十块钱压在了虎妞父亲刘四爷手中，准备买车用的。祥子打算提前取出，虎妞的回答是：

> （ ）老头子手里呢；（ ）丢不了，甭害怕；你还别跟他要（ ），你知道他的脾气？（ ）够买车的数儿，你再要（ ），（ ）一个小子儿也短不了你的；现在要（ ），他要不骂出你的魂来才怪！他对你不错！（ ）丢不了，（ ）短一个我赔你俩！你个乡下脑颏！别让我损你啦！

这一组是地道的北京口语，全段100字，没有一句不提钱，可是没有一句带出"钱"字：散文家所谓"形散神不散"在表现得再充分没有了。虎妞采取的是软硬两手：叙述与质疑，恫吓与安抚，承诺与讥讽。面对如此犀利的来回反转的一脚天上一脚地下的语言攻势，祥子只能败下阵来。占理的祥子为要回自己的钱反而沦为无理取闹；霸住人家的钱财拒不归还的刘家父女反而成了够朋友讲义气。引文中的括号是本书作者添加的；如果非要把"钱"字补足，就需要把它们放到这些括号中。可是如此一来，就完全不是北京口语，更谈不上语言艺术了。

对比以上这些书面的甚至是欧化的表达方式和地道的老北京口语，作品在"雅"和"俗"之间从容切换，我们可以充分感受到老舍先生对家乡方言的把握，感受到语言艺术的魅力。

八、巧用语法

前面我们已经说过，语法一点儿不神秘、不空虚，而是落在实处的。这里再从表达效果上说说文学大师们是怎样调动语法元素来增加表达效果、提高作品魅力的。

从语法上分析，动词是可以重叠使用的。重叠不重叠在意思上差很多。"出去走走""让我听听""您等等他"，这些动词的重叠形式都有这样一个意思：动作的时间不长，量不大。"出去走走"意思是很快就会回来；"让我听听"不能一听就是好几个钟头；"您等等他"意思是不用很长时间等候他就会出现。利用动词重叠来表达意义，这就是语法上的调动。我们来看文学作品中的实例。

请看《红楼梦》第十三、第十四回"王熙凤协理宁国府"。这两回的故事背景是宁国府宁国公继承者贾珍，因儿媳秦可卿去世而悲痛不已。但是他的表现有点失常，如花大笔钱给儿子贾蓉买官位，又买下极其贵重的棺木，这些出格的举动都是为了丧礼的体面，连贾政看了都觉得过分。贾珍妻子尤氏旧病复发（不知是真病了还是故意撂挑子），府中出了丧事原本就乱，管家主妇尤氏因病不能到岗，府上大小事务竟然无人管理，以致出了很多乱子。贾珍为此烦恼不堪又没有好法子。此时贾宝玉向他建议，把荣国府管理家务的实权人物王熙凤请来相助。贾珍于是恳请荣国府两位婶子邢王二夫人同意凤姐来宁国府协理家务。邢夫人是王熙凤的婆婆，但是根本管不了儿媳，就将此事推给了王夫人。王夫人是凤姐娘家的姑姑，是荣国府真正实力人物。贾珍说："屈尊大妹妹一个月，在这里料理料理。"这是第一个重叠式。王夫人担心凤姐应付不了，就说她年轻没有经验。这是要推掉此事；可是王熙凤最喜欢炫耀自己超群，觉得这正是展示才干的好机会，于是就劝王夫人放宽心："不过是里头照管照管，便是我有不知道的，问问太太就是了。"这是重叠式之二之三。贾珍看事情有望，立刻接过话说"横竖要求大妹妹辛苦辛苦"。这是重叠式之四。王夫人见状，只好松口对凤姐说"你就照看照看罢了"，这是重叠式之五。短短的会话，五次使用动词重叠式。

于是，问题就出现了：曹雪芹为什么如此偏爱动词重叠式呢？这样密集的重叠式又能有怎样的表达效果呢？

常识告诉我们，管理上上下下几百口人的一座国公府，还是在丧事期间，需迎来送往、看管财物、顾及礼数、明确职责、防火防盗，不知有多少大事琐事烦心事。正因为事情难做，所以贾珍要请个厉害的有能力的角色来主持。他为了能把王熙凤请来，就故意掩饰困难。在语言上，他用了重叠式，请大妹妹"料理料理"；遇到王夫人婉拒，就连忙说大妹妹小时候"顽笑着就有杀伐决断"的能力，加上这些年在荣国府的历练，完全可以应对这点事情。这里，如果不用重叠式，说"请大妹妹前来料理"，口气就重了很多，更难获得王夫人的批准。其实双方都清楚：如果真是简单"料理料理"就能办好，贾珍还有必要在宝玉的提醒下拄着拐杖抱着病体亲来邀请"大妹妹"吗？王熙凤此人，用书中的话说是"最喜欢揽事办，好卖弄才干"，"巴不得遇见这事"，只是她自己不便开口明说。听到王夫人不愿意而贾珍又坚持邀请，她就赶快顺着贾珍的口气轻松地把这件繁难之事说成"不过是里头照管照管"。这种表示动作时间短的重叠式与副词"不过"搭配在一起，更有一种大事化小的效果。精明的王熙凤又赶快安慰并讨好自己的顶头上司、姑妈兼婶娘的王夫人："便是我有不知道的，问问太太就是了。"这里不用"问"，而用"问问"，意思是没有多少大事，并不需要反复问多次问，些许小事，简单地问一下就可以解决。贾珍立刻抓住时机："也管不得许多了，横竖要求大妹妹辛苦辛苦。""横竖"就是"反正"，有"不管怎样""无论如何"的意思，但是后面不说"辛苦一场""辛苦一番"，而是一个重叠式"辛苦辛苦"，意思是要请凤姐只是辛苦一点儿，一点儿而已。王夫人不好再阻拦，何况贾珍也是真情相邀，凤姐又确有能力，于是就顺势说"你哥哥既这么说，你就照看照看罢了"。注意：王夫人在书中话虽不多但要言不烦，开口就能切中要害，并非如贾母所说的"可怜见的，不大说话，和木头似的"。她没有重复凤姐的"照管"而是换了轻松的"照看"。一字之差，责任就轻了许多。什么是"照看照看"？为什么不说"照管"？注意后面的"罢了"："罢了"是"不过如此"的意思，这个词适用于较轻松、代价较小的事情，如"只是几毛钱罢了"。王夫人的"罢了"与重叠式"照看照看"紧紧相连。这个话也有为凤姐减轻压力开脱责任的意思，用心良苦，措辞周全。于是，几个回合下来，"王熙凤协理宁国府"一事迅速敲定。

三人当然是各有用心，但在表达上手法一致：频繁使用重叠式。为什么？因为三人基本用意都是要将大事化小，而动词重叠式就是表示动作时间不长，刚好适合他们的需要。贾珍为请动凤姐就有意把事情说小，凤姐愿意接受邀请又怕王夫人担心，也要有意把事情轻描淡写，最后王夫人预留余地，也就顺着凤姐的话把事情定位在"照看照看"。从整段话来看，作者并没有直接使用表示轻松的形容词，也没有表示动作量不大的"一下""一点儿"等，更没有安排人物说"帮我料理也用不了你多少工夫""我一定能做好"一类的过于直白的话。这里使用动词重叠式，委婉、得体、自然，人物关系更加清晰。请看《红楼梦》第十三回"王熙凤协理宁国府"节选：

> 可巧这日非正经日期，亲友来的少，里面不过几位近亲堂客，邢夫人，王夫人，凤姐并合族中的内眷陪坐。闻人报："大爷进来了。"唬的众婆娘唿的一声，往后藏之不迭，独凤姐款款站了起来。贾珍此时也有些病症在身，二则过于悲痛了，因拄个拐踱了进来。邢夫人等因说道："你身上不好，又连日事多，该歇歇才是，又进来做什么？"贾珍一面扶拐，扎挣着要蹲身跪下请安道乏。邢夫人等忙叫宝玉搀住，命人挪椅子来与他坐。贾珍断不肯坐，因勉强赔笑道："侄儿进来有一件事要求二位婶子并大妹妹。……婶子自然知道，如今孙子媳妇没了，侄儿媳妇偏又病倒，我看里头着实不成个体统。怎么屈尊大妹妹一个月，在这里料理料理，我就放心了。"……王夫人忙道："他一个小孩子家，何曾经过这样事，倘或料理不清，反叫人笑话，倒是再烦别人好。"……王夫人心中怕的是凤姐儿未经过丧事，怕她料理不清，惹人耻笑。今见贾珍苦苦的说到这步田地，心中已活了几分，却又眼看着凤姐出神。那凤姐素日最喜揽事办，好卖弄才干，虽然当家妥当，也因未办过婚丧大事，恐人还不伏，巴不得遇见这事。今见贾珍如此一来，她心中早已欢

喜。先见王夫人不允，后见贾珍说的情真，王夫人有活动之意，便向王夫人道："大哥哥说的这么恳切，太太就依了罢。"王夫人悄悄的道："你可能么？"凤姐道："有什么不能的。外面的大事已经大哥哥料理清了，不过是里头照管照管，便是我有不知道的，问问太太就是了。"王夫人见说的有理，便不作声。贾珍见凤姐允了，又赔笑道："也管不得许多了，横竖要求大妹妹辛苦辛苦。我这里先与妹妹行礼，等事完了，我再到那府里去谢。"说着就作揖下去，凤姐儿还礼不迭。

贾珍便忙向袖中取了宁国府对牌出来，命宝玉送与凤姐，又说："妹妹爱怎样就怎样，要什么只管拿这个取去，也不必问我。只求别存心替我省钱，只要好看为上；二则也要同那府里一样待人才好，不要存心怕人抱怨。只这两件外，我再没不放心的了。"凤姐不敢就接牌，只看着王夫人。王夫人道："你哥哥既这么说，你就照看照看罢了。只是别自作主意，有了事，打发人问你哥哥、嫂子要紧。"

第四节　北京市民生活的真实写照

优秀的文学作品是源于社会生活的，是表现时代脉搏的。很多与社会重大问题相关的民生细节，我们往往在优秀的文学作品中都能找到。这些线索对我们深入了解、认识社会，深入理解社会发展的历史发展规律具有很好的启发作用。

一、豆汁儿的辛酸

今天众多回忆老北京生活画面的文字，常常提到北京特色极为浓厚的小吃——豆汁儿。写豆汁儿，多集中于它独特的味觉感受、受欢迎的程度、小贩厨艺的精湛、食用时的讲究等。在这种不乏诗意的怀旧氛围之中，喝豆汁似乎只是充满快感的美食享受，再无其他。然而对于旧时代北京市民来说，喝豆汁儿究竟意味着什么，是用它那种酸中带腐的特殊味道在大鱼大肉吃腻了之后来调换口味，还是凭借它的低价位勉强度日呢？我们且看旧北京出生、旧北京成长的老舍先生在自传体小说《正红旗下》对自己家乡这个风味食品的功能是怎样叙述的：

> ①最后，二姐搭讪着说了话："奶奶！还钱吧，心里舒服！这个月，头绳、锭儿粉、梳头油，咱们都不用买！咱们娘儿俩多给灶王爷磕几个头，告诉他老人家：以后只给他上一炷香，省点香火！"母亲叹了口气："唉！叫灶王爷受委屈，于心不忍哪！""咱们也苦着点，灶王爷不是就不会挑眼了吗？"二姐提出具体的意见："咱们多端点豆汁儿，少吃点硬的；多吃点小葱拌豆腐，少吃点炒菜，不就能省下不少吗？""二姐，你是个明白孩子！"母亲在愁苦之中得到一点儿安慰。

这段话的背景是：母亲刚刚领回八旗兵的基本生活费，又要还旧债，又要打点下个月的基本生活费用，捉襟见肘；二姐建议优先还旧债，生活开销可以用多喝豆汁儿少吃干粮来降低。豆汁儿竟然是穷人度日的好帮手。

　　②二姐走后，母亲呆呆地看着炕上那一小堆儿钱，不知道怎么花用，才能对付过这一个月去。以她的洗作本领和不怕劳苦的习惯，她常常想去向便宜坊老王掌柜那样的老朋友们说说，给她一点活计，得些收入，就不必一定非喝豆汁儿不可了。

把以上两段合起来看，我们可以想见，穷苦旗兵家的主妇是不会把豆汁儿当成美味的。

　　③那在屋中的苦人们，觉得山墙在摇动，屋瓦被揭开，不知哪一会儿就连房带人一齐被刮到什么地方去。风从四面八方吹进来，把一点点暖气都排挤出去，水缸里白天就冻了冰。桌上、炕上，落满了腥臭的灰土，连正在熬开了的豆汁，也中间翻着白浪，而锅边上是黑黑的一圈。

最后这段描写北京冬春季的大风，令人恐惧的大风。住在深宅大院的富人可以闭门不出，穷人家的破旧房屋四壁漏风，到什么程度呢？老舍先生用熬煮豆汁儿做出了精准的测量。

我们在老舍先生几部代表性作品《骆驼祥子》《四世同堂》《正红旗下》共120余万字中，只找到"豆汁儿"8处，没有一处是带有褒义的，最正面的一例是《正红旗下》：在大钟寺，他喝了豆汁儿，还参加了没白没票的抓彩，得回手指甲大小的一块芝麻糖。这是描述没落的旗人寅吃卯粮，却全无忧虑，依然兴致盎然地逛春节庙会，享乐度日。

当然，没有人怀疑老舍先生的老北京资格，也没有人怀疑老舍先生对豆汁儿等北京小吃的熟悉程度和品味能力。可是读了老舍先生上面几段关于豆汁儿的描写，我们不能不好好想想，旧北京穷人的日子究竟是什么样子。从《正红旗下》的叙述中，我们不难想明白：但凡一家人能上下顿都有窝头吃，他们是不会偏爱那热量低、稀汤寡水的豆汁儿的。老舍先生对豆汁儿全无赞美。从他的回忆散文中我们可以感受到，他的童年少年是在穷苦中煎熬度过的。豆汁儿在今天当然是我们茶余饭后关于旧时代北京的一个很好的谈资，但是老舍先生的这些文学描述更是对旧时代豆汁儿的上乘记录。我们在谈论豆汁儿的饮食特色时，也应该想到豆汁儿还有辛酸的一面。

二、"素泥碎砖"

谈及老北京的住房风格，最常见的一个词是"四合院儿"，仿佛北京人的住房可以跟四合院儿画等号。不错，四合院儿，或者四合房，确实是老北京民居的代表。条件差些的还有"三合房"。可是如果我们以为四合院、四合房子是老北京市民的一般居住场所，如同今天的小区和单元楼一般地普及，那就完全错了。

旧时，北京很多普通市民的居住方式是租房，几户甚至更多人家租住一个院子里的各个房间，即所谓杂院儿。大规模的就是大杂院儿。这里的房屋和各方面生活设施当然很差，到雨季就更加不堪。看看老舍先生《骆驼祥子》里对夏季雨后大杂院里的描写：

> 杂院里的人们并顾不得欣赏这雨后的晴天。小福子屋的后檐墙塌了一块，姐儿三个忙着把炕席揭起来，堵住窟窿。院墙塌了好几处，大家没工夫去管，只顾了收拾自己的屋里：有的台阶太矮，水已灌到屋中，大家七手八脚的拿着簸箕破碗往外淘水。有的倒了山墙，设法去填堵。有的屋顶漏得象个喷壶，把东西全淋湿，忙着往出搬运，放在炉旁去烤，或搁在窗台上去晒。在正下雨的时候，大家躲在那随时

可以塌倒而把他们活埋了的屋中，把命交给了老天；雨后，他们算计着，收拾着，那些损失；虽然大雨过去，一斤粮食也许落一半个铜子，可是他们的损失不是这个所能偿补的。他们花着房钱，可是永远没人来修补房子；除非塌得无法再住人，才来一两个泥水匠，用些素泥碎砖稀松的堵砌上——预备着再塌……

这段描写，对于今天读者来说基本上没有阅读困难。可细看之下还是有问题，就是本小节的标题。"素泥"指什么？权威工具书《汉语大词典》《现代汉语词典》中都没有收录。"素"是本色的意思，不掺杂其他东西的意思（今天管不放肉的菜叫"素菜"，其中"素"就是这个用法）。所谓"素泥"，就是纯粹用黄土加水搅拌成的泥土。与水泥石灰等等相比，素泥是最低价的黏合材料。它跟"碎砖"搭配，对付穷人租住房屋的维修是再合适不过了。素泥加碎砖，效果可想而知，所以老舍先生辛辣地讽刺说这样的维修是"预备着再塌"。

三、睡炕？睡床？

今天已经很少有人再睡炕了。但几十年前，至少在北方农村，炕是最普遍的卧具。炕的好处一是大，二是造价低，三是便于利用做饭时的剩余热量取暖。炕的最大缺点是夏季潮湿。那么，老北京怎样呢？老北京的基本卧具是炕吗？床何时开始取代了炕？这个问题似乎又要到文学作品中去寻求答案。

《红楼梦》中有很多关于炕的细节描写。研究者也往往以此为据，证明作者曹雪芹对北方生活相当熟悉；也有人说是曹雪芹摆出的"迷魂阵"，让人猜不出作品背景地。不管怎么说，我们在书中也可以轻易地找出很多"床"。本书作者粗略统计一下，《红楼梦》全书，包括后四十回，"床"一共167处，"炕"156处，二者接近，"炕"略少。不过事情不能单单以数量决定，还要观察细节。

首先，贾府主人们普遍喜欢的是床。

第三回"托内兄如海荐西宾 接外孙贾母惜孤女"中第一次披露贾宝玉是睡床的：好祖宗，我就在碧纱橱外的床上很妥当，何必又出来闹的老祖宗不得安静。第十九回"情切切良宵花解语 意绵绵静日玉生香"有彼时黛玉自在床上歇午。第四十回"史太君两宴大观园 金鸳鸯三宣牙牌令"，一行人来到薛宝钗卧室：及进了房屋，雪洞一般一色玩器全无。案上只有一个土定瓶中供着数枝菊花，并两部书，茶奁茶杯而已。床上只吊着青纱帐幔，衾褥也十分朴素。来到探春卧室，见到的是卧榻拔步床和葱绿双绣花卉草虫的纱帐。第四十八回"滥情人情误思游艺 慕雅女雅集苦吟诗"大家去看望惜春：说着，真个出来拉了他过藕香榭，至暖香坞中。惜春正乏倦，在床上歪着睡午觉。这些足以说明贾府的年轻主人普遍睡床。

中年人也是一样地睡床。第十三回"秦可卿死封龙禁尉 王熙凤协理宁国府"中，贾珍闹得太不像话，妻子尤氏称病，书中描写是：谁知尤氏正犯了胃疼旧疾，睡在床上。不但中年人，就是老太太贾母也是睡床。第四十回"史太君两宴大观园 金鸳鸯三宣牙牌令"，刘姥姥说：昨儿见了老太太正房配上大箱大柜大桌子大床，果然威武。女主人睡炕的例子也有，极少出现，第七回"送宫花贾琏戏熙凤 宴宁府宝玉会秦钟"有：周瑞家的又和智能儿劳叨了一会，便往凤姐儿处来。穿夹道从李纨后窗下过，隔着玻璃窗户，见李纨在炕上歪着睡觉呢，遂越过西花墙，出西角门进入凤姐院中。不过我们看得出来，李纨这个只是午间的小憩而已，不能算正式就寝。

府中男性主人也是睡床。第二十二回"听曲文宝玉悟禅机 制灯谜贾政悲谶语"，贾环做的谜语是：大哥有角只八个，二哥有角只两根。大哥只在床上坐，二哥爱在房上蹲。谜底中"大哥"是枕头，枕头是在"床上坐"的。第十二回"王熙凤毒设相思局 贾天祥正照风月鉴"可怜又可鄙的贾瑞对凤姐调戏不成反遭其害，过度梦遗而身亡：旁边伏侍贾瑞的众人，只见他先还拿着镜子照，落下来，仍睁开眼拾在手内，末后镜子落下来便不动了。众人上来看看，已没了气，身子底下冰凉渍湿一大摊精，这才忙着穿衣抬床。

再一步，不但主人喜欢睡床，仆人丫鬟们也是一样。

第十九回"情切切良宵花解语　意绵绵静日玉生香"中有这样的情节：少时，宝玉回来，命人去接袭人，只见晴雯躺在床上不动。第四十八回"滥情人情误思游艺　慕雅女雅集苦吟诗"写香菱学诗，这是全书中很精彩的一个情节：各自散后，香菱满心中还是想诗。至晚间对灯出了一回神，至三更以后上床卧下，两眼鳏鳏，直到五更方才朦胧睡去了。第六十二回"憨湘云醉眠芍药茵　呆香菱情解石榴裙"，众人看到芳官在床上犯懒：宝玉听说，便忙回至房中，果见芳官面向里睡在床上。

书中对炕的描写也有不少，但未必是我们几十年前在北方农村见到的土炕。第三回中林黛玉第一次来到贾政王夫人住处，书中写道：临窗大炕上铺着猩红洋毯，正面设着大红金钱蟒靠背，石青金钱蟒引枕，秋香色金钱蟒大条褥，两边设一对梅花式洋漆小几。……老嬷嬷们让黛玉炕上坐，炕沿上却有两个锦褥对设，黛玉度其位次，便不上炕，只向东边椅子上坐了。铺着这样华丽的猩红洋毯，显然是没法子烧炕的。第五十一回"薛小妹新编怀古诗　胡庸医乱用虎狼药"中有这样的话：这难为你想着！他素日又不要汤婆子，咱们那熏笼上暖和，比不得那屋里炕冷，今儿可以不用。可见贾宝玉那里的炕是不能烧的，不是土炕。真正的土炕书中也并非没有，只是不在贾府内。第七十七回"俏丫鬟抱屈夭风流　美优伶斩情归水月"写晴雯只因为长得好看，被王夫人凶狠地逐出贾府，宝玉前去探望，看到晴雯忍不住流泪：宝玉命那婆子在院门瞭哨，他独自掀起草帘进来，一眼就看见晴雯睡在芦席土炕上，幸而衾褥还是旧日铺的。心内不知自己怎么才好，因上来含泪伸手轻轻拉她，悄唤两声。这里一个"土"字，信息量极大，这才是北方农村普通的卧具。

一个世纪后，《儿女英雄传》同样是炕和床并列，但是比例不同，"炕"79处，"床"61处，"炕"多"床"少，这与《红楼梦》是相反的。《红楼梦》"床""炕"比为1.07∶1，《儿女英雄传》"床""炕"比为0.77∶1。《儿女英雄传》中因为有大段的山东农村生活描写，所以内容更加丰富。从全书看，"炕"最集中的出现情节，第一个是第三回"三千里孝子走风尘 一封书义仆托幼主"，老仆人华忠在旅店突发急病：如华忠便在炕上给他道谢。那店主人说："那里的话，好了就是天月二德！"公子就问："你看着，明日上得路了罢？"店主人说："好轻松话！别说上路，等过二十天起了炕，就算好的！"第二个是第四回"丧天害理预泄机谋 末路穷途辛逢侠女"，写安公子路上住店：一个人儿不行，你瞧不得那件头小，分量够一百多斤呢！说着，两个骡夫帮着搭进房来，放在炕上，回手又把衣裳包袱、装钱的鞘马子、吃食篓子、碗包等件拿进来。离开旅店后，安公子又在能仁寺遇到土匪：公子一面答礼，回头看了看，那配殿里原来是三间通连，南北顺山两条大炕，却也实在难住，便同了那和尚往东院而来。第三个是第二十回"何玉凤毁妆全孝道 安龙媒持服报恩情"，写安家父子住在山东茌平邓九公家里：那时虽是十月天气，山风甚寒，屋里已生上火。须臾，点上灯来，那铺盖包袱也都取到。那位姨奶奶又送了些零星吃食来，褚大娘子便都交给人收拾去，等着夜来再要。便让安太太上了炕，又让何、张二位姑娘上去。

虽如此，"床"在当时应该已经普及，就连能仁寺的土匪也未必睡在土炕上，书中描写是：东里间靠西壁子一张木床，挨床靠窗两个杌子。十三妹在寺内听到有哭泣声，她的反应是：侧耳凝神的听了一会，那声音竟是从里间屋里来。他便进到里间，留神向桌子底下以至床下看了一番，连连的摇头纳闷。至于主人公安家，当然也是睡床的，如第二十八回"画堂花烛顷刻生春 宝砚雕弓完成大礼"描写安公子与何玉凤的新婚之夜：张金凤这一走，姑娘这才离开那张床，索性过挨桌子那边坐下了。……说了半日，姑娘却也不着恼，也不嫌烦，只是给你个老不开口。公子被他磨的干转，只得自己劝自己说："这自然也是新娘子的娇羞故态，我不挽他过来，他怎好自己走上床去？"

到20世纪40年代，老舍先生《四世同堂》中描写的北京普通人家卧具是：祁家只有祁老人和天佑的屋里还保留着炕，其余的各屋里都早已随着"改良"与"进步"而拆去，换上了木床或铁床。祁老人喜欢炕，正如同他喜欢狗皮袜头，一方面可以表示出一点自己不喜新厌故的人格，另一方面也是因为老东西确实有它们的好处，不应当一笔抹杀。……天佑太太并不喜欢睡热炕，她之所以保留着它是她准知道孙子们一到三四岁就必被派到祖母屋里来睡，而有一铺炕是非常方便的。炕的面积大，孩子们不容易滚了下去；半夜里也容易照管，不至于受了热或着了凉。由此可见，从炕改床，20世纪30年代是个重要转折。当然也不是一刀切：小说中祁家年轻人已改，中年人想改，老年人不愿意改。代沟因素很明显。另外还有其他原因。同样是30年代，《骆驼祥子》中也有相关描写。祥子与虎妞的新居里还是炕：吃完饭，他躺在了炕上，头枕着手心，眼看着棚顶。同院街坊，小福子家也是炕：小福子屋的后檐墙塌了一块，姐儿三个忙着把炕席揭起来，堵住窟窿。可能因为这里是个大杂院，属于低水平的居住条件，房主不愿意拆掉炕，保留炕有利于出租给底层收入人群。

四、"回水"

估计20世纪80年代以后出生的读者很难看懂题目上的这个词。所谓"回水"，并不是简单地把水放回送回，而是北京居民在严冬季节防止院子中露天的水龙头冻结的基本操作。可以毫不夸张地说，这是几十年前冬季北京胡同平房院儿居民的必备生活能力。须知那时能够住在冬季有暖气供应的单元楼的，还只限于政府机关、大专院校、国有企业等大单位宿舍区的职工及其家属，他们人数不是很少，但毕竟不是北京居民的主体。

刘心武先生写于20世纪80年代的长篇小说《钟鼓楼》中有非常细致的描写：进入冬季以后，为了防止水管冻住，每次放水前，要先把水管附近的表井（安装水表的旱井）盖子打开，然后用一个长叉形的扳子，拧开下面的阀门，然后再放水；接完水后，如果天气尚暖，可暂不管，以便别家相继接水；到了傍晚，或天气甚为寒冷时，则必须"回水"——先用嘴含住放水管管口，用力吹气，把从管口到井下阀门之间的淤水，统统吹尽（使淤水泄入到旱井中），然后，再关上井下闸门，盖上井盖，这样，任凭天气再冷，水管也不会上冻了。这段细节描写之后，小说作者紧接着做了一段更加精彩的说明，说明他为什么要这样近乎琐碎地讲述这个生活细节：对于当今这样用水的成千上万的北京杂院居民来说，这里所讲述的未免多余而琐屑，但是，几十年后的新一代北京居民们呢？如果我们不把今天人们如何生活的真实细节告知他们，他们能够自然而然地知道吗？即如仅仅是六十年前的北京，我们可以估计出来当时许多居民是买水吃的，但那买水的情景究竟如何呢？可以方便查阅到的文字资料实在很少，我们往往需要通过老前辈的口传，才得以知晓其细节的。今天，离刘先生写这段话刚刚过了三十几年，我们已经实实在在地从"80后"北京居民那里感受到了作家这段描写和说明的意义，以及作家在"回水"细节描写中传递出的对生活的敏感和对社会发展的预感。

五、"小厨房儿"

"小厨房儿"这个词很容易引起年轻读者的误解，以为是面积较小的厨房。其实这个词另有所指，口语中也必须带上儿音。刘心武先生的《钟鼓楼》对这个今天已经不太好懂的词做了精细的说明：几乎每家都在原有房屋的前面，盖出了高低、大小、质量不同的小厨房；而所谓"小厨房"，则不过是七十年代以来，北京市民对自盖小屋的一种约定俗成的称谓；它的功用，越到后来，便越超过了厨房的性能，而且有的家庭不断对其翻盖和扩展，有的"小屋"已全然并非厨房，面积竟超过了原有的正屋，但提及时仍说是"小厨房"；因为从规定上说，市民们至今并无在房管部门出租的杂院中自由建造正式住房的权利，但在房管部门无力解决市民住房紧张的情势下，对于北京市民自六十年代末七十年代初掀起的这股建造"小厨房"，并在七十年代末已基本使各个院落达到饱和程度的风潮，也只能是从睁一只眼闭一只眼到心平气和地默许。"小厨房"在北京各类合居院落（即"杂院"，包括由大王府、旧官邸改成的多达几进的"大杂院"和由四合院构成的一般"杂院")雨后春笋般地出现，大大改变了北京旧式院落的社会生态景观。这是我们在想象今天北京的四合院面貌时，万万不能忽略的。我们应该由衷地感谢刘心武先生。如果没有他当年的苦心，恐怕现代北京城市生活历史的记录和研究工作就要出现一个很大的空缺。这两个细节是真正关乎千家万户的。刘心武先生以他辛勤的笔耕使我们避免了片面的文字上的怀旧，也为研究北京方言词汇增添了精彩的一笔。

六、"钢种"

"钢种"是什么？字面上好像是钢的品种或者钢材料，其实这个词的意思与钢并无关系。"钢种"也是北京土话词语，指制造炊具的铝材，普通话里叫"钢精"。钢精锅就是铝锅，北京土话叫"钢种锅"。从20世纪60年代开始，这种铝质的家用炊具餐具锅铲勺等开始进入普通家庭，当时属于新材料，此前多是铁质的。铝质材料重量轻，适合家庭使用。铝资源在当时不很充足，所以80年代北京街头收买废品的都是吆喝"铝锅铝壶的卖"，收购价也大大高于铁质品。刘心武《钟鼓楼》里有：小莲蓬叫着："奶奶！我要吃鱼！"她看见了苫棚里钢种盆中的黄花鱼，不禁有点馋，毕竟那季节鱼很不好买，她家已经好久没有吃到了。小说中使用"钢种"这个词，非常准确地记录了当时北京市民的家庭生活。作者担心读者有困难，特意加了说明：北京人把铝称为"钢种"。"钢种盆"即铝盆。今天大小商场已经很难找到钢种制品了，代之而起的新材料不胜枚举。"钢种"算是一个时代的标记吧。

七、收音机为什么叫"半导体收音机"

不少作品中把"收音机"这个词说成六个字的"半导体收音机"。纯粹从语言上或者逻辑上看，这样做完全没有必要。但是为什么要这样称呼呢？我们看实例：

一九七六年荀磊升入了高中，他要求父亲给他买个袖珍半导体收音机，荀师傅毫不犹豫地给了他钱，让他去买。……荀磊每天用那收音机听英语广播。

儿子屋里有电视，却不欢迎他去看，嫌他身上有味儿，只给了他一个早该淘汰的小半导体收音机，电池还得他自己掏钱买。

这位记者同志带着一台牡丹牌小型半导体收音机。一九六六年夏天，伊犁地区还很少有半导体收音机，我们公社更是从来没见过。……他把半导体翻转过来，然后把收音机背面的塑料壳子取了下来……

前两段出自刘心武的长篇小说《钟鼓楼》，第三段出自王蒙的小说《虚掩的土屋小院》。他们这个语言习惯显然是20世纪60年代以来形成的。在此之前，北京普通居民很少有人见过，更谈不上用过半导体收音机。一般用的是电子管收音机。"电子管"是专业术语，普通百姓称它为"管儿"，儿音不可缺。相关的工厂叫"电子管儿厂"。更土一点儿的名字是"灯儿"，收音机有几个电子管就叫几个灯儿的，最常见的是五管机，就是"五个灯儿"的。电子管收音机功耗大，工作时间长了连机箱都有点儿变热，电子管也容易损坏。更麻烦的是它必须连接有线电源，又很沉，无法随身携带。到60年代中期，晶体管收音机，也就是半导体收音机问世了。它体积小、重量轻，用干电池做电源，便于携带，于是人们就把这种新型的收音机叫"半导体收音机"。虽然字数较多，但因为是新事物，好看好用又漂亮，当然也很贵，人们不在乎多说几个字来强调。一台上海产九管半导体收音机要150元，这是普通人两三个月的工资，远超过今天购买手机的经济压力。"半导体收音机"这个词最后还是被简化为"收音机"，因为电子管收音机已经退出市场退出家用。这让我们想起"机器切面"和"电气冰箱"。最初，切面都是手工的，出现了机器制作的，才有"机器切面"；最初，冰箱用的是天然冰块，用电制冷的冰箱就叫"电气冰箱"或"电冰箱"。要经过一段时间的使用，才会简化为"收音机""切面""冰箱"。

八、"话匣子"到底是什么？

由收音机，我们自然想到一个老词儿"话匣子"。直到今天，北京话里还是有"话匣子"这个词，借指说话太多的人。"话匣子打开了"意思是某人要开始大段讲话了。"话匣子"，本义是什么？字典里一般的解释是"留声机"，也可以指收音机。我们知道，这两样东西工作原理完全不同。在北京话里，它们孰先孰后呢？文学作品可以帮助我们寻找答案。

本书作者找到的关于留声机的材料，最早的是老舍先生写于1933年的《离婚》：在家里，一切都守旧，拘束，虽然父亲给预备下新留声机片，可是不准跳舞；连买双皮鞋都得闹一场气。稍晚一些，1936年发表的《骆驼祥子》中也有"留声机"的描述。刘四爷要过七十大寿，借来留声机热闹一下。小说原话是：刘四爷没答碴儿，想了想："话匣子呢？唱唱！"不知道由哪里借来的破留声机，每一个声音都象踩了猫尾巴那么叫得钻心！刘四爷倒不在乎，只要有点声响就好。这个描写实在精准。刘四爷口中说的是"话匣子"，正宗的老北京话，作者叙述却与之拉开距离，用"留声机"。不但有正面直接的描写，书中还把留声机用来做比喻：高妈的话很象留声机片，是转着圆圈说的，把大家都说在里边，而没有起承转合的痕迹。《骆驼祥子》中没有关于收音机的描写。到40年代《四世同堂》里，留声机和收音机都出现了。书中很清楚地告诉读者，当时底层的市民是买不起收音机的，如拉洋车的、剃头的等。而留声机却可以用来谋生：在给他选择个职业的时候，外婆很费了一番思索；结果是给他买了一架旧留声机和一两打旧唱片子，教他到后半天出去转一转街。长顺非常喜欢这个营业，因为他自己喜欢唱戏。他的营业也就是消遣。他把自己所有的唱片上的戏词与腔调都能唱上来。遇到片子残破，中间断了一点的时候，他会自己用嘴哼唧着给补充上。书中描写的这个播放唱片的生意在旧北京一度很受欢迎，收费不高，唱片内容也比较丰富，尤其京剧唱片，包括余叔岩、梅兰芳等级演员的演唱，由著名的百代公司发行。但是这个播放唱片的生意，到日本侵略占领北京时受到很大威胁，因为日本侵略者为便于控制：勒令每一个院子要买一架日本造的，四个灯的，只能收本市与冀东的收音机。冠家首先遵命，昼夜的开着机器，冀东的播音节目比北平的迟一个多钟头，所以一直到夜里十二点，冠家还锣鼓喧天的响着。六号院里，小文安了一架，专为听广播京戏。这两架机器的响声，前后夹攻着祁家，吵得瑞宣时常的咒骂。这里"冀东"指日寇扶持的汉奸傀儡政权"冀东防共自治政府"，1935年由殷汝耕等人所成立，以通州为政府所在地，后迁往唐山。收音机被广泛使用，而且有大量的京剧内容，播放京剧唱片的生意就难以维持了。

九、为什么一顿饭能吃十二两？九十六是个整数儿吗？

《骆驼祥子》中有个情节，今天的读者不容易看懂。祥子婚后一直为不能外出拉车而苦恼，他成了被虎妞养活的闲人。他终于开始反抗，不打招呼，出去拉车，书中的描写是：天已慢慢长起来，他又转晃了两三趟，才刚到五点来钟。他交了车，在茶馆里又耗了会儿。喝了两壶茶，他觉出饿来，决定在外面吃饱再回家。吃了十二两肉饼，一碗红豆小米粥，一边打着响嗝一边慢慢往家走。拉车当然劳累，必须补足营养。书中描写他吃了十二两肉饼。为什么是十二两这样一个零碎的数字？祥子的饭量是不是太大了？其实小说描写的是20世纪30年代的北京，那时一斤为十六两，所以十二两其实是一斤的四分之三，并不是零碎的量。折合计算就是今天的七两五。祥子这样的车夫，奔跑了一天，这顿晚饭并不为多。

书中还有个情节也不能忽视。祥子用三年的辛苦和积攒，终于买上了自己的车。买车交易是这样的：祥子的脸通红，手哆嗦着，拍出九十六块钱来："我要这辆车！"铺主打算挤到个整数，说了不知多少话，把他的车拉出去又拉进来，支开棚子，又放下，按按喇叭，每一个动作都伴着一大串最好的形容词；最后还在钢轮条上踢了两脚，"听听声儿吧，铃铛似的！拉去吧，你就是把车拉碎了，要是钢条软了一根，你拿回来，把它摔在我脸上！一百块，少一分咱们吹！"祥子把钱又数了一遍："我要这辆车，九十六！"按照今天的常理，铺主要价一百块钱完全是可以理解的，凑个整数儿不为过：你已经拿出了九十六块钱，还在乎这四块钱吗？但是，我们也要理解祥子坚持九十六块钱并非无理取闹或过于吝啬。须知96是16的整数倍，当时柴米油盐的重量单位换算是16两=1斤，所以很多商品价格都定在16及其整数倍上，这样便于买卖双方计算。祥子的道理是：96是最接近整数100的16的整数倍，又是非常合理且有利于自己的价位。

第八章

结　语

限于本书的篇幅，更限于作者在学识和生活经验上的欠缺，以上各章至多是对书的题目做些举例说明而已。加之内容庞杂，线索也不容易厘清。虽然如此，从以上各个章节的例证和分析中，我们还是可以总括出下几点作为全书结语，希望对于认识北京方言和北京城市文化提供一些参考。

第一节 语言是一面极好的镜子

我们把语言比喻为镜子，意思是通过语言形式，人们可以很好地观察、了解、认识社会和人们自身。俗语说，当事者迷，旁观者清。在快节奏的现代社会生活中，我们很难作为旁观者去冷静地分析、认识自己和所在的社会。因此，通过语言形式及其演变来认识自己、认识社会，就仿佛通过镜子观察自己的容貌体态。我们用"下海"这个词来具体说明一下。

20世纪90年代初期，"下海"一词的使用频率较高，频频见于媒体。所谓"下海"，当时是指部分体制内的工作人员，主动放弃终身制有保障的工作，也就是"铁饭碗"，转为正式经商。"下海"之前，他们可能是教师、医生、机关干部、科研人员等，他们利用种种方式暗中经商，获利巨大，比所在工作单位的工资高出很多。最终，种种因素综合起来，他们正式离职，正式经商。这种行为为什么非用"下海"来比喻？这是因为"下海"曾有过类似的历史。民国初期，清朝贵族失去权势和生活来源，有些人不得不唱戏维持生活。但是唱戏社会地位很低，他们很难像普通演员那样坦然面对，他们只愿意暗中获取酬金，这个叫作"黑杵"。这样的方式当然不可能持久，拿"黑杵"最终转为了正式唱戏，也就是"下海"。老舍先生《四世同堂》里就有这样的描写：论唱，论做，论扮相，她都有下海的资格。可是，她宁愿意作拿黑杵的票友，而不敢去搭班儿。这里"票友"也是老北京话常见的词，指业余演员，这个词经常是带儿音的。1993年，"教授卖馅饼"是当时的一大新闻，引发热议。这其实就是"下海"的前奏。[1]对这两次"下海"，《现代汉语词典》（第7版）均予以收录并明确解释了词义。"下海"连同"黑杵""倒爷""大款"等，如同镜子，照出了中国由计划经济转向市场经济的一个侧面。

---

[1] 《群言》1993年第5期，《新闻战线》1994年第3期。

第二节　方言分区及差异很大程度上
也是历史文化的分区及差异

方言众多，分歧严重，这是汉语的一大特性。方言分区，当然是语言学问题。可是我们打开汉语方言地图就会发现，学界公认的七大方言区——北方方言、吴方言、湘方言、赣方言、闽方言、粤方言、客家方言，很大程度上也是七个文化区。这从饮食文化上可以看得清清楚楚。老北京素有"南甜北咸、东辣西酸"之说，就是个很好的例证。"南甜"的南，是泛指南方，尤其是江浙一带，也就是吴方言区。这里人们口味偏甜，甚至北方人以为非咸不可的包子馄饨也带着甜味。北，指华北，也就是语言学里北方方言中的一部分——华北次方言区，即冀鲁豫一带。这一带人口味偏咸。西，当然指山西，山西醋天下闻名。唯有"东辣"不好解释。因为今天谈到吃辣，首先想到的是湖南、四川、江西、云贵，在北方就是陕西，怎么说也不是北京以东。其实老北京所谓"东辣"的"辣"并不是指辣椒的辣，而是指山东，尤其胶东一带喜食生葱，生葱属于辛辣口味儿食品。山东章丘大葱极负盛名。大饼就着葱蒜，是北方的美食，尤其受体力劳动者欢迎。《儿女英雄传》中描写山东茌平的车夫脚夫中途休息：每人要了一斤半面的薄饼，有的抹上点子生酱，卷上棵葱；有的就蘸着那黄沙碗里的盐水烂蒜，吃了个满口香甜。山东背景的《金瓶梅》第二十一回"吴月娘扫雪烹茶　应伯爵替花邀酒"里有一句羊角葱靠南墙——越发老辣。

在汉语方言分区上，所谓"北方方言"其实是个超大的概念，从东北的黑龙江，到西南的昆明，都在这个范围。考虑到其内部差异，还要分成西北次方言（山西、陕甘宁、内蒙古新疆青海）、华北东北次方言（冀鲁豫、京津、黑吉辽）、西南次方言（川贵滇桂）、江淮次方言（苏北、皖北、华中）。这样的四个次方言区，与其饮食习惯、气候条件是基本吻合的。

第三节 "老北京"只是相对的

世上万物都是相对的，"老北京"也是如此。何谓"老北京"呢？我们每天在媒体上可以看到大量的怀念老北京生活的文字和图片、视频。我们不难发现，这些怀念性的信息，其内容主要是民国时期和晚清时代。是的，清代是距离今天最近、以北京为首都时间最长的封建朝代，对今天北京方言和文化的影响远超过元、明和其他更早的朝代。民国是中国封建社会以后的首个国家实体，民国时期北京的各个方面与清代相比，都发生了影响深远的变革。这两个历史阶段的北京语言和历史文化具有很大的研究价值。加之现代化的记录手段，如照相摄影等等，在这两个时代已经开始广为应用，所以有关的材料也比较丰富。但历史总是在发展中，我们不应该把"历史""老北京"定格在清代（尤其是晚清）和民国这两个阶段上。

北京方言和文化有今天的规模和影响，与它首都地位是紧密相关的，而全国统一的首都地位自13世纪元代开始。今天北京文化名片之一的"胡同"就是元代蒙古人带入的，关汉卿那一代剧作家首先将"胡同"用于文学创作并且记录了北京当时街道名称里的"砖塔胡同"。砖塔胡同存在了几百年后的17世纪，1644年，中国传统纪年是甲申年，清朝军队才在吴三桂的接应下通过山海关进入北京城。相信那时北京城中明朝官员军民是不会把八旗兵视为老北京，不会把八旗兵的生活习惯视为北京文化的。

1949年中华人民共和国成立，北京城市文化驶上了快速发展的轨道。四十多年前的改革开放，北京作为首都，它的语言和文化又一次发生巨变。相信今天的北京居民，不管是多么老的老北京旗人，也很难再维持对父亲称"阿玛"、对母亲称"奶奶"、对祖母称"太太"、把"去"读成"克"的语言习惯了。老舍先生、梁实秋先生笔下的甜浆粥确实是北京早点的佳品，可还是逐渐被豆浆所取代；豆汁儿当然是老北京的美味，但是三天喝不上就想得慌的人在今天北京全人口中的比例，已经完全可以忽略不计了。20世纪90年代年轻人的时髦儿词语"打的"现在几乎是各个年龄段的通用词语了。近些年来"上网""公交卡""扫微信""刷支付宝"等新词，六七十岁的老同志用起来一点不逊于年轻人。这些词很快将不再属于新词。今天六七十岁的老北京人当然是老北京，可是他们当中谁也没有在老舍先生笔下的那种《茶馆》里讨论过蛐蛐儿蝈蝈的喂养方法，享受过新淘换来的英国造儿鼻烟儿。

总之，我们不应该轻视、忽视清末民初这段特定历史时期的语言文化，但是我们的眼光不应该局限于此。在清末民初之外，北京语言历史文化的研究还大有天地，对任何历史阶段的事物也只有放在整个历史长河中才能有正确的估量和认识。

第四节　过去的未必都是值得继承的

老北京的语言和文化，内容繁杂，几百上千年发展演变至今，大浪淘沙是历史必然。我们不宜简单认定凡是旧时代的都是值得怀念与继承的。今天不少人津津乐道的老北京话，客观地看，它的词语内容中确有不少消极成分。像"没长眼啊、瞎了眼啦、傻眼了、活腻味了、给脸不兜着、蹬鼻子上脸、吃挂落儿、杵窝子、撒鸭子、碎催、嘬瘪子、装"等，真是比比皆是。这些言辞中消极的市井文化的身影，实在与今天现代化都市文化不能相容。作为方言历史材料，应该记录；作为一种语言文化，实在不应沿袭，更不必说提倡。

对老北京的物质生活场景，我们也不应该仅凭一些怀旧情结浓厚、充满诗情画意的文字去简单"复制"。刘心武先生在《钟鼓楼》里描述过一种玩具："吓吓登"——这是一种劣质玻璃做的儿童玩具，呈喇叭形或葫芦形，儿童把类似瓶口的一头含入嘴中，一呼一吸地吹气，因那容器的底部很薄，所以能随气流的冲击"吓吓"作声；当然，这种玩具很容易吹破，对儿童的呼吸道有弊无利，弄不好还会割破儿童的手，所以早已被淘汰。这样的玩具，今天为人父母的，不论怀旧情结多么严重，也绝对不会买回给自己的宝宝玩耍的。

与刘心武先生这个相对温和的描写相比，老舍先生《正红旗下》对旧北京道路的描写，实在是给那些沉浸在怀旧情结中的人送上了一服上好的"清凉剂"：可惜，那时代的道路很坏：甬路很高，有的地方比便道高着三四尺。甬路下面往往就是臭泥塘。若是在甬路上翻了车，坐车的说不定是摔个半死，还是掉在臭泥里面。甬路较比平坦，可也黑土飞扬，只在过皇上的时候才清水泼街，黄土垫道，干净那么三五个钟头。

谈及旧日的居住，今人多沉醉于老北京四合院。是的，那确实令人向往，可是我们不应忽略掉一个简单事实：像《城南旧事》中的"林英子"、《骆驼祥子》中的"曹先生"，这些能独享一套四合院的，毕竟是这个城市的少数人。大部分普通市民是住在大杂院儿的。何为大杂院儿？看看老舍先生《骆驼祥子》的描写：

> 大杂院里有七八户人家，多数的都住着一间房；一间房里有的住着老少七八口。这些人有的拉车，有的作小买卖，有的当巡警，有的当仆人。……炉灰尘土脏水就都倒在院中，没人顾得去打扫，院子当中间儿冻满了冰……春已有了消息，树枝上的鳞苞已显着红肥。但在这个大杂院里，春并不先到枝头上，这里没有一棵花木。在这里，春风先把院中那块冰吹得起了些小麻子坑儿，从秽土中吹出一些腥臊的气味，把鸡毛蒜皮与碎纸吹到墙角，打着小小的旋风。……在冬天，人都躲在屋里，脏东西都冻在冰上；现在，人也出来，东西也显了原形，连碎砖砌的墙都往下落土，似乎预备着到了雨天便塌倒。满院花花绿绿，开着穷恶的花，比冬天要更丑陋着好几倍……

旧日文化中，对今天读者吸引力最大的当数餐饮，这方面的怀旧文字也最多。但是，一旦以清洁卫生为前提，这些旧日美食就必须大打折扣了。我们试举一例——会贤堂"冰碗"。会贤堂是老北京著名餐馆，位于什刹海前海北沿儿，清末民国时期，这里常有达官显贵文人雅士聚会。"冰碗""冰盘"是这里的招牌菜之一。取鲜荷叶，放白莲藕、西瓜、鲜核桃仁、香瓜、莲子、荸荠、菱角等鲜果，加入天然冰块儿。炎炎夏季，如此搭配十分诱人，价格当然不菲。问题是，天然冰的卫生状况实在不堪。梁实秋先生作为亲历者在《雅舍谈吃》里给我们留下了很好的说明：北平的冰是从什刹海或护城河挖取藏在窖内的，冰块里可以看见草皮木屑，泥沙秽物更不能免……食客不嫌其脏，真是不可思议。

该如何对待老北京语言和城市文化，侯宝林、郭启儒二位先生的相声名段《北京话》也许会给我们很好的启发。这个段子通过举例说明北京话不等同于标准普通话，过于土俗的词和不规范的发音不宜使用。他们举出"论"为例。我们知道，老北京话里此字读lìn，但是两位先生并没有不加区分随便把带"论"的词语搬到舞台上，他们的用例是"论斤约"和"你们二位怎么论，是兄弟啊还是叔伯"。稍微了解北京话的就知道，北京有一句"不论秧子"，其中"论"必读lìn才是京味儿。但是这个词欠缺语言文明，已经接近詈词，侯宝林、郭启儒二位先生将其排除。这样，既可以说明北京话与普通话的字音区别，又避开了一个不够文明、不适合在公众场合——舞台上使用的词语。两位先生的做法真是恰到好处，非常得体。

第五节　开放的语言和文化才是具有活力的

语言也好，文化也罢，总是处在不断的发展和变化当中。有时，它们是积极向上的、健康的、充满活力的，有时则相反。一种语言，一种文化，究竟朝哪个方向发展，很大程度上取决于它们的开放程度。历史已经多次证明，保守封闭、拒绝交流的语言文化，就很难持续发展，进而逐步走向退化和萎缩。反之，开放的、积极主动交流的语言文化，会得到充足的发展，不断进步和成长。

语言方面，北京话能有今天这样的活力，与北京城市的高度开放有直接关联。北京在最近一千年中，从一个北部边防区域中心逐步发展为局部政权直到中央政权的中心。在这个过程中，城市规模迅速扩大，人口迅速增加，而且这种增加又是以各地向北京的输入为主，并非本地人口的自然增长。这几个因素综合作用之下，北京本地方言快速发展，逐步形成了与周边河北省多地明显不同的另一种方言。

文化方面也是一样的道理。即以相当发达在全国颇有名气的餐饮行业来说，东兴楼等为代表的饭店行业，从店主原籍到菜肴风味，几乎清一色地是山东背景。今天，涮羊肉和烤鸭堪称北京菜品名片。可是这两样美食都不是北京本地人、本地文化、汉族文化能够独创的。涮羊肉的创意始于元代成吉思汗的行军食品，又经清代几位皇帝的推进逐步成型。徐凌霄（1882—1961）《旧都百话》认为：羊肉锅子，为岁寒时最普通之美味，须于羊肉馆食之。此等吃法，乃北方游牧遗风加以研究进化，而成为特别风味。清末民初，丁德山创建北京东来顺饭馆，主营涮羊肉，将这种吃法发展为北京特有风味儿。丁德山，河北沧州人，回族。早年来京做搬运黄土的苦活儿，后四处挪借本钱，几经挫折，终于开创了北京最为成功的清真饭店。时至今日，"东来顺"涮羊肉真正名闻天下。烤鸭，早在明代北京即有便宜坊烤鸭。到清代，又有后起之秀全聚德烤鸭。后者不断发展不断进步，"全聚德"成了北京烤鸭的代名词，北京烤鸭频频出现在国宴餐桌，成为北京餐饮的超级名牌。全聚德创始人杨全仁，河北冀州人。

在精神文明方面，在北京创作的第一流文学作品当首推《红楼梦》，作者曹雪芹幼年在南京度过。汉语北京方言的现代文学大师老舍先生，满族人。京剧当然具有北京特色，可是老生行当一代宗师谭鑫培，是湖北武汉人。喜连成科班创始人牛子厚，吉林商人。有"鼓王"之称的京韵大鼓创始人刘宝全，河北深县人。

总之，开放地、积极地汲取各地语言文化成分融入，这是北京方言和文化得以发展到今天这个规模和影响力的必要条件。

第六节　北京方言文化会消失吗

语言文化的发展是必然的，只要社会在发展，语言文化就不会静止。在发展过程中，以汉语的方言和各个地区的文化来说，互相大量地接触和影响也是必然的。这种影响究竟有多大，会不会有那么一天，北京的方言和文化消失了？

目前未见哪位专家敢预测这个重大事件。不过有一点是明确的，即语言文化的发展与社会各地各个人群的相互往来有密切关联。大家接触越频繁，往来越密切，就越容易互相汲取对方语言文化的特色为己所有。假以时日，尤其是在当代中国这样的社会条件下，东西南北各地人群货物大规模大范围交流，方言和文化上的特色、差异必然逐渐减少，各地方言和文化会出现很大程度的趋同。

首先看语言方面。从20世纪20年代开始，政府就推广各地通用的语言系统，50年代以来政府更是加大力度，但是收效一般，仅仅是学校和政府机关里略显成效，于大众的语言习惯没有多大作用。改革开放以后，各地人员流动性大大提高，经商求学就业，农村剩余劳动力拥入大中城市……所有这些大范围大规模社会活动，迫切需要大家能够共同使用的语言系统，即普通话。几十年来，普通话的普及速度大大超过历史上任何时期。在这一过程中，即便一些传统的强势方言，如上海话，也感到了普通话的压力。各地方言的使用人口逐步降低，各地方言的传统发音和词语在逐步减少。与此同时，普通话在各地的使用人口，尤其是青少年，正在加速度增长。今天，北京街头，"您吃啦""这东西多儿（"多少"的连音）钱买的"一类的对话正在逐步减少，以至只有为数不多的老年本地人还在使用。我们很难设想几十年后还能听到北京的这种"乡音"。

北京城市文化方面的发展也是一样。例如本书第四部分提到的汤圆、元宵之争，正在逐渐淡化。现在北京的大小超市，一年四季随时可以买到正宗的南方各地汤圆。以面条来说，在北京街头想吃到上海大排面、山西刀削面、武汉热干面、四川担担面、兰州牛肉面、陕西臊子面、镇江锅盖面、河南烩面、延吉冷面、新疆拉条子等，已经没有任何困难了。当然，此种"八面威风"之下，北京炸酱面必然要受到冲击，很难保住昔日至高无上的地位。

除去上述一般意义的发展之外，方言和北京城市文化在今天还必须适应一个历史上从未有过的特殊环境——互联网。在这个高科技环境下，任何地域的语言文化特色都会迅速传播到各地，很难长期为原创地所独有独享。尤其在语言方面，像"给力""山寨""点赞""亲"这类深受年轻人喜欢的网络词语，毫无地方性可言，可是它们的传播、普及的速度远超过任何方言词语。

总之，对于近二三十年这些令人耳不暇听、目不暇接的新语言新文化现象，我们完全不必像鲁迅先生笔下的"九斤老太"那样一味地感慨今不如昔。我们应该充分认识到这是社会发展的必然，也是社会进步的表现。一种方言，一种城市文化，不可能永远处在封闭之中。封闭之中的语言文化迟早是要衰退的。只有在与各地密切交流之中，语言和文化才能不断获得养料，才能不断健康地发展和进步。

后　记

　　老舍先生1936年的散文《想北平》中有这样一段话："北平的地方那么大，事情那么多，我知道的真是太少了，虽然我生在那里，一直到二十七岁才离开。以名胜说，我没到过陶然亭，这多可笑！依次类推，我所知道的那点只是'我的北平'，而我的北平大概等于牛的一毛。"

　　本书正文写完的时候，我深感老舍先生这话说得真好。我甚至后悔用"北京方言""文化"作为书名，因为题目太大，我了解得实在太少太少，用"挂一漏万"形容实不为过。例如书中写了北京的饮食文化，严格说起来，其实只有食而没有饮。说到饮，至少该有饮酒和饮茶。写明其中任何一项，都是我力所不及的。又如，北京的大小胡同究竟有多少，名称又有何讲究，我虽然生在北京长在北京，可是对很多地名依然感到陌生，那些胡同的实地更是从没去过。

　　北京方言在汉语各地方言中，人口不多，面积不大。语音、词汇、语法，固然有自己的特别之处，但最突出的是它的特殊地位和身后的城市文化。经过几百年首都历史的发展演变，北京话成为全国汉语标准的基础；北京城市文化积累也日渐丰富，非常值得我们探索。本书谈到了有关的几个话题。如果这些话题能够引起读者朋友的重视，从各个方面将北京方言和城市文化研究工作引向深入，这对于前人和后人，无疑是真正的报答与馈赠。当然，研究工作并非每个人的强项，可是我们至少可以动手动笔，打开各色电子设备，把既往老北京方言和文化详细回忆出来，把今天新北京方言和文化清晰记录下来。今天我们也许对这样的工作还缺少充足的估价，但经历的时间越长，经过的事情越多，就越能够体会到本书作者眼下的心情。俗语说，"好脑瓜儿不如烂笔头儿"，我们认真记录、整理、分析身边每日每时的北京方言和北京城市文化，滴水穿石，集腋成裘，我们就会有收获。收获的喜悦是难以言表的，又是不言而喻的。

本书头绪较多，内容繁杂，撰写中时有疏漏和不当之处，幸而得到多位审稿专家和北京出版社编辑人员的指导和纠正。特在此向他们表示诚挚的感谢，也期待读者朋友的批评和指正。

汪大昌

2020年12月